我母亲玛丽·马克斯韦尔·盖茨（挨着她的祖父母坐在沙发上，左上图）在一个从事银行业的家族中长大，一家人喜欢各种形式的游戏和运动，热衷于社区服务。我母亲是一个天生的领导者，在这张儿时留影中，她骑着那辆最大的三轮自行车（右上图）。

我父亲小威廉·亨利·盖茨成长于华盛顿州布雷默顿，我祖父在当地经营着一家家具店。驾驶自己的福特A型车"克拉拉贝尔"让我父亲初尝独立的滋味。他是家族中第一个从大学毕业并读完法学院的人。

我父母在华盛顿大学就读时相识，他们于两年后（1951年5月）结婚。二人迥然不同的个性和相差悬殊的家庭背景却实现了互补，形成了我们家庭生活的基本原则。

（图片来源：塔科马理查德摄影工作室）

本书未标注来源的图片均由作者本人提供。——编者注

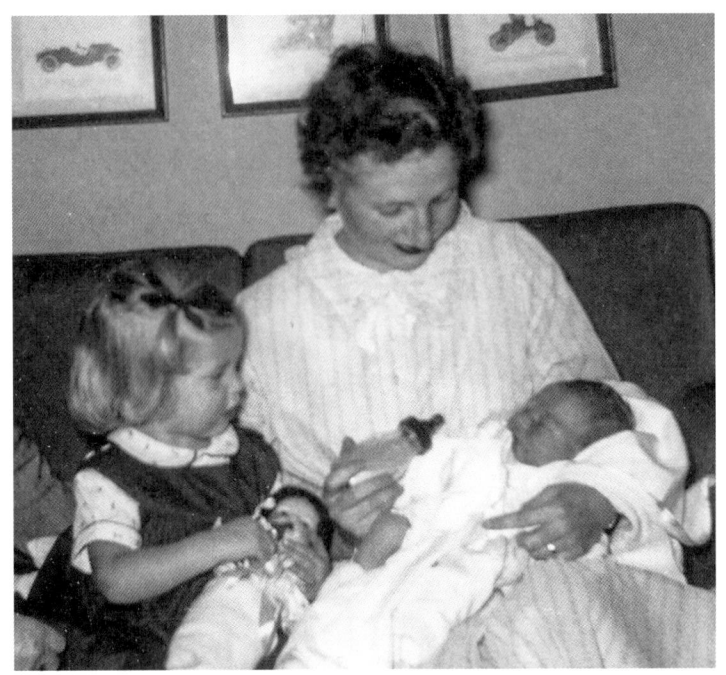

我出生于1955年10月28日,比姐姐克里斯蒂小21个月。在我大部分的儿时记忆中,她一直在我身旁。

还是小婴儿时,我有个绰号,叫"乐呵小子",因为我总是咧着大嘴笑呵呵的。我父母很早就知道,我的思维频率有异于其他孩子。比如说,克里斯蒂很听话,和别的孩子很容易玩在一起,而且入学后成绩一直很好。这些我都做不到。我母亲很为我担心,她还给我的学前班老师"打预防针",让他们放低对我的预期。

(图片来源:华莱士·阿克曼摄影公司)

书在我们家占有重要位置。小学低年级时,我在家中已经能独立阅读大量图书。我喜欢那种能够迅速掌握新知识点的感觉。我可以一连几个小时沉浸在书中。我在遇到感兴趣的事情时屏蔽一切外界干扰的能力,此时已初露端倪。

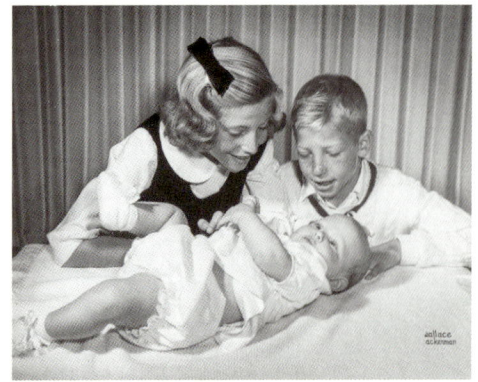

我妹妹莉比出生于1964年,她后来成为我们家最擅长社交、最有运动天赋的一个人。莉比是家中最小的成员,我比她大9岁。在莉比的记忆中,她是在一个忙得不可开交的家庭中长大的,姐姐和哥哥很忙,父亲和母亲也很忙。

(图片来源:西雅图历史与工业博物馆)

我3岁时,母亲和我上了本地的报纸。当时母亲主持了一个青年女子联盟的项目,把博物馆里的艺术品带到教室,向小学生们展示。照片中出镜的是一个老式医疗包。

母亲对自己的家庭有着宏大的理想和目标。在"回馈社会"这个说法流行之前,她和我父亲便坚定地认为人必须回馈社会。

"太空竞赛"和对科学的承诺,这是20世纪60年代成长环境的一部分。正因如此,五年级时,在一张题为"我长大后想要成为"的表格上,我才顺理成章地选择了"宇航员",但"科学家"才是我梦想的职业:成为一个日复一日致力于研究宇宙秘密的人,在我看来简直是完美的。

我的外祖母(我们口中的"姥姥")在我们的青少年时期始终陪伴在左右。在我的外祖父去世后,她将所有的爱和关注都倾注在我和我的姐妹身上。她有时候会和我们全家一起度假,迪士尼乐园之旅就是其中一次。

从20世纪60年代初开始，我父母和一群朋友每年7月都会租下胡德运河旁的切里奥度假屋两周。对孩子来说，这里就是天堂。我父亲是"切里奥市长"，作为专司娱乐的孩子王，他还要主持切里奥奥林匹克运动会的开幕式。各项赛事考验的与其说是运动员精神，倒不如说是灵活性与内驱力。不管是哪个项目，我都会全力以赴，只为了在那一天结束时可以登上领奖台。虽然我的灵活性不足，但内驱力相当强。

我们生活在我母亲设定的条条框框里，遵循着她的日常安排、家庭传统和准则规范。正如我父亲所说，她"管家管得井然有序"。比如说圣诞节，准备活动是从初秋就开始的。我母亲会阅读她前一年过节时记下的笔记，看看有哪些可以改善。从自制贺卡到我们家举办的年度轮滑派对，再到圣诞节早上穿的睡衣套装，这一套程序全得走一遍。即便有时候我们三个孩子会对这些传统大翻白眼，错过其中任何一环都会让人若有所失。圣诞节依然是我们最喜欢回想的往事之一。

（图片来源：阿瑟联合假日摄影公司）

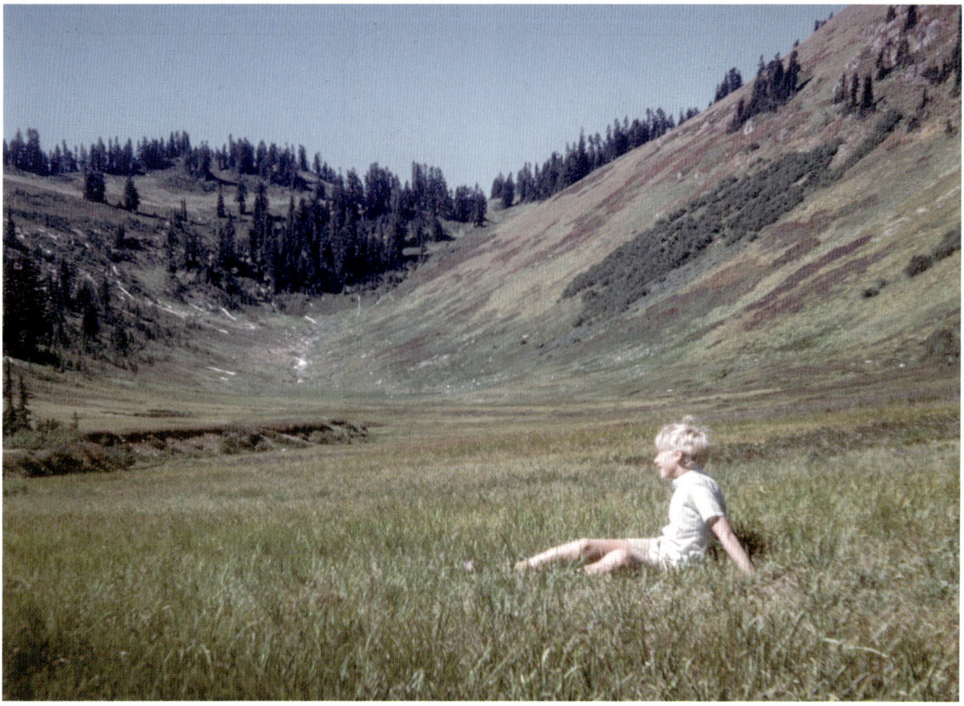

（图片来源：迈克·科利尔）

8岁时，我加入了幼童军。四年后，当我升入186军团时，徒步、露营和登山正在美国蓬勃发展，西雅图逐渐被视为户外运动的胜地。我所在的童子军军团也把带领军团成员进山徒步和露营放在了首位。

BOY SCOUTS OF AMERICA · BE PREPARED

THIS IS TO CERTIFY THAT

BILL GATES III

IS REGISTERED WITH THE

BOY SCOUTS OF AMERICA

TROOP 186

SEATTLE WA

TO THE LAST DAY OF

609 FEB. 1972

THIS CERTIFICATE IS NOT TRANSFERABLE AND IS VOID AFTER EXPIRATION DATE. IT MUST BE SHOWN LOCAL DISTRIBUTOR WHEN PURCHASING UNIFORM.

Irving Feist — PRESIDENT

Alden Barber — CHIEF SCOUT EXECUTIVE

NO. 28-405

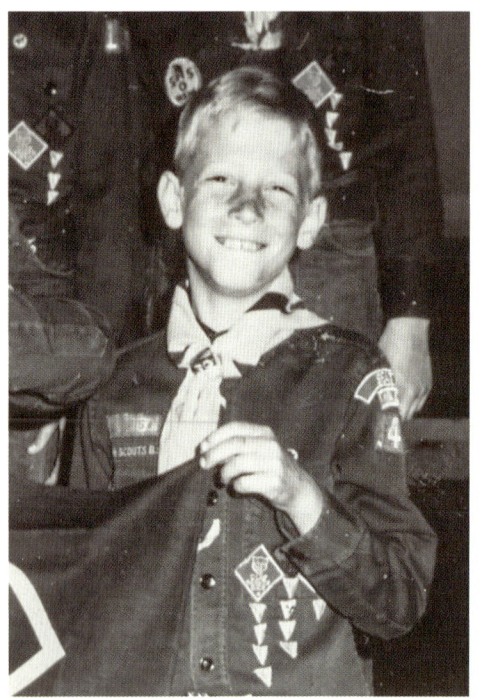

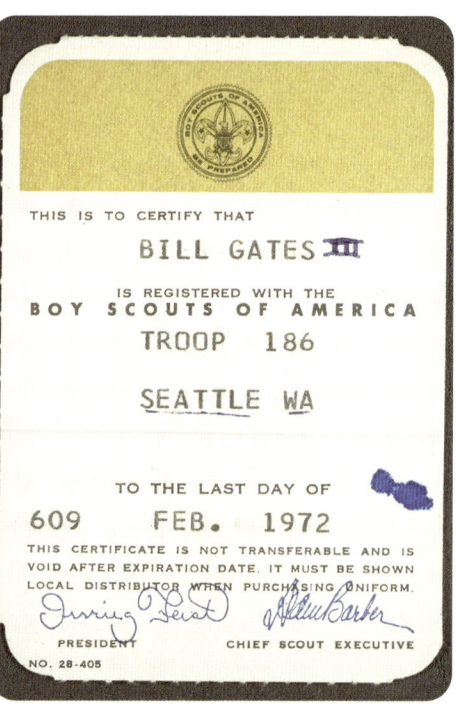

童子军186军团的证件。

（图片来源：迈克·科利尔）

（图片来源：迈克·科利尔）

九年级后的那个夏天，一位资深的童子军军团成员邀请我加入一次徒步之旅。我们走的是救生步道（现名西海岸步道），它沿温哥华岛西海岸而建，此处地形险峻，以风暴频发、礁石密布和暗流诡谲而著称。在这次徒步旅行中，我们乘坐了水上飞机，涉水过河，还攀爬了悬崖峭壁。这次经历比我以往体验过的任何一次徒步都更具挑战性，但也带来了更大的满足感。我迷上了徒步。

（图片来源：迈克·科利尔）

（图片来源：湖滨中学档案馆）

我在初中和高中阶段就读于一所私立学校——湖滨中学。八年级时，肯特·埃文斯（下图左）和我很快便成为最好的朋友。

（图片来源：埃文斯家庭档案）

（图片来源：湖滨中学档案馆）

（图片来源：湖滨中学档案馆）

1968年秋，湖滨中学添置了一台电传打字机。肯特和我经常使用这台机器，保罗·艾伦（上图正中）和里克·韦兰（上图右）也是如此。保罗和里克比我们高两届，但在试图摸索出如何编写程序的过程中，我们很快成为朋友。我们自称为湖滨中学编程小组。

（图片来源：布鲁斯·伯吉斯）

（图片来源：布鲁斯·伯吉斯）

(图片来源：布鲁斯·伯吉斯)

(图片来源：布鲁斯·伯吉斯)

  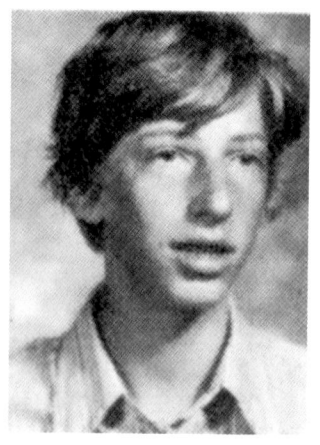

在整个高中阶段的班级照片中,我看起来都比实际年龄小(后来也是如此)。学习之余,我还是湖滨中学编程小组的成员,积极参加徒步旅行和童子军活动。在交替进行这些活动的过程中,我探寻着自己的身份定位和未来目标。(图片来源:湖滨中学档案馆)

高中二年级时,我曾在华盛顿州首府奥林匹亚的众议院中担任青年助理。后来,在高中最后一年开始前的那个夏天,我在华盛顿特区当了一段时间的国会青年助理。在国会中四处活动而不被这里的气氛裹挟几乎是不可能的,这段经历激发了我对政治和政府运作持久的兴趣。

在我逐渐成形的世界观中，我构建了一个智力等级体系：你的数学成绩有多好，其他科目的成绩就有多好，生物、化学、历史甚至语言学习皆是如此。从湖滨中学毕业后，我相信自己将走上数学之路。哈佛大学是我迈向那个未来的下一步。

1975年4月,保罗和我为我们的公司起了个名字:微-软(我们后来去掉了中间的连字符)。公司的一个产品是8080 BASIC,这是我读大二时保罗和我合作编写的。我们的湖滨中学校友里克(左下方图片中与我坐在一起)很快便来到阿尔伯克基加入了我们。一开始,我们的办公地点位于一座年久失修的购物中心。随着微软发展壮大,我花在公司事务上的时间逐渐增多。1977年冬,我第二次从哈佛大学休学,以后再也没有重返校园。我们开始吸引媒体的关注,在下一页的照片中,有我接受最早的一轮电视采访的画面之一。但是直到我们雇用了朋友圈以外的第一批员工,感觉上微软才变成了一家真正的公司。

(图片来源:巴里·黄,《西雅图时报》)

(图片来源:迈克·谢弗)

(图片来源:"盖茨笔记"网站)

January 15, 1977

Mr. George Smith
Senior Tutor
Currier House
Harvard College

Dear Mr. Smith,

This letter is to inform you I plan to take the spring semester of this academic year off. A friend and I have a partnership, Microsoft, which does consulting relating to microprocessor software. The new obligations we have just taken on require that I devote my full time efforts to working at Microsoft. Since I have taken a semester off previously I have a full year of school to complete and currently I plan to return in the fall and graduate in June '78. My address and phone number will be those given for Microsoft on this stationary.

Sincerely yours,

William H. Gates

MICROSOFT/P.O. BOX 754
ALBUQUERQUE, NEW MEXICO 87103
(505) 256-3600

1977年1月15日写给哈佛大学的休学申请。

（图片来源：史蒂夫·伍德）

父亲一直是我寻求支持和建议的对象。他很早就意识到,微软正在变成一家举足轻重的公司。母亲的理解来得相对缓慢,在很长一段时间里,她都认为事情最终将回归正轨,而我会拿到我的哈佛大学学位。

在我经历成长的疼痛时,无论是就读于哈佛大学期间,还是创立微软的早期阶段,外祖母的忠告一直回响在我的耳边。

母亲期待我能合乎她的高标准、严要求,她也倾尽全力鼓励我、为我提供帮助。有时候,这是通过以身作则的方式来实现的,比如她在美国联合劝募协会的工作。1980年,母亲被任命为该组织的董事会成员。她总是说,获得财富的同时,也要担起将其捐赠的责任和义务。我很遗憾,她未能在世亲眼见证我如何倾尽全力去满足这一期待。

源代码 / >

SOURCE CODE: MY BEGINNINGS

[美] 比尔·盖茨（Bill Gates）/ 著
鲁伊 / 译
郑纬民 韦青 / 审校

中信出版集团 | 北京

图书在版编目（CIP）数据

源代码 /（美）比尔·盖茨著；鲁伊译 . -- 北京：
中信出版社，2025.2. -- ISBN 978-7-5217-6877-0
Ⅰ.K837.125.38
中国国家版本馆 CIP 数据核字第 2025GF6957 号

Copyright © 2025 by Bill Gates
All rights reserved including the right of reproduction in whole or in part in any form
This edition published by arrangement with Alfred A. Knopf, an imprint of The Knopf Doubleday
Publishing Group, a division of Penguin Random House LLC
Simplified Chinese translation copyright © 2025 by CITIC Press Corporation
ALL RIGHTS RESERVED
本书仅限中国大陆地区发行销售

源代码

著者：　　［美］比尔·盖茨
译者：　　鲁伊
出版发行：中信出版集团股份有限公司
　　　　　（北京市朝阳区东三环北路 27 号嘉铭中心　邮编　100020）
承印者：　北京通州皇家印刷厂

开本：787mm×1092mm 1/16　　　插页：8
印张：21.5　　　　　　　　　　　字数：250 千字
版次：2025 年 2 月第 1 版　　　　印次：2025 年 2 月第 1 次印刷
京权图字：01-2024-6289　　　　　书号：ISBN 978-7-5217-6877-0
　　　　　　　　　　　　定价：79.00 元

版权所有·侵权必究
如有印刷、装订问题，本公司负责调换。
服务热线：400-600-8099
投稿邮箱：author@citicpub.com

怀念我的父母

比尔·盖茨和玛丽·马克斯韦尔·盖茨

以及我的姐妹

奖赏就是发现的乐趣。

　　　　　　——理查德·费曼

目 录

序　章
001

第一章
老　三
009

玩纸牌教会我：无论某些事情看起来多复杂、多神秘，我们通常都能最终琢磨出个究竟。

第二章
观景岭
031

在那个可塑性极强的年纪，1962年，我接收到的信息十分明确：我们要探索太空、终结疾病，要让旅行变得更便捷。

第三章
理性的
047

桥梁、纸牌游戏、人体器官或其他复杂的问题都有答案可寻，我只要动脑筋寻找答案，就有可能找到。

第四章
幸运儿
065

克雷西博士建议，与其浪费精力跟父母对着干，不如更多地专注于获取那些将来踏入社会时能用得上的技能。

第五章
湖滨中学
087

保罗的激将法让我全身心地投入了问题的解决，我下定决心，一定要成为第一个写出更复杂程序的人。

第六章
自由时间
107

倘若没有那段幸运的免费上机时间——我最初的 500 个小时，那么接下来的 9 500 个小时或许根本就不会存在。

第七章
只是一帮小屁孩
125

我在湖滨中学的老师赋予我一种不同的视角：质疑你所知道的、你信以为真的东西，这个世界就是如此进步的。

第八章
玩真的
149

微处理器的发明将成为我职业生涯中意义最重大的事件，没有之一。没有它，微软公司不会存在。

第九章
一部戏和五个 9
173

诺顿将我引入了一个全新的层面，在他的严格督导下，我不仅学到了如何编写更好的代码，还习得了关于自我认知的重要一课。

第十章
不知天高地厚
193

如今在哈佛这个大池子里，我意识到尽管自己有点儿天赋，但有人远比我厉害。

第十一章
百搭卡
221

伴随着这行代码的出现，为第一台个人计算机编写的第一个软件就此诞生。

第十二章
堂堂正正
239

关于我使用艾肯实验室的这起争端，其根源在于计算机的定位直到那时都是一种稀缺的、受保护的资源。

第十三章
微-软
253

个人计算机的未来取决于能否编写出优质的软件。

第十四章
源代码
283

为什么不能在追求它的过程中每周工作 80 个小时呢？是的，这让人精疲力竭，但也让人斗志昂扬。

尾　声
317

致　谢
323

序　章

大约13岁时，我开始和一群男孩一起玩，定期结伴到西雅图附近的山上远足。我们是在童子军活动中认识的，在参加了所在童子军军团组织的很多次徒步旅行和露营活动后，我们很快组建了一个小团队，展开自己的探险远征。没错，是探险远征，我们当时就是这么认为的。我们想多一点儿自由，也多一点儿冒险，而这是童子军的活动给不了的。

我们这个小团队通常由五个人组成——迈克、罗基、赖利、丹尼和我。迈克是老大，因为他比其他人年长几岁，而且他有更丰富的户外徒步经验。在大约三年的时间里，我们一起徒步远行了数百英里[1]，足迹遍及西雅图北边的奥林匹克国家森林和冰川峰荒野，还沿着海岸线走过几次。我们的徒步之旅经常持续一周甚至更久，只靠几张地形图指引方

---

[1] 1英里≈1 609米。——编者注

向，一路穿过古木林和乱石滩。穿越乱石滩时，我们会计算好潮汐的时间。学校放假的时候，我们会展开长途旅行，在各种天气状况下徒步和露营。在太平洋西北地区，这通常意味着我们整整一周都要穿着湿漉漉的、让人浑身发痒的羊毛军装裤，脚趾也被冻得发紫。我们不搞专业的技术攀岩，不用绳索和扁带，更不会去找陡峭的岩壁，就只是长途跋涉。全程一点儿都不危险，除了一样：我们不过是一群半大小子，置身于深山老林中，距离最近的救援点也有几个小时的路程，而且当时距离手机问世还有很长时间。

随着时间的流逝，我们成长为一支充满自信、紧密团结的团队。我们经常会在结束了一整天的徒步，定下来在哪儿扎营后，无须多言就各自忙活起来：迈克和罗基会把晚上遮在我们头顶上的防雨布系好，丹尼去林中捡拾干柴，赖利和我则小心翼翼地用引火条和小树枝生过夜用的篝火。

我们会在一切准备妥当后吃晚餐，虽然只是一些轻便的易携带的廉价食品，但足够充饥，让我们有能量走完全程。我甚至觉得再没有比这些吃起来更香的食物了。晚餐时，我们会切一块午餐肉，配上汉堡好帮手（意大利面和粉状调味料）或是俄式酸奶油牛肉。早餐时，我们要么冲上一包谷物饮品，要么吃一种加水后就可以制成西部煎蛋卷的粉末——至少包装上是这么说的。我最爱的早餐是奥斯卡·梅耶牌的烟熏热狗肠，这款以全肉为卖点的商品如今已经退出市场。我们共用一口煎锅来烹制大部分食物，然后用各自携带的空咖啡罐盛着吃，用大号咖啡罐打水、炖菜、装麦片粥。我不知道是我们中的哪一位发明了树莓热饮，这虽算不上什么伟大的烹饪创新，只不过是用开水冲速溶果冻粉，但它既可以充当甜点，又能让我们在早起开始一天的远足前提升一下血糖。

我们远离了父母和其他成年人的管教，自行决定往哪儿走、吃什么和什么时候睡觉，自己判断要去承担哪些风险。在学校里，我们这帮人里没有一个是那种酷小孩，只有丹尼参与过一项有组织的体育活动——篮球。而他很快便退出了，只为了给我们的徒步旅行腾出时间。我是团队中最瘦小的，通常最怕冷，而且总觉得自己比其他人孱弱，但我喜欢这种体力上的挑战，还有那种独立自主的感觉。尽管当时徒步旅行在我们这一地区日益流行起来，但并没有多少青少年会单独行动，在深山密林里行走八天之久。

话虽如此，但要知道这是在20世纪70年代，对于父母监护责任的态度要比如今宽松一些，孩子们总的来说拥有更多的自由。而且，到我十三四岁时，我父母已经接受了我与许多同龄人不一样的事实，也接受了我需要一定范围内的独立性以自主探索世界的事实。他们的接受（尤其是我母亲的接受）来之不易，这将对我未来的人生产生决定性的影响。

如今回头看去，我能肯定，我们在这些旅行中寻求的不只是志同道合的友情及某种成就感。我们当时正处于青少年挑战自身极限、探索不同身份定位的年龄段，有时候，我们向往那些更大的、超凡的体验。我已经开始感觉到一种明确的渴望，想要知道自己将会走上怎样的道路。我不确定它指向何方，但这必须是一段过程有趣且通向圆满结果的旅程。

那些年，我还和另外一帮男孩消磨了不少时光。肯特、保罗、里克和我上的是同一所学校——湖滨中学。在校方的安排下，学生们可以通过电话线连接到一台计算机主机。那年头，青少年居然可以接触到计算机，无论是哪种形式的，都极其罕见。我们四个人对这件事可上心了，把所有的闲暇时光都花在编写日益精密复杂的程序、摸索如何使用这台计算机上。

表面看来，徒步旅行和编程之间差了十万八千里，但从感受上说，它们都是探险活动。和这两拨朋友一道，我探索着新世界，前往那些甚至连大多数成年人都无法抵达的地方。和徒步一样，编程也适合我，因为它允许我定义自己似乎不受限制的成功标准，成功与否不取决于我能跑多快或将球投多远。编写长而复杂的程序所需的逻辑思维、专注力和耐力，仿佛是我与生俱来的本能。和徒步不一样，在这群朋友里，论编程，我是老大。

1971年6月，我在湖滨中学的高二学年快结束时，迈克打电话给我，告知下一次徒步旅行的计划：去奥林匹克山徒步50英里。迈克选择的路线叫"普雷斯探险步道"，它得名于1890年在一家报社的赞助下探索该地区的探险队。那次探险之旅历经磨难，当时，队员们的食物消耗殆尽，身上的衣服也都磨烂了。迈克的意思是我们要走同一条艰难的路吗？没错，但他们的那次探险是很久以前的事了，迈克说。

可就算是在80年后，这条徒步路线依然异常艰苦。那一年降雪量很大，因此这个提议尤其令人生畏。但既然其他成员——罗基、赖利和丹尼——全都积极响应、跃跃欲试，我才不会当临阵脱逃的胆小鬼。再说，还有一个比我小几岁、名叫"奇普"的童子军也积极参与到此次冒险中。我必须得去。

按照计划，我们要爬过低分水岭山口，下到奎纳尔特河边，然后原路返回，每天晚上在沿途的简易木屋里休整。全程需六七天。第一天很轻松，我们在一个风景优美、被白雪覆盖的高山草地待了一晚。接下来的一两天，在我们攀登低分水岭的过程中，积雪越来越厚。当走到计划过夜的休息点时，我们发现它已经被大雪掩埋。我有片刻的私心窃喜，认为我们肯定会原路返回，回到那个当天早些时候路过的条件更好的落脚点，我们还可以生个火，暖暖身子，然后大吃一顿。

迈克提议投票决定是往回走，还是一鼓作气走到目的地。我们无论选哪一项，都意味着要继续走几个小时。迈克说："我们在山脚下路过了一个休息点，就在我们下方1 800英尺[1]处。我们可以走回去，在那儿休息，也可以一直走到奎纳尔特河边。"他不需要点明那个事实：走回去的话，便意味着放弃了我们行至河边的任务计划。

"你是怎么想的，丹尼？"迈克问。丹尼是我们这个小团队中非正式的二把手，他比其他人都高，是个能力很强的徒步旅行者，一双大长腿似乎永不疲惫。不管他说什么，都将对投票结果产生极大的影响。

"咱们都快到那儿了，或许应该继续走。"丹尼说。在举手表决的过程中，很明显，我是少数派。我们将继续前行。

再次出发几分钟后，我说："丹尼，我对你可有点儿意见。你本来可以阻止这一切的。"我是在开玩笑——半真半假地。

那次旅行令我印象深刻，不仅因为那天我被冻惨了，还因为我接下来做的事：我陷入了自己的思绪。

我在脑海中构想着计算机代码。

就在那段时间，有人借给了湖滨中学一台计算机，它是由美国数字设备公司（DEC）制造的PDP-8。那是1971年，尽管我当时已经深度接触方兴未艾的计算机领域，但还从未见过可以与PDP-8相提并论的东西。在那之前，我和朋友们一直使用的都是体量巨大、多人共享的计算机主机。我们通常借助电话线与这些主机相连，除此之外的时间，它们都会被锁在一个单独的房间里。这台PDP-8却是设计给个人直接使用

---

[1] 1英尺＝0.304 8米。——编者注

的，它的个头足够小，可以放在你面前的桌子上。尽管一台 PDP-8 就重达 80 磅[1]，价值 8 500 美元，但它可能是那时最接近 10 年后才会出现的个人计算机的设备了。为了挑战自己，我决定试着为这台计算机编写一个 BASIC 编程语言的版本。

在去普雷斯探险步道前，我正编写的那部分程序会告诉计算机执行运算时的顺序，假如有人输入 3（2+5）×8-3 这样的算式，或是想要制作一个需要复杂数学运算的游戏，它就能派上用场。在编程中，这个功能被称作"表达式计算"。拖着沉重的脚步，两眼紧盯前方的地面，我琢磨着自己的计算工具，苦思冥想着执行运算所需的步骤。关键是要小，那会儿的计算机内存极其有限，这台 PDP-8 用来存储工作数据的内存只有 6K（千字节），这意味着程序必须精简，使用尽可能少的代码才不会占用过多的内存。我会构想出代码，然后试图追踪计算机将如何执行我给出的指令。行走的节奏有助于我思考，就像我曾习惯于思考时原地晃动身体。在那天其余的时间里，我的头脑完全沉浸在编写代码的难题中。我们下行到谷底后，积雪路逐渐转为一条平缓的小径，我们穿过一片古老的云杉和冷杉林，直到行至河边，搭起帐篷，吃我们的午餐肉大餐，最后睡觉。

第二天一大早，大风和冻雨像鞭子一样抽打着脸颊，我们顶着风雨爬回了低分水岭。我们在一棵树下停留片刻，分食了一包乐之饼干，然后继续赶路。我们沿途找到的每一个休息点都挤满了等待暴风雨过去的露营者，所以我们只好继续前行，让这本来已经十分漫长的一天又多加了好几个小时。穿过溪流时，奇普滑倒，摔破了膝盖。迈克为他清理伤口后，用绷带包扎好。此时，我们的行进速度只能以奇普一瘸一拐能跟

---

[1] 1 磅 = 0.454 千克。——编者注

上为上限。我全程一直默不作声地在头脑里打磨着我的代码。那天在我们行走的 20 英里途中，我几乎一言不发。最终，我们找到了一个有空地儿的休息点，搭起了帐篷。

有句名言说得好："我本来可以写封短信，但我没时间。"同样，用繁复的代码写一个长达数页的程序，要比仅用一页篇幅编写同一程序容易得多。啰唆冗长的程序运行起来更慢，占用更多内存。在这次徒步旅行的过程中，我有时间把程序写得短小精悍。在漫长旅行的最后一天，我将它进一步精简，就像是在小心翼翼地削一根树枝，直到把一头削尖。我最终呈现的成品似乎既实用高效，又简洁明快。到那时为止，这是我编写过的最优秀的代码。

第二天下午，在我们返回起点的途中，雨终于停了，天空放晴，我们沐浴在和煦的阳光下。我感受到了那种永远只有在徒步旅行完成后、所有艰苦的工作都已成为过去时才会涌上心头的喜悦。

秋天开学时，把那台 PDP-8 借给我们的人收回了计算机。我并未完成自己的 BASIC 项目，在徒步旅行中编写的那段简洁优雅的表达式计算代码却留在了我的脑海中。

三年半之后，正当我这个大二学生困惑于不知如何选择人生之路时，湖滨中学的校友保罗冲进了我的宿舍，他带来了关于一台具有突破性的计算机的消息。我当即知道保罗和我可以为这台计算机编写一版 BASIC 语言，因为我们已经拥有某种先发优势。我做的第一件事便是回想起在低分水岭艰难徒步的那一天，从记忆中提取出写好的那段表达式计算代码。我将其敲进计算机，由此播下的种子最终成长为一家世界级的大公司，一个新的行业也随之诞生。

第一章

老 三

有朝一日，一家大公司会应运而生。有朝一日，一些包含数百万行代码的软件程序，会成为全世界数十亿台计算机操作系统的核心。与之相伴的还有财富和竞争，以及时刻存在的忧虑——为如何始终处于技术革命的最前沿而担忧。

但在这一切发生之前，摆在那儿的只有一叠纸牌和一个目标：击败我的外祖母。在我们家，要想让人对你高看一眼，再没有比擅长玩游戏（尤其是打得一手好牌）更简单快捷的方式了。玩拉米纸牌、桥牌或凯纳斯特纸牌时得心应手的人会赢得大家的尊重，我的外祖母阿德尔·汤普森正是因此而成为家族传奇。"姥姥玩起牌来是最棒的！"在我儿时没少听人这么讲。

外祖母在华盛顿州乡下长大，铁路小镇埃纳姆克洛是她的老家。此地离西雅图不到 50 英里，但在她出生的 1902 年，那里仿佛是另一个世界。她父亲是一名铁路电报员，她母亲艾达·汤普森（我们口中的"拉拉"）后来靠烤蛋糕和在本地锯木厂兜售战时公债发了笔小财。拉拉也经常玩桥牌，她的牌搭子和对家都是镇上上流社会的人，比如银行家的太太和锯木厂的老板。这些人或许比她更有钱，社会地位也更高，但拉拉靠着打牌时技高一筹或多或少地缩小了距离。她的这种天赋传给了我的外祖母，并在某种程度上传给了我母亲——外祖母唯一的孩子。

我很小便被口传心授了这种家族文化。在我还穿着纸尿裤的时候，拉拉就开始叫我"老三"（Trey）。Trey 在纸牌玩家的口中是"三点牌"的意思，它也是一个文字游戏，因为我是家族里依然在世的第三个比尔·盖茨，另外两个是我祖父和父亲。（我其实是第四个比尔·盖茨，但我父亲选择自称为"小比尔·盖茨"，于是我便成了比尔·盖茨三世。）在我 5 岁时，外祖母教会了我玩纸牌游戏"钓鱼"。在接下来的几年里，我们一起玩了成千上万把纸牌游戏。我们玩牌是为了找乐子，逗彼此开心并打发时间，但我外祖母玩牌也是为了要赢，而且她总能赢。

她高超的牌技当时便让我着迷。她是怎么做到的？这是天生的吗？鉴于她笃信宗教，或许这是来自上天的馈赠？在很长一段时间里，我都想不出答案。我只知道，我们每次玩纸牌，她都能赢。不管玩的是哪种游戏，不管我有多煞费心机，结果都是如此。

20 世纪初，基督教科学派的影响力在西海岸迅速扩大，这时候，我父母双方的家庭都变成了虔诚的追随者。我觉得，我的外祖父母从基督教科学派中汲取了力量，他们欣然接受了其教义，即一个人应当从精神世界而非物质世界中寻求真正的自我。他们对此信受奉行。因为基督教科学派的信徒不以人的生理年龄为念，所以外祖母从不庆祝生日，也从不透露年龄,甚至不告诉别人她是哪一年出生的。尽管自身信仰坚定,外祖母却从不会把她的观点强加于人。我母亲并不信奉这一教派,我们家也一样,但外祖母从来没试图劝说过我们改变信仰。

外祖母的信仰或许在某种程度上塑造了她,让她成为一个极其自律的人。那时候,我能感觉到,她对公平、正义和为人诚信有着严格的个人准则。过好这一生意味着简朴度日,把时间和金钱奉献给他人,以及运用自己的头脑与整个世界保持联系——最后这一点最为重要。外祖母从不乱发脾气,从不搬弄是非,从不评头品足,也根本不会耍花招。她往往是屋子里最聪明的那个,却总小心翼翼地让别人展现光彩。可以说,外祖母低调内敛,她拥有一种发自内心的自信,让她散发出富含禅意的淡定自若的气质。

就在我 5 岁生日的前两个月,我的外祖父小 J. W. 马克斯韦尔死于癌症,年仅 59 岁。为了遵从其基督教科学派信仰,他拒绝接受现代医学治疗,临终前的那几年饱受疼痛折磨,外祖母在其左右照料也遭了不少罪。我后来才知道,外祖父认为他患病在某种程度上是外祖母的行为导致的,因为在上帝眼中,她曾犯下某种无名之罪,如今才会惩罚到他头上。即使这样,外祖母依然隐忍地陪伴在他身边,给他力量和安慰,直到生命的尽头。我最清晰的一段童年记忆是,我父母不让我参加外祖父的葬礼。我对所发生的一切几乎一无所知,除了一件事,那就是我父母和姐姐去见了外祖父最后一面,我则在临时保姆的看管下留在家中。一年后,我的曾外祖母拉拉在去外祖母家看她的时候去世了。

从那一刻起,外祖母将她所有的爱和关注都倾注在我和我姐姐克里斯蒂身上,后来还有我妹妹莉比。在我们的青少年时期,她始终陪伴在左右,对我们的人格形成产生了深远的影响。早在我能捧起书本之前,外祖母就读书给我听，那几年，她为我读了一系列经典作品，比如《柳林风声》、《汤姆·索亚历险记》和《夏洛的网》。外祖父死后，外祖母开始教我自主阅读，帮我拼读出《九只善良的狗》(The Nine Friendly Dogs)、《美好的一天》(It's a Lovely Day)和家里其他一些书中的生词。当我们一起把那些书全都看完后，她开车带我到西雅图公共图书馆东北分馆，借回更多的书。我知道，她读过很多书，似乎对一切都略知一二。

外祖父母在西雅图的高档社区温德米尔建了一座大宅，足以容纳一干孙辈和各种家庭聚会。外祖父死后，外祖母仍然住在那里。周末，克里斯蒂和我有时会在那里过夜，轮流享受在她房间里睡觉的特殊待遇。另一个人则睡在旁边的一间卧室里，那个房间以淡蓝色为主调，从墙壁到窗帘莫不如此。街灯和过往车辆的车灯照进来，在蓝色的房间里投下诡异的阴影。我害怕睡在那里，每当轮到我睡在外祖母的房间里时，我总是很高兴。

那些周末的探访有着特殊的意义。外祖母的房子离我们家只有几英里远，但在那里度过的时光仿如假期。那里有游泳池，还有一个外祖父建在房子侧院的迷你高尔夫球场。外祖母还允许我们看电视，这在我们家是被严格管控的。她热衷于一切活动，在她的影响下，我姐姐、我和我妹妹都变成了劲头十足的游戏玩家，我们把所有游戏都当成竞技体育，无论是"大富翁"、"大战役"还是"记忆游戏"。我们还会买两副一模一样的拼图，这样就能比赛看谁完成的速度快。我们都知道外祖母最喜欢什么，晚餐后，她常常发起牌局，然后杀得我们屁滚尿流。

她是如何做到这一点的？大约在我8岁时，我第一次对此有了模糊的认知。我依然记得那一天，我坐在外祖母对面，中间隔着餐桌，克里斯蒂坐在我旁边。房间里有一台巨大的木制收音机，就算在当年，它也算一件古董。靠着另一侧墙摆着一个大陈列柜，里面摆放着我们每周日共进晚餐时会用到的特制餐盘。

屋子里很安静，只有桌上纸牌摩擦时发出的沙沙声，我们快速地抽着牌，手忙脚乱地配对。我们玩的是一种名叫"极速接龙"的纸牌游戏，是接龙的多人加速版。在"极速接龙"中连续获胜的玩家能记住自己手上的牌、其他玩家亮出来的明牌，以及牌桌上公牌堆里的牌。拥有强大的工作记忆和模式匹配能力的人能在这种纸牌游戏中占上风，因为他们可以立马知道从牌桌上抽到的某张牌如何与手中的牌配对。但我对这些一窍不通，我所知道的只是玩家需要干点儿什么才能让牌运变好，而外祖母显然深知其中的诀窍。

我盯着手上的牌，大脑高速运转，试图找出能配对的牌。这时，我听到外祖母说："你的6点牌可以打。"接着，她又说："你的9点牌可以打。"她一边玩着自己手上的牌，一边指导我和我姐姐。不知为何，她好像对牌桌上的一切都心中有数，甚至知道我们每个人手上的牌——这并非魔法。她是怎么做到的？对玩牌的人来说，这不过是基本技能。你越是能准确地推算出对手手中的牌，赢的机会就越大。不过，对那个年纪的我来说，这不啻天启。我第一次察觉到，尽管纸牌游戏存在神秘和运气的成分，但其中仍有值得我去学习从而提高自身胜率的东西。我领悟到，外祖母不只是足够幸运，也不只是有天赋，她一直在训练自己的大脑，而我也可以这样做。

从那时起，我每当坐下来玩上一局纸牌游戏，便会意识到打出的每一手牌都是一个学习的机会——只要我愿意抓住这个机会。外祖母也知道这一点，但这并不意味着她会让这条学习之路变得平坦易行。她本来可以和我一起坐下来，一步步引导我该做什么、不该做什么，教给我各种纸牌游戏的战略战术，但说教不是她的风格，她一向以身作则。于是，我们就一局又一局地玩下去。

我们玩"极速接龙""金拉米""红心大战"，还有我最喜欢的"排七"。我们玩外祖母最喜欢的"金拉米"的高难度版本，她称其为"海岸警卫队拉米"。我们偶尔也会玩一下桥牌。我们玩遍了霍伊尔关于纸牌游戏规则的书里提到的每一种纸牌游戏，不管其流行与否，连冷门的"皮纳克尔"也没放过。

在整个过程中，我一直在研究她。有个计算机科学术语叫"状态机"，它是一个程序的组成部分，在接收到一组输入后，可以根据一系列设定条件的状态采取最优行动。我的外祖母拥有一个精密调校的纸牌游戏状态机，她大脑中的算法有条不紊地推演着各种可能性、决策树和博弈论。我那时候还无法清晰地表述这些概念，但慢慢地，我凭直觉感受到了它们。我注意到，即便是在一局游戏中那些独一无二的时刻，比如出现了一种她或许从未见过的可能的打法与赔率的组合，她通常也能采取最优行动。如果她在某一时刻似乎错误地抛出了一张好牌，继续玩下去，我便会发现她做出这样的牺牲是有原因的：为了取得最终的胜利。

我们一局又一局地玩，我一局又一局地输，但我一直在观察，也一直在进步。从始至终，外祖母一直温柔地鼓励我。"动动脑筋，老三。动动脑筋。"当我琢磨下一步的打法时，她总是这么说。她的潜台词是我只要开动脑筋，并保持专注，就能打出正确的牌，就可以赢。

有一天，我真的赢了。

没有大张旗鼓庆祝，没有巨额奖金，也没有击掌欢呼。我甚至不记得，当我第一次在一天中赢的局数比外祖母多时，我们玩的是哪种纸牌游戏。我只知道她很欣慰，我确定她笑了，这是对我成长的认可。

到后来，大约花了五年时间，我就一直能赢了。那时，我几乎已经是个好胜成性的青少年。我享受这种心智的较量，以及学会新技能所产生的强烈的满足感。玩纸牌教会我：无论某些事情看起来多复杂、多神秘，我们通常都能最终琢磨出个究竟。这个世界是可以被理解的。

我出生于1955年10月28日，在家里的三个孩子中排行老二。姐姐克里斯蒂出生于1954年，比我大21个月；妹妹莉比要在我出生近10年后才来到这个家庭。还是小婴儿时，我有个绰号，叫"乐呵小子"，因为我总是咧着大嘴笑呵呵的。这倒不是说我不爱哭，但显然，我感受到的喜悦胜过了其他情绪。我的另外一样明显的早年特征可以被描述为精力过剩，我喜欢摇摆晃动。一开始是骑在一匹橡胶摇摇马上，一摇就是几个小时。我长大一点儿后，这个毛病也没有改掉，只不过不再借助摇摇马：我坐着的时候摇来摇去，站着的时候摇来摇去，凝神想事的时候也总是摇来摇去。摇摆对我的大脑来说就像是一个节拍器，现在依然如此。

我父母很早就知道，我的思维频率有异于其他孩子。比如说，克里斯蒂很听话，和别的孩子很容易玩在一起，而且入学后成绩一直很好。这些我都做不到。我母亲很为我担心，她还给我在橡果学院的学前班老师"打预防针"，让他们放低对我的预期。第一学年结束时，橡果学院的校长写道："他母亲让我们做好心理准备，因为她觉得这孩子的表现和他姐姐形成了巨大的反差。我们在这方面完全认同她的结论，因为这孩子似乎打定了主意，要给我们留下一个对按部就班的学校生活完全不管不顾的印象。他不知道（或者是压根儿不想知道）怎么好好表现、怎么自己把外套穿上，而且对此扬扬自得，毫不在意。"（现在想来十分滑稽的一件事是，我给克里斯蒂留下的最早的记忆之一便是她总得动手逼我穿上外套，再把我压倒在地，使我动弹不得，她才能腾出手来把外套的拉链拉上，这一切让她十分抓狂。）

在橡果学院的第二学年，我成了"又一个脾气特别暴躁、十分叛逆的孩子"，一个喜欢自顾自大声唱歌、动不动走神溜号的4岁男孩。根据校长的记录，我会跟其他孩子打架，"大多数时间都闷闷不乐"。幸运的是，我的长期规划让老师们大受鼓舞，他们写道："我们深感被他接纳，因为他将我们列进了其登月方案的乘客名单。"（我比肯尼迪早了几年。）

被这些教育工作者和我父母注意到的我儿时表现出的种种迹象，预示了接下来发生的事。我在破解外祖母牌技谜题时的高度专注，被我投入了一切让我感兴趣的事上，但对不感兴趣的事，我则一点儿也不放在心上。让我感兴趣的事包括阅读、数学和沉浸在自己的思考中，我不感兴趣的事包括家里和学校的每日例行活动、写字、美术和体育，此外，基本上还包括我母亲让我去做的每一件事。

在我的成长过程中，我父母发现这个亢奋多动、脑瓜机灵、爱唱反调且性情急躁的儿子很难对付。这种力不从心对我们一家产生了深刻的影响。随着年岁渐长，我如今更好地理解了在我探索这条离经叛道的成年之路时，他们的帮助起到了多么关键的作用。

我父亲是出了名的好脾气，这与他6英尺7英寸[1]的身高形成了强烈的反差，他常常是整个房间里块头最大的，而他的谦和有礼往往出乎人们的意料。他与人打交道时从不拐弯抹角，通常直入主题，这是他的作风，与他作为公司和董事会法务顾问的职业身份吻合。（他后来当上了盖茨基金会的首任负责人。）父亲虽然待人接物彬彬有礼，但他从不怯于表达自己的愿望。在他还是一个大学生时，他的愿望是找个舞伴。

---

[1] 1英寸=0.025 4米。——编者注

1946年秋，他是《退伍军人权利法案》惠及的那一拨退伍军人之一，这项慷慨的政府计划让数百万人有机会接受本来无力负担的高等教育。但在我父亲的评价中，该政策也有一个缺点，那就是华盛顿大学校园里的男性数量远远超过女性，这意味着找到舞伴的概率很低。所以他最终决定向朋友玛丽·马克斯韦尔求助。

我父亲知道玛丽是卡帕卡帕伽玛女生联谊会的干事，于是问她身边是否有女生愿意跟一个喜欢跳舞的高个子男生认识。玛丽说她会帮忙打听一下。时间就这么过去了，杳无音信。有一天，在女生联谊会外边一起散步时，我父亲再次对玛丽提起这件事。

"我想到一个人选，"她说，"就是我。"

我母亲身高5英尺7英寸，我父亲直截了当地说她不符合标准。"玛丽，"他说，"你太矮了。"

我母亲悄悄地靠近他，踮起脚，手在头顶比画着，反驳道："我不矮！我很高。"

我父亲总是说，他请我母亲给他介绍舞伴不是在耍心眼，不是为了让我母亲跟他约会。但实际情况就是如此。"我的天，"他说，"咱俩约会吧。"然后，就像故事里讲的那样，两年后，他们结婚了。

我一直以来都喜欢听这个故事，因为它充分反映出我父母二人的性格。我父亲是那种深思熟虑、坚持己见的实用主义者，有时候甚至在和感情有关的事上也不例外。我母亲则是个活泼外向的人，同时不怯于表达自己的诉求。这当然是一个简化的版本——整个故事的摘要，在更完整的故事里，我父母二人之间的差异远不止于相差悬殊的身高，而这一切最终也造就了如今的我。

第一章 老 三

我母亲在保存记录这件事上可谓一丝不苟，包括她自己的生活大事记、家庭旅行和学校演出的照片簿，以及收集剪报和函电的剪贴簿。我最近发现了一摞信件，是我父母在1951年春结婚前那一年的书信交流。距离婚礼还有六个月时，我父亲在老家当律师，这是他的第一份工作。同一年的早些时候，他刚获得法学学位。我母亲还在大学里，完成她最后一年的学业。她在10月写的一封信开头就表示，她希望接下来的几页内容不会引发前一天二人交谈时的那种"情绪失衡"。我母亲在信中并未细说此事，但她似乎在成婚前对于二人组建家庭及如何弥合二人之间差异的问题存在一些担忧。她解释道：

> 关于我们的关系，我的客观结论是我们有许多共同之处，这是非常美好的事情。我们大致上想要同一种社交生活和家庭生活。我认为我们都真心期望拥有亲密无间的婚姻，也就是说，我们想要合二为一。尽管我们的社会背景和家庭背景不同，但是我认为我们能够理解由此产生的问题，因为作为独立的个体，我们在很大程度上是一样的。我们都喜欢讨论思想理念——保持思考和学习……；我们都想要同一种东西——可以用诚实和正当手段获取的世俗意义上的成功。尽管我们看重成功，但我们都不认为它值得以不公平的方式打压他人来获取。我们想让自己的孩子拥有同样的基本价值观。或许我们的"方式"有所不同，但我倾向于认为我们可以兼顾双方的观点，展示出一个坚定的对外立场……比尔，你知道，如果你一直真心爱我，我愿意为你做这世上的一切事。
>
> 我爱你，比尔。
>
> 玛丽

在这封信中，我能窥见那些私下的争执协商，它们确确实实地延续到了我的整个童年，甚至是以后的那些年。我父母大体上一直维持着坚定的对外立场，在私下解决分歧差异，而这些分歧差异绝大多数源于各自接受的教养方式。

玛丽·马克斯韦尔，也就是我母亲，是在极度溺爱她的祖父 J. W. 马克斯韦尔一手打造的家族文化中长大的。J. W. 马克斯韦尔是一位银行家，更是一生不断自我完善的典范。当他还是内布拉斯加州一个普通男孩时，他退学后凭借伶牙俐齿找到了一份为住宅挖掘地下室的工作。那座房子的主人是本地的银行家，他不付工钱，但提供食宿作为报酬。两个月后，J. W. 完成了这个项目，房主给了他一个在自家银行工作的机会。J. W. 当时只有 15 岁，他花了几年时间学习银行业务，后来移居到华盛顿州，开创属于自己的新生活。1893 年的经济萧条击垮了他羽翼未丰的银行，那个被他重金下注、认为必将繁荣发展的海滨小镇也以泡沫破灭告终。于是，J. W. 找了一份稳定的工作，成为联邦银行审计员。因为这份工作，他经常离家数月之久，长时间地骑马、坐马车或乘火车前往西部各地，核对小型银行的资产健康状况。J. W. 最终成功地创办了自己的银行。1951 年，当 J. W. 以 86 岁的高龄去世时，他已经是西雅图一家大银行的董事长、活跃的民间领袖。他还担任过市长、州议员、学校董事会成员及西雅图联邦储备银行董事会成员。

J. W. 和我的外祖父（也是一位银行家）搭设了一个财富与机遇的平台，这意味着我母亲在儿时几乎什么都不缺。她是一名好学生，积极参加各项体育运动和课外活动，身边围绕着家人和一大帮朋友。周日是一家人外出野餐的日子，打发漫长夏日的方式是在她的祖父母位于皮吉特湾的海滨度假屋里游泳。在各种形式的聚会中，运动和游戏都是必不可少的部分——打槌球、玩沙狐球、掷马蹄铁是固定的保留项目，而且毫无疑问，我母亲要学习打网球、骑马，同时成为优雅的滑雪者。在马克斯韦尔家族，游戏具有更深刻的教育意义。比如说打高尔夫球就相当于开展银行业务，J. W. 曾写道，这两者都需要"高超的技巧，不断的练习，保持清醒和耐心，百折不挠并防患于未然"。

在我母亲的相册中，有一张她三四岁时拍摄的照片。一群住在附近的家长将孩子拉到一起拍照，每个孩子都骑着三轮自行车。在照片背后，我外祖母写下了故事的原委：一个男孩的三轮自行车最大，我母亲想跟他交换，这样她就能拥有那辆最大的自行车。谁都不知道是怎么回事，她居然说服了那个男孩。在最终拍摄的照片上，我母亲微笑着坐在车上，高出其他人一头。她从来不畏强，并勇于占有一席之地。

我母亲的自信和抱负或许既来自马克斯韦尔家族这一边，也要归功于我外祖母。除了在牌桌上所向披靡，高中时，外祖母是班上成绩排名第一、在毕业典礼上致辞的学生代表，还是一个天赋异禀的篮球运动员。她博览群书，立志要走出家乡的一隅之地，追求更广阔的人生。我的外祖父母在华盛顿大学相遇，1946 年，我母亲出生，迎接她的是胸怀大志的父母的全力支持，以及整个家族对她出人头地的期许。

在皮吉特湾的另一边，与西雅图遥遥相望的是我父亲的老家布雷默顿。当地最有名的是海军船厂，历经战火洗礼的舰船会被送到这里修理。早些年，这里还是众所周知的赌徒之乡。从数量上看，镇上提供成人娱乐项目的小酒馆，要比每天东倒西歪地光顾那里的酒客还多。

从小到大，克里斯蒂和我时不时会乘坐渡轮前往布雷默顿，探望祖父母。我们会从渡口步行一段距离，去山上我父亲儿时的住所。那是一栋不大的蓝色美式平房，坐落于一条安静的街上。我们会在祖父母家待一两晚。如果电视机开着,我祖父通常都是看拳击比赛,这基本上是他唯一的娱乐消遣。我祖母莉莲·伊丽莎白·盖茨和我外祖母一样热衷于玩牌,所以我们经常会打上几局。我祖父母也是基督教科学派的信徒,那些探亲之旅给我留下的一个记忆是,祖母每天早上都会端着一杯咖啡坐在厨房里,为我祖父轻声诵读玛丽·贝克·埃迪编写的"圣经日课"。

当我父亲谈起童年时,他对祖父的情感似乎总是那种带着伤感的思念。祖父在他口中是一个工作狂,很少为生活中的其他事情留出时间。祖父经营着从我曾祖父那里接手的家具店,它扛过了大萧条的冲击,但也仅是幸存而已。这桩生意成了祖父的羁绊,他因此时刻为家庭财务状况担忧。在那栋蓝色的小房子后是一条小巷,祖父早年间会穿过这条巷道从工作的地方回家,这样就能顺路捡点儿从货车上掉下来的煤块。我父亲说,祖父从来不去电影院,也不带儿子看篮球比赛,因为在祖父眼中,这种事纯属耽误工夫,是在跟他店里的生意抢时间。我父亲说,祖父似乎总是处于慌慌张张、提心吊胆的状态。

从某个角度来看,你不能责怪他。在阿拉斯加州诺姆度过童年的祖父从小就尝尽贫困的滋味。19世纪末,我的曾祖父、家族中的第一个比尔·盖茨试图在当地的淘金潮中发家致富,当时,他们一家人还在勉强维持生计。祖父为了挣钱养家,不得不在八年级时退学。当我的曾祖父外出碰运气时,祖父只能在诺姆冰雪封冻的街头卖报纸,或是随机打些零工,因为肯雇用他的雇主并不好找。他们一家最终搬回西雅图,守着家具生意度日。虽然家里的生活条件有所改善,但早年的经历引发的焦虑从未消退。

我祖父的世界观在我父亲看来也非常狭隘,他将这部分归因于缺乏安全感。没有接受过完整教育的祖父恪守着关于外部世界和自身生活的僵化教条。"学点儿赚钱的招儿,儿子,学点儿赚钱的招儿。"他总是这么跟我父亲说。在祖父看来，接受教育只是为了获得找工作所需要的技能。

我的祖母，那位曾以班级第一名的成绩从高中毕业并骄傲地上台致辞的女性，也有自己的格言，它影响了我父亲对自我完善的看法："你知道得越多，你不知道的也就越多。"作为家庭主妇，这对她来说并非易事。即便当时女性开始在社会中开辟新的道路，我祖父依然困在过去的年代。他不允许我父亲的姐姐麦莉蒂考取驾照，也不考虑送她读大学。在祖父看来，女人需要的技能就只是围着家庭打转而已。

我父亲对他与我祖父之间的智识差异一清二楚。尽管祖父并不是文盲，但他几乎从不读书，而我父亲想要利用自己的头脑，想上大学深造。他不想屈服于我祖父的安排，不打算投身于家族的家具生意。

我祖父家隔壁的房屋就好像是从童话里搬出来的，那是一栋外饰以砖石和灰泥的诺曼式建筑，所有的窗户皆为彩色玻璃花窗，还有一座圆锥形屋顶的塔楼。它看上去与周围的美式平房格格不入，本地人都称其为"城堡"。我父亲通向更广阔人生的起点便是在这座城堡中与布拉曼一家共度的时光，他与这家的大儿子吉米一起长大，是形影不离的至交。我父亲对吉米可以把一个疯狂的主意变成现实的能力惊叹不已，于是他俩每天都筹划着搞各种各样的项目和生意。他们在前院摆摊卖过汉堡，也曾在后院演过杂耍。一想到一帮孩子居然会花钱看我父亲赤裸上身睡钉床，我就觉得好笑。他俩还发行了一份报纸《收音机周报》(*The Weekly Receiver*)，吸引了70位订阅者，每人花上几美分，就能获得广播新闻摘要和本地学校橄榄球及棒球比赛的得分。

我父亲成了布拉曼家的一员，甚至他上学前班时就曾和布拉曼一家自驾出游，穿越整个美国去到了纽约。这是他那时去过的最远的地方。我父亲把吉米的父亲当成人生导师和榜样，在布拉曼先生身上，他看到了自己可以成为的那种人。连高中都没上完的多尔姆·布拉曼创办了布雷默顿最大的木材加工厂，他后来当上了海军军官，又当选为西雅图市长，最终在尼克松执政期间任运输部副部长。他亲手设计并建造了他家那栋独特的住宅。

我父亲曾带着崇拜的语气说，多尔姆"从来不认为个人发展会受限"。多尔姆将这种精神特质传给了布拉曼家的男孩和他率领的童子军军团成员。我父亲刚满12岁时就加入了这个军团。

我祖父和多尔姆都是辍学者，但他们应对这一挑战的方式截然不同，随后的人生际遇也大相径庭。我祖父一直生活在焦虑之中，紧紧抓着他那些刻板的规矩不放；多尔姆不执着于欠缺之物，而是专注于自身发展的可能性。我父亲更喜欢多尔姆看待世界的方式。

高中三年级的那个秋天，我父亲从卧室的梳妆台里拿了85美元，步行4个街区，从二手车经销商那里买了一辆1939年出厂、轮胎都鼓包了的老旧福特A型车。因为我祖父不让他开家里的车，还说开车对青少年来说太危险了。当时，我父亲甚至还没到法律规定的购车年龄，他说服自己的姐姐代签了契约。（我父亲在讲述这个故事时，有时会说是他姐姐出钱买了那辆车，当作生日礼物送给他。）

我父亲这么做时，心里明白我祖父一定会因此发火，而且不仅仅是对他发火。这个人是无论如何都不会花钱给自己的儿子买辆车的。当时我姑姑虽然被禁止驾车，却拥有了一辆车。

我父亲开车回到家中，故作镇定地宣布，他便是这辆饱经风霜的浅绿色双门厢式轿车骄傲的主人。我祖母被房前的争吵声吓到，慌忙将父子俩拉进屋，让他们坐下，逼着二人和好。我父亲坚持认为养这辆车花不了几个钱，他最终说服了我祖父，跟他一起兜了个风。我喜欢慕想这两个人待在一起时的情形，那个固执的老男人最终被儿子的兴高采烈打动，做出了让步。那天晚上，我父亲从床上爬起来两回，只为了多看一眼他的新战利品。"我激动得快要爆炸了——我终于独立了！"我父亲在某篇大学论文里写道。

我父亲给他的车起名为"克拉拉贝尔"，他认为这个名字跟这辆过时的车很搭。克拉拉贝尔带给我父亲的是自由，他开着这辆车去赴约会、看橄榄球比赛、出海钓鱼。有时候，当这辆破旧的汽车轰隆隆地驶过布雷默顿的街道，上下颠簸着行进于城外的林区道路上时，挤坐在后排折叠座椅上和踩着挡泥板吊挂在车外的有10人之多。

那时，我父亲已经开始慢慢拉开与基督教科学派的距离，并从整体上对宗教信仰提出疑问。在高中的最后一年，我父亲和两个朋友常去校篮球教练肯·威尔斯家打发周日晚上的时光。威尔斯在学校里是一个备受尊敬的领导者。每逢周日，他都会开放自己的健身房，接纳那些宁愿打篮球也不愿去教堂的人。周日傍晚，他们会听威尔斯论证为什么应当质疑《旧约》和上帝的存在。

此时，美国加入第二次世界大战已经有近两年的时间，我父亲的许多朋友和大多数45岁以下仍未参战的男性都在为战争做准备。布雷默顿的上空飘着巨大的防空气球，意在阻挠日本轰炸机的袭击。在山脚下的布雷默顿船厂，"田纳西号"和日本偷袭珍珠港后的幸存舰船正在接受修理。高中毕业后，我父亲加入了美国陆军预备役，这让他得以进入华盛顿大学读书，直到被征召服现役。在他大一学年结束时，征召令下达了。1944年6月，就在数十万名美国士兵向诺曼底海滩发起登陆行动后的一周，我父亲前往阿肯色州报到，接受基础军事训练。

便在此时，我父亲决定改名。他在出生证明上的名字是"威廉·亨利·盖茨三世",对一个家具店老板的儿子来说,这听起来太浮夸了。我父亲坚信,"三世"这个暗示家世背景的称呼,会招来军训教官和战友的冷嘲热讽。于是,他走法律程序去掉了那个名字后缀,易之以"小"。

这个19岁的青年经常在训练基地和后来的候补军官学校给家里写信。我在信中捕捉到了后来父亲的身影。他很幽默,有自知之明,屡次谈起自己是多么努力,对远方家人的深厚感情表露无遗。他在信中时时流露出因部队日程不确定而难以抽空回家探亲的沮丧。他会开玩笑,为自己管家里多要了钱而道歉,因为他需要买些小物件(比如内裤),还因为他借给了一个新兵15美元。大多数时候,他都在思考自己的人生。部队的生活很艰苦,他说。但他把注意力放在自己的成长上,努力让自己变得更好。他接触到的那个新世界,那些来自各个阶层,或贫或富、肤色不一的年轻人都让他惊叹不已。我父亲甚至跟一群南方州的战友就南北战争的问题展开了辩论。

候补军官学校经常进行考核:如果没能通过,你就得离开。每次考核后,父亲眼看着自己班上的同学越来越少。他即便侥幸通过了,也会为下一次考核而担忧,尤其是俯卧撑、引体向上、100码[1]低姿匍匐前进和其他体能测试项目。我父亲曾写道,刚入伍时,他多多少少算是个"弱鸡","如今,我大约找到了那种'成为一个男人,而不再是个男孩'的感觉。如果我放弃了,我知道我永远不可能原谅自己;如果我扛下来了,我相信我能更自信、更勇敢地面对生活中的各种挑战。我确定,这段经历会造就我。在心理层面之外,我的体格从未像现在这样健壮过"。

我父亲的确扛下来了,毕业时,他已经是陆军少尉。1945年8月15日,日本投降时,他正在一艘开往菲律宾的船上。我父亲服役的大部

---

[1] 1码=0.914 4米。——编者注

时间都是以第一批驻日美军的身份在东京度过的。他的书信中充满令人困惑的强烈反差，既描述了某天清晨攀爬富士山时看到的美景，也提到了被美军投掷燃烧弹后的东京——民宅化为灰烬，大楼仅存断壁残垣。

我父亲很少谈起他在陆军服役的经历。他知道自己很幸运。候补军官学校让他在一年半的时间里远离战斗，原子弹随即结束了战争。他的许多朋友都没有那么幸运，侥幸生还者终生背负着战争的阴影。我父母的一个朋友在西雅图和我们住得很近，他曾头部中弹，死里逃生。在他家中，那顶经历了枪林弹雨的头盔和紫心勋章摆放在一起。倘若被人问起，我父亲总是会说，服兵役对他而言是一段极其宝贵的经历，随即便闭口不谈。

回到美国后，他迫不及待地想拿到学位，开创一番事业，以及好好跳跳舞。

我父母是在学生会担任志愿者时成为朋友的。华盛顿大学学生联合会既是一个社团，也是一个职能部门，因此他俩有很多机会待在一起。那时候，华盛顿大学学生联合会正在反对校务委员会长期奉行的禁止发表政治言论的政策。我知道这项政策让我父亲感到恼火，于是他为推翻禁令开展了大量工作——尽管最终未获成功。

与喜欢从事幕后工作的未来男友不同，我母亲总是活跃在舞台中央，如果是被同伴推选上去的，她的表现会更加积极主动。大三那年，向来下定决心便雷厉风行的她展开了一场计划周密的竞选活动——竞争学生联合会秘书长一职。她写了一首竞选主题歌（在英文中，她的名字玛丽"Mary"和秘书长"secretary"一词押韵，这不无小补），还给自己的助选者准备了一份通稿，供他们打电话给学生拉票时使用。选举日当天，她一丝不苟地记录下5 000名参与投票的学生的选票结果。我母亲以相当大的优势击败了她的竞争对手们。

在一本剪贴簿中，她保存了亲朋好友发来的庆祝电报，以及女生联谊会的那些姐妹手写的短笺。她还保留下了一封来自她祖父的信，他列出了那年春天她取得的重大成就：同时当选为学生联合会秘书长和女生联谊会主席，并且在滑雪比赛中名列第一。作为对这三项成就的奖励，他在信中附上了75美元（相当于今天的1 000美元），并祝贺她"站到了聚光灯下"。

想象我父母友谊的开端，对我来说是件很容易的事。我母亲既热情又优雅，这让她几乎拥有一种与人交际的魔力。如果你出现在某次聚会上，却谁都不认识，那么我母亲会是第一个与你打招呼的人，她会向你表示欢迎，帮你融入现场的人群。我们教会的一位牧师有一次说起，我母亲"接待的人，就从来没有不重要的"。

我能想象她是如何煞费苦心地打开了那个瘦瘦高高的小比尔·盖茨的心门。她看得出他的拘谨，她试图揣摩出他的故事：他从哪儿来，有哪些朋友，以及他会对什么心动。她很快便发现了二人之间的共同点：学生联合会里的人和事。她在做这些的时候，并没有向他表露爱意。他比她大两岁，头顶的头发已经开始变得稀疏。他不是那种典型的帅哥，而她当时的男友却很英俊。我见过后者的照片，其脸部棱角分明，更符合大众审美。

但是，我母亲那时还是为我父亲着迷：他说话的时候，从来不会废话连篇，他逻辑缜密、思路清晰、有条理。有些人说话不过脑子，她最好的朋友多萝西就是这样。我父亲的谈吐却流露着智慧，似乎比他身边的人更老成持重、深思熟虑。此外，他还很风趣，笑容灿烂，开朗乐观。

第一章 老 三

当然，我父亲当时也被我母亲深深吸引：她活力四射、头脑灵活，以及她表达个人感受时的那种无所畏惧，即便有时她也会将自己的想法强加给他人，告诉别人怎样做才是最佳选择。"比尔，我认为如果你这样做的话，不失为一个好主意。"这样的话，他在认识她之后不久，可能就会听到。

此外，他们是一对默契的舞伴。

我母亲的照片收藏讲述了"他俩何时走到一起的"这段故事余下的部分。自1948年春开始，照片里的她无论是在跳舞、参加聚会还是学校的其他活动，那个棱角分明的帅哥都陪同在侧，但到1950年年初，她必定开启了一段新恋情，那个男人不再出现，在一张1950年年初拍摄于梦幻假期半正式聚会的照片上，我父母坐在桌边，对着镜头微笑。我父亲在那年春天毕业了，得益于专门提供给退伍军人的加速学习计划，他同时拿到了本科学位和法学学位。我母亲一年后也毕业了，拿到了教育学学位。

不管两人的往来书信中含蓄提到的分歧和差异是什么，他们必定解决了这些问题，因为他们在1951年5月结婚了。我母亲很快便前往布雷默顿，与我父亲在一起，他在那里为一位兼任市政府法务顾问的本地律师工作，主要为那些正在走离婚程序的人提供帮助，以及负责该市警方出庭案件的起诉工作。与此同时，我母亲则在我父亲曾经就读的初中任教。

在布雷默顿待了两年后，一份更好的工作和一种更热闹的生活方式吸引他们回到西雅图。在我出生几个月后，我们再次搬家，搬进了观景岭社区的一栋新建住宅。该社区位于北西雅图，步行距离内有一所小学、一个儿童公园和一座图书馆。我们搬来的时候，整个社区仍在建设中。

我有一段我父亲在我们刚搬来后不久拍摄的视频：你能看到院子的地面还都是土，连草都没种上；我姐姐在人行道上骑她的三轮自行车，水泥路面十分平整干净，就像是还没凝固一样；街对面是一栋尚未完工的住宅的木头框架。我看着这段视频，被里面簇新的一切所震撼，感觉上，整个社区似乎都是为像我们这样的孩子而建造的。

第二章

观景岭

"砰"的一声巨响后,房子晃动起来。当时,我母亲刚对克里斯蒂、我和临时保姆说完"再见",准备出门跟我父亲共进晚餐。摇晃开始的时候,她僵住了,手还停留在门把手上。那一刻,我们向后窗看去,发现车棚的棚顶从房子上方飞过,重重地砸进后院,压塌了邻居的篱笆墙。

我母亲领我们躲进地下室,我们在那儿抱成一团,身边是成堆的罐头食品和其他应对核攻击的物资。1962年,一枚炸弹打乱那个周五晚上的可能性似乎比一场飓风大得多,毕竟这是西雅图有历史记录以来的首次飓风。它形成于观景岭社区,在我家那条街上着陆,呼啸着穿过我家的院子,随即横扫华盛顿湖,掀起100英尺高的滔天巨浪。整个过程持续了15分钟。没有人受伤,这真是一个奇迹。除了被连根拔起的大树和破碎的窗户,我们这个社区最严重的损失是我家车棚。为此,《西雅图邮讯报》派了一名记者和一位摄影师来采访。我母亲将那篇报道的配图——一个邻家男孩站在被夷为平地的建筑物上——贴到了剪贴簿里，与我其他的童年回忆保存在一起。

我父亲还想举办一场烧烤派对，请朋友们过来看看曾是我家车棚的那一堆破木头、金属杆和沥青瓦片。不行，我母亲说。她惊魂未定，试想，如果她早几秒把门打开，谁知道我们一家会经历些什么。此外，没有哪个体面的家庭会庆祝这种事，那并不合时宜，更不符合我母亲对盖茨一家对外形象的设想。

在第二次世界大战后那段繁荣富足的、积极乐观的时期，出生了一大拨孩子，即所谓的婴儿潮一代。姐姐克里斯蒂和我（还有后来出生的莉比）就属于这一代。当时，冷战正处于剑拔弩张的阶段，民权运动也方兴未艾。在飓风来袭前几周，肯尼迪与赫鲁晓夫就部署在古巴的苏联导弹问题争得不可开交。在这场危机的最后一天，当整个世界成功地避免了一场核战争时，我正在我家的起居室里拆开自己的7岁生日礼物。这一年，25万名民众走上华盛顿特区的街头示威游行，在场的小马丁·路德·金表示，他梦想有朝一日，我们的国家成为一个人人生而平等的地方。

我对这些历史事件的认识是零碎的，只不过是一些名字和名词，这还是在我父母收看哥伦比亚广播公司的《晚间新闻》或谈论《西雅图时报》上的报道时，我不经意间听到的。在学校里，老师给我们播放过一些令人毛骨悚然的影片，里面包含了与广岛和蘑菇云有关的镜头。我们演习过应对原子弹攻击时的卧倒并掩护。但对一个住在观景岭的小孩来说，外面那个广阔的世界陌生而抽象。被刮塌的车棚基本上就是我们生活中最戏剧化的事件了。在像我们这样的人家，自信压倒一切。我父母和我们周围的父母全都经历过大萧条和第二次世界大战,每个人都能看出美国正在蓬勃发展。

与美国的其他地方一样,西雅图也在迅速向郊区扩张。田地和森林被推土机推平,为住宅和购物中心腾出地方。在我们所在的城市,随着本地的波音公司成长为军用飞机制造巨头,这样的转变在战争时期便已开始。我出生时,波音公司刚刚推出第一架可以投入商用的喷气式客机,在接下来的几年里,坐飞机旅行从精英小圈子里偶尔为之的享受变成了司空见惯之举。

透过我卧室的窗户,我能听到位于邻居家另一侧的观景岭球场传来的棒球棒击球的声音。1960年,我入学观景岭小学时,这所学校刚刚完成扩建,可容纳1 000余名学生在校就读。从我家往山上走10个街区,便是西雅图公共图书馆东北分馆,这里的馆藏童书是西雅图市图书馆系统中规模最大的。它在我出生前一年正式开放,开放当日,孩子们排成长队等待进入,队列从门口一直延伸到街上。在我的青少年时期,它是一个类似于俱乐部的存在,它在很长一段时间里都是我在这个世界上最钟爱的地方。

住在观景岭社区里的家庭,男主人一般都是商人、医生、工程师,以及像我父亲这样的律师。最后这类人都是参加过第二次世界大战的退伍军人,借助《退伍军人权利法案》的政策红利,他们得以进入大学校园,并在北西雅图立足,过上了比自己父母那辈人更富足的生活。观景岭是一个白人中产阶级社区。如果我1955年出生在西雅图的一个黑人家庭,我不可能生活在观景岭,因为我家所在的社区和周围的其他社区都奉行20世纪30年代制定的种族限制条款——禁止"非白种人"居住(家政服务者除外)。尽管这种可怕的限制从严格意义上讲在1948年便已被最高法院废止，但西雅图的种族隔离依旧持续了很长时间，绝大多数有色人种都被迫居住在其南边的工业区。

1957年，苏联发射了世界上第一颗人造地球卫星"人造地球卫星1号"（Sputnik），震惊之下的美国在科学和技术领域投入了大笔资金，美国国家航空航天局和当时被称为高级研究计划局的国防部研究机构就此诞生。那笔资金的一部分最终流入了当时正在筹备下一届世博会的西雅图市中心。这届被冠以"21世纪博览会"的世博会很快转变为一场美苏之间的较量，意在展示美国在太空探索、交通运输、计算机技术和医学领域的科技实力与远见卓识，以及在促进全球和平中扮演的角色。推土机将多条街道上低收入人群的住宅夷为平地，为会场腾出空间。随手画在一张餐巾纸上的草图，变成了拔地而起的600英尺高的太空针塔。

肯尼迪总统在为世博会致开幕词时说："我们展示的这一切，是在科学、技术和工业领域付出巨大的努力后取得的成就。"他的这番话是从佛罗里达借助卫星通信链路传送而来的，"这充分体现了和平与合作的精神，秉承着这种精神，我们将迈向未来的几十年"。

几天后，我母亲让我穿上了一件领尖带扣的正装衬衫和一件藏蓝色的双排扣西服，我们一家盛装打扮，动身前往"21世纪博览会"。我们看到了刚刚将第一个美国人载入太空的"水星号"太空舱；在太空馆，我们漫游了太阳系和银河；在6轮核动力汽车Seattle-ite XXI上，我们看到了福特公司对未来的展望；我们还见到了IBM（国际商业机器公司）构想的廉价计算机，那台价值10万美元的IBM 1620。我们看了一部名为《科学之家》（The House of Science）的短片，它讲述了人类思想的进步，从最早的数学家一直介绍到身处生物学、物理学、地球科学和计算机科学领域前沿的男性（还要过很长一段时间，女性科学家的贡献才会得到肯定）。"科学家将自然视作一系列谜题！"解说员庄严宣告，"他们坚信宇宙中存在深层次的秩序。"尽管我并不真的明白具体的细节，但我能大体领会：科学家知道那些重要的事情。在世博会召开的那四个月里，我们去了一次又一次，足迹遍及每一座展馆，能玩的都玩了个遍。我尝到了在这次世博会上首次引进美国的比利时华夫饼——它们太好吃了。

如果按照好莱坞的版本，接下来的故事情节可能是这样的：快7岁的我被领进IBM的展馆，便立刻爱上了计算机，沉迷其中。其他孩子或许是这样的，和我一道创立微软的保罗·艾伦就认为正是这届世博会让他迷上了计算机，就像有些音乐家在那个年纪抓起一把小提琴再也不肯松手一样。但我与他人不同，令我着迷的是惊心动魄的双人滑水表演，从太空针塔俯瞰到的城市全景也让我啧啧称奇。在我看来，展会上最棒的展品要数新面世的"疯狂老鼠"，这个游戏设施类似于过山车，乘坐者坐在仅容两人的小型钢制车厢里，体验快速行驶和急速转弯带来的快感。我记得我坐的时候乐得合不拢嘴，发出一连串的笑声。它带给我一种冒险的感觉，并促成了我对过山车的终身热爱。

不过，这次世博会的技术乐观主义梦想必定影响了我。在那个可塑性极强的年纪，1962年，我接收到的信息十分明确：我们要探索太空、终结疾病，要让旅行变得更便捷。技术意味着进步，运用得当将为人类带来和平。那年秋天，当肯尼迪发表"我们选择登月"的讲话时，我们一家人围坐在电视机旁，看着这位总统向全美国人民宣告，我们需要充分运用我们的能量和技能，以创造一个锐意进取的未来。几天后，我们一起看了《杰森一家》的首播，它向我们展示了那个有着飞行汽车和机器狗的未来的卡通版本。从沃尔特·克朗凯特（哥伦比亚广播公司《晚间新闻》节目主持人）和《生活》周刊那里，我们获知了源源不断的新奇迹：第一台激光器、第一盘盒式录音带、第一个工厂机器人、第一块硅芯片。那时候，作为一个小孩子，很难不对此感到兴奋。

这种潜能无限的氛围是我早年生活的背景，也是我母亲为我们设定的抱负。我父母在养育我这件事上付出了同等的心力，但行动则以我母亲为主导：她甚至把我家的钟表拨快了8分钟，我们都得按她的时间来安排日程。

从一开始，我母亲就对一家人的未来有宏伟的愿景。她想要我父亲功成名就，不只是金钱上，更多的是声誉。她希望父亲在帮助本地社区和其他民间团体与非营利组织时发挥作用。在我母亲的设想中，孩子们要在学业和运动方面出类拔萃，在社交领域积极活跃，而且无论做什么都全力以赴。她的孩子全都要上大学，这是毋庸置疑的。在这个宏伟蓝图中，她所扮演的角色是一个支持型的伴侣和母亲，以及为终将成就自己事业的社区贡献力量。尽管她从未明确表达过，但我猜测她给盖茨一家设定的榜样是当时大名鼎鼎的肯尼迪家族。20世纪60年代初，悲剧和麻烦还未降临到这个名门望族身上，俊美绝伦、卓有成就、积极活跃、体格健壮且身居要职的肯尼迪一家无疑是美国家庭的典范。（玛丽·马克斯韦尔·盖茨女士的好几个朋友都曾将她比作杰奎琳·肯尼迪。）

我们生活在我母亲设定的条条框框里，遵循着她的日常安排、家庭传统和准则规范。正如我父亲所说，她"管家管得井然有序"。她对生活的方方面面都有明确的是非标准，从平常不过的琐事到重大的决策和方案，无一例外。无论是单调乏味的铺床叠被和整理房间等日常家务，还是穿戴整齐、西装笔挺地迎接新的一天，都是神圣的仪式。床没铺好、头发没梳整齐，或是穿着皱巴巴的衬衫，你是不可能出家门的。母亲在我幼时的规训如今已经成为我生活的一部分，尽管我依然不遵守它们："不要一边看电视，一边吃东西。""不要把胳膊肘放在桌子上。""不要把番茄酱的瓶子拿上餐桌。"（除了带有小勺的小碟子，上菜时用其他容器盛放调味酱都是不得体的。）对我母亲来说，这些鸡毛蒜皮的小事是规律生活的基石。

1962年，读一年级的我每天会和读二年级的克里斯蒂走一小段山路，到观景岭小学上学。在学校里，我姐姐已经成为一个榜样，框定了老师对我的期待。克里斯蒂是个循规蹈矩的人，坐在我家福特旅行车的后排座椅上时，她会密切关注驾驶位面前的时速表，每当超过车速限制，她便会提醒父亲。在学校里，克里斯蒂是个细心且让老师放心的学生，总是按时完成作业，而且成绩很好。

正如我母亲之前给学前班老师"打过预防针"，我与克里斯蒂完全不同。小学低年级时，我在家中就已经能独立阅读大量图书。我在学着如何自学，而且我喜欢那种能够迅速掌握新知识点的感觉，我在阅读中自得其乐。然而，学校给我的感觉却是慢悠悠的。我发现自己很难对正在学习的内容保持兴趣，总是走神。而当有些内容真的吸引了我的注意力时，我又会从椅子上跳起来，夸张地举手，或是大声喊出答案。我并不想捣乱，只不过我的头脑很容易便切换到一种不受约束的极度兴奋的状态。与此同时，我还觉得自己很难跟其他孩子相处。我的生日在10月底，这意味着我的年龄比班上大多数同学都小，而且我看上去也的确如此，我又瘦又小，声音异常尖锐刺耳。与其他孩子在一起时，我总是很害羞。而且，我还有个爱摇摆晃动的毛病。

我能感觉到，与其他家长相比，我父母与老师之间的联系更紧密。其他家长也会在学年开始时邀请老师来家里共进晚餐吗？我认为不会。

对我父母来说，这是理所当然的，表明他们对子女的教育很上心。但对克里斯蒂和我来说，这简直尴尬无比，看着老师在自家餐桌上吃饭，感觉太怪异了。那些年，只有一位老师表示拒绝，担心被我父母款待以金枪鱼焗意大利面涉嫌利益冲突（她等到了学年结束后才接受了邀约）。

我父母并不会对我们的成绩紧抓不放，他们的期待主要在我母亲谈论别人时体现。比如，某个朋友家的儿子或女儿在学校里表现不佳，或是因为什么事情惹上了麻烦，我母亲就会将心比心地表示她的朋友必定深感失望。她从来不会对我们说，别跟那些孩子一样。但鉴于她在转述事情原委时的悲痛语气，我们深知她的言外之意：别偷奸耍滑，一定要力争上游，别让我们失望。他们还实行了一种奖励机制：拿到一个A，便可兑换25美分；所有科目全都得A，就可以任选一家餐厅享用晚餐。我们通常会选位于崭新的太空针塔顶层、离地600英尺高的太空针之眼旋转餐厅。我们每次光顾那里都是因为克里斯蒂拿到了好成绩，作为她的弟弟，我也得以跟随前往，而不管我在学校的表现如何。

我母亲那时已经开始把更多的时间投入志愿活动，在青年女子联盟和联合劝募协会的前身这一类的社区非营利组织做志愿者。她经常在下午出门，因此我和姐姐在放学回家时，往往会发现外祖母正等着我们。我喜欢在门口看到她的身影，这意味着她会把我们领进门，拿乐之饼干夹花生酱或是别的小零食给我们吃，还会跟我们聊聊学校里的情况。然后，在那天接下来的时间里，我们会一起读书或玩游戏，直到我母亲回来。外祖母就像是我们的第三个家长，她和我们一起外出旅行，参加我们的圣诞节轮滑派对，夏天同去乡间度假，在其他的家庭活动中，外祖母也基本上都在场。别的家庭知道，如果和盖茨一家相约见面，外祖母通常都会出现，而且她一般都是一群人里打扮得最体面的，她戴着珍珠项链，头发打理得一丝不乱。但外祖母并不认为自己是我父母的替身，相反，她是我们的良师益友。她想多给我父母一点儿空间，让他们以自己的方式养育我们。外祖母极其尊重不同的角色身份之间清晰的边界，因此，每当我父亲快要下班回家时，她都会跟我们道晚安后离开。

父亲走进家门后不久，我们就会坐下来吃晚饭。我母亲通常会让我把书放下——在餐桌上是不允许看书的，和家人共进晚餐是分享和交流的时光。我母亲听说，约翰·肯尼迪的父亲约瑟夫·肯尼迪期待他的每个孩子在餐桌旁吃晚饭时，都能就他指定的某个话题侃侃而谈。这位未来的美国总统或许会在啃胡萝卜的间隙回顾一下阿尔及利亚的局势。我们在晚餐餐桌旁讨论过肯尼迪家族的这个规矩，以及在这相聚的一个小时里到底能了解到什么重大事项。我父母并不期待我们就任何问题发表长篇大论，但我们会聊起当天的见闻，他们也会跟我们说说自己的经历。通过这些交谈，我逐渐在脑海中勾勒出关于成年人的日常生活及他们所处的那个广阔世界的图景。

在晚餐餐桌旁，当我母亲谈起青年女子联盟的筹款运动或联合劝募协会面临的挑战时，我第一次听说了"对等资金"和"冲突解决"等术语。我能察觉到她严肃的语气。每个人都应当被公平对待，每件事都应当被仔细考量，每1美元都应当花在刀刃上。我母亲将她的哲学简化为我们经常听到的一句话：一个人应当成为"一名好管家"。她对"管家"（steward）一词的定义与《韦氏大词典》是一致的：细心尽责地管理被交托给某人看管的事物。这完全就是我母亲的写照。

我父亲当时在为斯基尔、麦凯尔维、亨克、埃文森和乌尔曼律师事务所工作，这家律所因擅长代理棘手案件和深入彻底的诉讼策略而著称。我不认为在法庭上强悍如斗牛犬的职业风格与我父亲的性情相称，但是就像他在部队时那样，我确信他将其视为有益的训练。我不了解他代理案件的细节，但我能清楚地感知到那些客户聘用我父亲去做重要的事。我经常听到范沃特斯与罗杰斯公司的名字，这是一家当时正不断壮大的本地化工公司，也是我父亲服务的大客户之一。

在我还说不清楚律师的具体工作内容之前，我便从父亲那里接受了一种观念——法律是值得敬畏的。他讲述的故事揭示了其高度正义感的根源。我们听说过坎维尔委员会的事，这是我父母在华盛顿大学读书期间横扫整个学校的一次反共产主义的运动。担任委员会主席的州议员艾伯特·坎维尔不允许盘问对方证人和提出异议，对其他公正性的基本原则也嗤之以鼻。坎维尔委员会是几年后席卷全美的麦卡锡听证会的铺垫，它毁掉了许多无辜者的职业生涯，其中就包括教过我父亲的两位教授。我父亲对听证会的相关报道深感震惊，对坎维尔委员会公然滥用司法的行径十分鄙夷。

我父母有时候会允许我们观看热门电视剧《梅森探案集》，该剧的故事情节围绕着一位能力超群的刑事辩护律师参与的审判展开。某些疑案的细节会在片尾字幕滚动前神奇地浮现出来，将案情严丝合缝地拼接在一起，所有问题都将得到解答。在听我父亲聊天时，我了解到法律（以及人生）并不是那样的。他经手的案子似乎都超级复杂，晚餐后，他通常会熬夜到很晚，埋首钻研摊在餐桌上的文书材料，准备第二天的案子。这远远没有电视剧剧情那么吸引人，但对我来说足够有趣。

如果你觉得我父母在我的描述中有些过于品行高洁、过于热心公益和回馈社会的话，我也没有办法，因为他们的确就是这种人。他们醒着的大部分时间不是在做规划、开会，就是在打电话、搞活动，要么就是在做对社区有益的其他事。我父亲可以兴高采烈地背着支持学校附加税的双面广告牌在街角站整整一上午，然后晚上去出席他曾任主席的华盛顿大学基督教青年会董事会会议。我3岁时，我母亲主持了一个青年女子联盟的项目，把博物馆里的艺术品带到四年级的教室中展示。我知道这事是因为我们上了报纸，有一张我俩和一箱医疗器械一起出镜的照片，下面配着这样的文字："3岁半的威廉·盖茨三世仔细打量着一个蒂利坎姆箱中的老式医疗包，他的母亲小威廉·盖茨夫人在旁边注视着他。"

我父母的朋友行事方式也是如此，这些人不是那种渴望离开家乡、到纽约或洛杉矶寻找更刺激的生活的人，他们毕业于华盛顿大学，拿到法学、工程学和商学学位后，就在离母校和老朋友几英里远的地方安顿下来。他们生儿育女，创立企业，或加入公司，或竞选公职，然后把闲暇时间花在各种类型的公益事业上，就像是学校附加税和基督教青年会董事会之于我父亲。我父亲的许多朋友是市政联盟的成员，市政联盟与保龄球运动无关，它是一个青年无党派改革者的组织。市政联盟的大多数参与者都是像我父母这样30岁出头的人，他们下定决心要跟在他们眼中迂腐守旧的西雅图政府大唱反调。我父亲向我们详细介绍了市政联盟如何评估政党候选人的资质，以及在选举年中公布评分结果的过程。20世纪60年代初，我们家的餐桌对话围绕着该组织清理华盛顿湖的愿景展开。多年来的污水和工业废料排放让湖水变成了毒水，但到20世纪60年代中期，"水体污染，不可入浴"的标志已被取了下来。

和成年人的接触在多大程度上影响了我？有朝一日，这显然会发挥作用，但在我还是小孩的时候，它给我留下的最主要的印象是成年人很忙。我父母是大忙人，他们的朋友也是。

当我父母的朋友来家里做客时，我们姐弟俩需要跟他们互动。通常，这意味着我母亲会交给我们一项任务。我的任务是在他们玩桥牌时倒咖啡，我按照我母亲教我的那样，绕着桌子，小心翼翼地端着咖啡壶，将咖啡倒入瓷杯。在她的注视下，我自豪极了。即便是现在，当我想要感受母亲近在身边的感觉时，我便会回想起这一段。我觉得自己很重要，是这个成人仪式的一部分，在他们的娱乐中至关重要。

在地图上，胡德运河看起来就像是一只带锯齿的鱼钩。运河的叫法其实并不准确，因为运河是人工开凿的，而位于西雅图东南部奥林匹克半岛上的胡德运河是一条冰川运动形成的峡湾。我父亲小时候在那里钓到了他人生的第一条鱼（一条长度接近他身高的鲑鱼），当他还是童子军时，也没少沿着胡德运河的岸边露营。我母亲曾住进当地的一个营地，经营者是面向女性的志愿组织国际职业妇女福利互助会的两位领队。我父母结婚后，每年夏天都会在这条运河边度假。在最早的一张有我的照片上，父亲把差不多九个月大的我抱在膝头，和我祖父一起挤坐在一张长凳上：三个比尔·盖茨的合影，1956年摄于胡德运河。

从20世纪60年代初开始，我父母和一群朋友每年7月都会租下切里奥度假屋。北岸路边那个写着"切里奥"（Cheerio）字样的蓝白色标牌如今仍宛若在我眼前，由此拐入后映入眼帘的度假小屋是我们随后两周的住所。这个地方并不奢华，只不过是10栋紧挨在一起的小木屋，旁边有几个网球场和一个有篝火坑的中心区。森林、旷野和鹅卵石沙滩就在附近。对孩子们来说，这里就是天堂。我们游泳，在小船上嬉戏，捡拾牡蛎，在林子里疯跑，玩夺旗游戏。我会吃好多汉堡包和冰棍。同行的通常是固定的10家人，大人和小孩加在一起有50多人。他们是我父母最好的朋友，其中许多人是他们大学时的好友。我父亲会卸下他那张不苟言笑的律师面具，摇身一变，成为我们口中的"切里奥市长"——专司娱乐的孩子王。每天晚上，当篝火逐渐变暗时，我们这帮孩子便知道，我父亲必定会站起身来，表示是时候随他排着长队回到各自的小木屋中上床睡觉了。跟在他身后，我们会给电影《桂河大桥》里的《波基上校进行曲》配上自己编的歌词，然后大声唱出来。（直到后来看了这部电影，我才意识到这是一群战俘集合时唱的歌。对我和我的姐妹来说，它总是能让我们回忆起父亲领着一队孩子手舞足蹈的样子。"向前进，通向切里奥之路……"）

作为"切里奥市长"，我父亲要主持切里奥奥林匹克运动会的开幕式。我们会用一个点燃火炬的仪式拉开这场盛会的序幕：一个孩子戴上用枝叶编成的头冠，举着一支燃烧的火把奔跑，标志长达一整天的竞赛正式开始（这可是20世纪60年代）。各项赛事考验的与其说是运动员精神，倒不如说是灵活性与内驱力。比赛项目包括袋鼠跳、赛跑和两人三足，还有穿过汽车内胎的障碍赛，以及勺子托蛋赛跑。我仍记得父亲抬起我的双腿参加推小车比赛时的情景。不管是哪个项目，我都会全力以赴，只为了在那一天结束时可以登上领奖台。虽然我的灵活性不足，但内驱力相当强。

在切里奥住了大约一周后，大人们会把每家的姓氏写在一张纸条上，让孩子们逐一从帽子里抽出。抽到哪家的姓氏，甭管是鲍、伯格、凯普洛托、梅里特，还是别的什么，你就得走进那家的小木屋，跟那家的父母共进晚餐。与此同时，他们的孩子也要和自己抽到的那家的父母一起吃晚饭。这个安排是我母亲想出来的。当我回望童年时，我能看出来这符合她一贯的行事作风，那就是非要制造出一些情境，逼得我和我的姐妹不得不跟人社交，尤其是跟大人打交道。对我母亲来说，她的朋友都是人生楷模，是她希望我们可以成为的那种人。这些人全都上过大学，全都志存高远。这些父亲多在保险公司、金融机构和木材公司从事管理工作，有一位父亲是福特公司的员工，有一位是联邦检察官，还有一位开了一家大型园艺商店，甚至有一位曾在玫瑰碗的比赛中踢出了锁定胜局的一球。而且，他们大多数人都和我父亲一样，参加过第二次世界大战。相聚在一起的母亲们也都是大学毕业，和我母亲一样，她们一边照顾家人，一边在计划生育协会和联合劝募协会这样的非营利机构做志愿者。对我来说，那些晚餐让我没办法埋头于木工或隐身于书本。直到我六七岁时，这事对我来说依然很难，但随着时间流逝，我母亲的计划见效了，我终于可以和那些一起在切里奥度假的家庭自在地相处，就像与家人相处时一样。

日本汽车制造商以注重"持续改善"的企业精神而著称，他们在第二次世界大战后奉行的这种不断完善的哲学令日本汽车的品质逐年提升。与丰田相比，我母亲绝对是有过之而无不及，至少在对待节日方面肯定如此。比如说圣诞节，在我们家，它是从初秋就开始的。我母亲会阅读她前一年过节时记下的笔记，看看上一年做错了哪些事，然后就此加以改善。其中一条笔记是这样写的："比尔（我父亲）再次对在圣诞树上撒雪表示严重怀疑——有待解决。"我确定我们再没有犯这个错误。某次，她用"圣诞改善精神"把我父亲打发到地下室，让他在那里用竖锯和胶合板加工出了一个真人大小的圣诞老人。我们叫它"圣诞大佬"，在之后几十年的时间里，每逢圣诞节，我们都会将它摆在大门旁。

万圣节后不久，在征求了我们的意见后，我母亲便会设计当年的圣诞卡。她要用到各种各样的笔、毛毡、彩纸和家庭合影，甚至还有一台丝网印刷机，她还会挖空心思地写出巧妙的诗句。我们会在一张折叠桌前组成一条流水线，亲笔书写成百上千张卡片，寄给我父母的一众亲朋好友。与此同时，外祖母也在制作她自己的手工圣诞卡。她很可能是从自己的母亲那里继承来的这个传统，因为在那个年代，从商店里购买贺卡价格高昂。在被飓风侵袭的1962年，我们的圣诞卡以漫画的形式调侃了我们家排除万难、大干一场的气概，每幅漫画都描绘了我父母为成功送出圣诞问候而想出的荒诞不经的方案。其中的一个计划是租一架飞机，在空中用英文黑体字喷写"节日快乐"的字样。在一幅漫画里，我父亲灵机一动，认为不妨在车棚的残砖破瓦上刻写贺词"请收下这份飞来的祝福，祝你节日快乐"，然后把它们寄出去。

寄完全部圣诞卡后，我们便开始准备请柬，邀请宾客参加我们和另外两家一起举办的年度假日轮滑派对。这些请柬总是会包含某些特别定制的元素或谜题：有时候是我父亲用竖锯切割出来的轮滑鞋图样的木艺，有时候是一个填字游戏，找出答案才能得知派对的具体时间。宾客们知道，他们来到观景岭轮滑场后一定会看到我父亲，他这个6英尺7英寸的大块头生生挤进了一身租来的圣诞老人装里，还穿着轮滑鞋在场上转着圈。当轮滑场里那台老旧的沃利策点唱机演奏圣诞颂歌时，我母亲便会为宾客端上撒满糖霜的甜甜圈和苹果酒。

接下来的日子以一成不变的方式重复着，年年如此。圣诞节前夜，我母亲会给家里的每个人发一套她为这一年特别选购的睡衣套装。第二天早上，所有人穿着新睡衣在门厅集合，然后按长幼次序挨个走进起居室。（凡事按长幼次序是一个牢不可破的家族传统。）然后，按照从最年长到最小的次序，我们打开自己的圣诞袜。我们每次都知道能在里面找到什么：小孩子会得到一个橙子和一枚银制美元纪念币，我母亲则总是会收到一束我父亲送的红色康乃馨。接下来，尽管有一大堆礼物等着被打开，我们却会先共进早餐：煎蛋加火腿，以及从附近的烘焙店买来的丹麦克林格尔。最后,我们终于可以打开礼物。我跟在克里斯蒂后面,在众人的注视下拆开一件礼物,然后继续轮下去,从外祖母开始,从年纪最大的到最小的。这些礼物通常注重实用性和趣味性,它们都不贵,通常是袜子和衬衫这样的东西,或许还会有最新出版的畅销书。

随着假期临近尾声,在收好最后一件圣诞装饰、发出最后一张感谢短笺之后,我母亲会拿出纸笔,开始为下一年的圣诞节做准备。有时候,我们三个孩子会对这些传统大翻白眼——我们的礼物总是要到下午很晚时才能全部拆完,而这时我们还穿着睡衣。尽管如此,错过其中任何一环都会让人若有所失。圣诞节依然是我们最喜欢回想的往事之一。

第三章

理性的

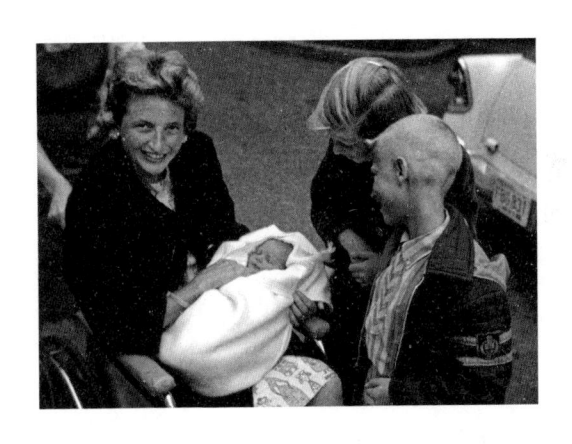

二年级那个学年结束后没几天,母亲和外祖母就把姐姐和我塞进车里,开启了我们有生以来的第一次盛大假期。克里斯蒂和我一直以来都将这次旅行称作"迪士尼乐园之旅",事实上它的意义远不止于此。在我母亲看来,对她的孩子们来说,即将踏上的千里路途意味着上千次学习机会。

1963年6月的那个早上,我们按照"妈区时间"——经我母亲调校后的时间——在8点15分准时出发,开始了这次旅行的第一段路程。我们将用四天时间抵达洛杉矶。我父亲在那周有工作无法脱身,因此他会坐飞机赶过去跟我们会合,一起去迪士尼乐园玩,然后把车开回家。

我母亲刚买了一台代表当时顶尖打字技术的 IBM Selectric,它装备有高尔夫球大小、字号和字体各异的金属字体球。你可以根据自己对字号和字体的需要，随意更换金属球，你甚至可以用它打出草体字。我觉得它简直太酷了。起程前，我母亲为我们姐弟俩准备了一份旅行日志，每天两页，供我们记录所见所闻。她用打字机敲出了草体字的标题，列出途经的城市和每天大概的行驶里程，还列出了需要填写的类目。日志差不多是这样的：

1. 地形

2. 天气

3. 人口分布

4. 土地利用情况

5. 产品

6. 历史古迹或风景名胜

7. 其他

在页面下方，她为当天的旅行留出了一个文字描述栏。对于这项练习，我们绝无数据匮乏之虞，因为我母亲以她一如既往的充沛精力为每天都安排了详尽的参观游览行程，包括两座州议会大楼、俄勒冈州的熔岩森林、几所大学、金门大桥、赫氏古堡、圣昆廷监狱、圣迭戈动物园、一场蜂蜡制作演示及其他景点。

我母亲开车的时候，外祖母会给我们读关于著名的赛马"黑神驹"的小说。这匹纯血马屡次在竞速赛和耐力赛中打破纪录，创下了史无前例的赛场战绩。姐姐和我一边听着，一边望向车窗外，在脑海中记录着可以写进旅行日志的内容：一个又一个苹果园、一栋又一栋土坯房、一辆辆载着巨大花旗松原木的卡车，以及一口口油井。每天晚上，在汽车旅馆里，克里斯蒂和我都会分门别类地记下我们的见闻。她写得很认真，因为她知道母亲随后肯定会仔细检查，用红笔改正语法和拼写错误。

在一个小一点儿的笔记本上，我用尽可能工整的字迹写下了自己的补充观察。

母亲力求让我们借助每天记下的日志条目，学到有关地理学、地质学、经济学、历史学和数学方面的知识，并且在好奇地观察周遭事物的过程中领略专注的艺术。正是因为这些日志，我才了解到钟乳石悬垂向下而石笋竖直向上的原因，而且假如有人想知道的话，我还能说出想要爬上华盛顿州议会大厦的穹顶，需要走262级台阶。

当父亲在洛杉矶与我们会合时，我们兴趣盎然地向他转述了一路上刚听完的那本书的故事：一匹神奇的赛马如何被精心地培育出来，以实现战无不胜的目标。有朝一日，我们会恍然大悟，我母亲对子女似乎也肩负着类似的使命。

在那次自驾之旅的夏天，我模模糊糊地意识到外祖母对基督教科学派信仰的执着。在我看来，这种信仰特别注重条理性和纪律性。与我的祖父母一样，外祖母每天早上起来的第一件事也是阅读教派创始人玛丽·贝克·埃迪编写的"圣经日课"，这是她几乎雷打不动的每日作息常规。外祖母每天早上8点吃早饭，12点吃午饭，下午1点半睡午觉，她总是在下午6点钟吃晚饭，饭后必定要来上一粒时思牌黑枫糖胡桃糖，这是她每天唯一的放纵之举。晚饭后，她会打牌或玩游戏，然后上床睡觉前重读一遍"圣经日课"。20世纪60年代末，外祖母在胡德运河边购置了一栋度假屋后，为自己的日常作息增加了一项游泳。每天不管天气如何，即便冒着狂风冷雨，她都会在冰冷的水中优雅地侧泳，她那精心梳理的发髻一丝不乱，徒留我们担心她会被滚滚白浪吞没。

对于基督教科学派信仰的细节，我一度所知甚少。直到某个周末，当时因我父母外出，外祖母住在我们家。我和克里斯蒂还有她的朋友苏一道，把前院浇草坪的洒水喷头打开，穿着泳衣在水雾中跳来跳去。这期间，不知是谁（可能是我）想出了个主意，提议我们应该玩点儿刺激的。我们把连接洒水喷头的水管拖到了车道上，穿着轮滑鞋轮流跳过喷溅的水流。那时候，有些轮滑鞋的轮子还是金属制成的。我不记得我们的轮滑鞋是哪一种了，但不管是哪一种，正如我们很快将发现的，它们都不适合在湿滑的车道上穿着滑行。

克里斯蒂穿着轮滑鞋助跑起跳，跃过了水管喷出的水流，但落地时失控了，重重地摔在沥青车道上，右臂肘部以上骨折了。

接下来，我只记得自己在克里斯蒂的房间里害怕得缩成一团，她疼得大声哭喊，而外祖母纠结着接下来该怎么办。根据基督教科学派的观点，通常而言，信徒们会尽量避免去医院，多求助于基督教科学派的信仰疗法术士，据说他们能够通过祈祷来治病。据我猜测，当我们在克里斯蒂的房间里等待时，外祖母给她的信仰疗法术士打了电话。这个据我们所知名叫"保利娜"的女士或许跟外祖母说，骨折不是闹着玩的，需要接受正规的治疗。那天晚些时候，克里斯蒂去了附近的儿童骨科医院，她的整只手臂被一位训练有素的医生打上了石膏。

一两年后的一天，我爬上厨房的操作台，试图从高柜里拿一只玻璃杯，这时我突然感到腹部一阵剧痛，摔到了地上。当外祖母发现我时，躺在那里的我已是神志不清。这一次就医完全没有耽搁，我被确诊得了阑尾炎，好在外祖母及时把我送进医院，在阑尾破裂前做了切除手术。

克里斯蒂和我多年来一直开玩笑说，感觉只要父母不在家，坏事就必然登门。除此之外，这些突发事件也加深了我当时对成人世界的疑惑：为什么我的这位理性的、受过良好教育的外祖母从不去医院，甚至从不使用现代药物？对此，我百思不得其解。她看报纸，坐飞机，是我认识的最聪明的人之一。然而，一部分的她却生活在那个看起来更像是迷信的信仰之域中。

我们家所奉行的宗教信仰更像是一种社交实操和智力活动。我父母在我出生前就已经脱离基督教科学派，但他们一致认为我们应当参加华盛顿大学公理会的聚会。这是一家在西雅图颇受欢迎的教会，拥有2 000余名教友。富有个人魅力、在本地小有名气的牧师戴尔·特纳在该教会的兴旺中起着关键作用。公理会奉行的教义对于圣经的解读留有很大的余地。特纳牧师在解经时通常持自由主义观点，将经文与支持同性恋权利和民权运动等进步主义观点结合在一起。他后来成为我父母的好朋友。虽然我父亲曾在高中时拒绝有组织的宗教，我母亲却希望我们几个孩子对宗教的道德教诲有所接触，这是他们相互妥协的成果之一。

我喜欢去主日学校，虽然它是需要正装出席的一系列活动之一。特纳牧师开出了一个长期有效的奖励条件：能背诵出《登山宝训》的孩子，可以在太空针塔顶层的餐厅享用一顿免费的晚餐。坚振礼课上的绝大多数大孩子都接受了这项挑战，克里斯蒂更是在11岁左右就提前得到了她的那份奖励。于是，在那之后不久，在和家人一起去华盛顿州海边自驾游的路上，我便坐在后座抱着《圣经》，背诵"心灵贫穷的人有福了，因为天国是他们的……"，以及《马太福音》中基督的其他道德训诫。当特纳牧师宣布我赢得了自己的太空针塔晚餐时，其他孩子都惊讶地打量我，一股自豪之情在我心中油然而生。我敢肯定，我将耶稣传递的信息部分融入了自我意识，但这项小小的成就也是一个考验我能力的脑力测试。正如耶稣所说，聪明人要把房子盖在磐石上。在那个年纪，我的磐石就是智力、好记性和自己的理性力量。

坐在车后座——或是在任何地方——读书，这就是我的默认状态。在我读书时，时间过得飞快。我屏蔽了外界的一切，只是隐约地意识到周围家人的存在，比如我母亲在叫我摆好餐具准备吃饭，我姐姐在和她的朋友一起玩。无论身处自己房门紧闭的卧室，还是汽车后座、烧烤聚会场所或教堂，我都沉浸于脑海中的世界。在任何地方，我都能偷得片刻闲暇，遁入书中天地，独自探索、吸纳新的知识点，无须借助他人。外祖母被我视为博览群书的楷模，她完全支持我的这个习惯。放学后，她会开车带我去附近的图书馆借回一大摞新书，塞进她的车里，供我在接下来的一周阅读。在外祖母家，我经常一头钻进地下室，那里存放的《生活》周刊摆满了一整墙的书柜。她订阅该杂志的时间必定有数十年之久，并且觉得这份概览世间万象的期刊值得保留。当时，我们刚养了一只英国古代牧羊犬，还给它起了个名字叫"小圆饼"。我在那些旧杂志中翻找小狗的照片，剪下来装订成册。后来，但凡需要完成学校布置的作文或研究项目，我总是会从翻阅一摞摞的《生活》周刊旧刊，寻找插图开始。逐页浏览这些杂志，让我有机会沿着一条自己选择的蜿蜒曲折的求知路径自在而行，所涉猎的内容既包括时事新闻和名流逸事，也覆盖战争、科学及美国和整个世界的缩影。

我父母从来不会在买书这项开支上犹豫。我家的传家宝之一是一套1962年版的《世界百科全书》，那是20卷红蓝相间的大部头，书页光滑平整，配有色彩绚丽的插图。我为书中博大精深的内容而倍感惊奇，那些分别绘有骨骼、肌肉和人体器官，叠在一起便正好组成完整人体的透明塑料插图页，尤其让人叹为观止。《世界百科全书》打开了一扇大门，我从中了解到自然、地理、科学、政治和在这个世界上我所知道的几乎所有门类的知识。差不多9岁时，我便从头到尾读完了这套书。每年1月，这套百科全书都会发行一本简要介绍前一年的历史性时刻的年鉴。当它寄到时，感觉就像一份迟来的圣诞节礼物。我也会一字不落地把它们读完。

通过阅读，我能找到针对各种问题的答案。当然，一个答案往往又会引发更多的问题；越是深入挖掘，想要知道的东西就越多。我曾对企鹅非常感兴趣，可以说出阿德利企鹅在水下憋气的时长（6分钟）和帝企鹅的身高（4.3英尺）。有那么一段时间，火箭和桥梁令我心醉神迷。我画了无数幅与火箭有关的图画，上面的火箭形状各异、大小不一。我还一张接一张地绘制自认为优美典雅的桥梁，那些桥又长又高，有着精致繁复的格栅和似乎十分牢固的桥塔。但在某一时刻，我意识到虽然它们看起来赏心悦目，但我并不知晓其原理。如何设计一座不会倒塌的桥梁？如何制造一枚真的能飞起来的火箭？在我的想象与现实事物之间存在一道鸿沟，这让我深感苦恼。在我看来，自己的设计不过是一些永远无法实现的幼稚的想法。我不喜欢这种感觉。

对我在学校认识的那些孩子来说，阅读量大、聪明、对老师教的内容感兴趣，这些都是女孩的特质。这种一概而论的偏见很可怕，但我确实也有这种想法，其他人也一样。三四年级时，我意识到，把阅读《世界百科全书》当成消遣，跟外祖母玩"红心大战"纸牌游戏，或是想要讨论为什么桥梁不会倒塌，这些都不够酷。图书馆举办的夏日阅读活动的参加者，除了我，都是女孩。课间休息时，其他孩子会拉帮结伙地在一起玩，而我总是孤零零一个人。大一点儿的孩子会故意跟我过不去。现在回头去看，我当时的感受倒不是孤独或伤心，可能更多的是困惑：为什么这帮孩子的看法和我如此不同？

我想，我母亲对我或许同样倍感困惑。克里斯蒂自觉打扫房间，梳洗打扮，完成作业，为什么老三就不行？其他孩子总能保持桌面整洁，不咬铅笔，拉好衣服拉链，为什么老三就做不到？我其实也不是抗拒做这些事，老实说，我只是对它们完全不上心。母亲时时刻刻的提醒或许能使我短暂地从自己的世界中抽离，但我转头便又看起了书，或是干起自己想干的事。我确信我母亲希望我有朝一日能够改变，变得像她期待的那样踏实可靠。但我并没有变，这让她既抓狂又担忧。

我对大多数社交活动都缺乏兴趣，这让我母亲格外不安。她有一本书页都翻旧了的《人性的弱点》，戴尔·卡耐基在书中将人际关系总结为一系列技巧和窍门。（母亲后来还送给每个孩子一本，作为圣诞节礼物。）我不确定她从卡耐基那里学到了什么，因为她似乎有一种跟人心灵相通的天赋。我从小目睹母亲如何成为父亲的贤内助，她担起了组织律师协会各项活动的责任，热情地接待初来西雅图的新雇员。如果他们需要找房，她恰好认识合适的房地产中介；如果这个人是单身汉，她会把他引见给身边的朋友。如今我能看出，她不愧为一位人际关系的研究者，真心想要让人的能力与其职位相匹配，当被问起时，她也总能推荐恰如其分的人选。但在当时，我很难欣赏这种天赋，它似乎既无足轻重又浅薄无聊。

如今看来，很明显，母亲希望我变得更活络一些，而这正是她为我安排诸多活动的根本原因，我也因此在 8 岁时就加入了幼童军 144 军团。这个军团还有 65 名男孩，他们的父亲都曾在第二次世界大战期间服役于陆军、海军和海军陆战队，对军旅生活记忆犹新。由这些父亲主持日常事务意味着整个小队秩序井然，组织有方。我们必须积极上进，不断提升自己。每年，我们都会在童子军营地待上一周，进行包括立定跳远、俯卧撑和仰卧起坐等项目的体能测试，基本上相当于一个小型新兵训练营。

但是，对我们来说最大的考验是一年一度的坚果销售活动。每年秋天，144军团都要销售袋装坚果，为下一年筹集活动资金，这是我们唯一的资金来源。每年的销售活动都被视为一次军事行动：在11天的限定期内，我们必须卖出尽可能多的1磅装、3磅装和5磅装的袋装坚果。114军团的存亡系于我们的成败——至少看上去是这样。

我们售卖的品种有榛子、碧根果、胡桃、沙漠果[1]、扁桃仁和最受欢迎的混合坚果。按照要求，每个人至少得销售100磅坚果并送货上门。该活动设有奖项，奖品取决于销售额。

可以说，这是我面对过的最艰巨的挑战。100磅坚果？我的体重还不到这个数字的一半。活动组委会提供的统计样表上列出的总计销售量是一个不可能完成的任务：240磅坚果。我怎样才能扛起那么多的坚果？但要让我因未曾尽全力而丢人现眼，那也是不可能的事。

这项挑战激发了我的另一面，那就是好胜心。这是一场比赛，规则清楚，目标明确。我在奖品单上标记了我想要赢到手的东西：玩具水枪（卖出10磅坚果）、足球（卖出65磅坚果），以及一款通过电池供电的玩具投影仪（卖出95磅坚果）。这些奖品都很棒，但更棒的是可以因销量第一而炫耀的权利。

我破天荒地把头发梳得整整齐齐，身上的制服也熨得挺括、利落，从周围的街区开始，一家挨一家地推销。后来，我让父亲开车带我到富人居住的社区，他会在我敲门推销时慢慢地驾车跟随。坚果销售活动组委会为我们提供了一份脚本，指导我们如何自我介绍和促成交易。比如

---

[1] 沙漠果（Brazil nut）又称巴西果、鲍鱼果。——编者注

说，假如有人抱怨每磅坚果65美分的定价太高，我们就会告诉他们，从商店购买的坚果经常是上一年的陈货，品质上根本没法跟我们的坚果比。

为期11天的销售活动大致就是这样进行的，对我来说，主动出击推销产品是一件很难的事。但这与万圣节"不给糖就捣乱"的游戏有很多相似之处，我逐渐变得自在起来，并且爱上了每次达成交易后在计数表上打钩的感觉。

筹款活动结束时，我一共卖出了179磅坚果。我对这个销售量深感自豪，尽管如今已不记得自己是不是当年的销售冠军——我肯定至少当过一回销售冠军。在我的记忆中，那个几乎年年拿冠军的男孩动用了他身为理发师的父亲的关系，他父亲给每位顾客剪头发时都会帮他推销。这在我看来并不公平。

1964年秋升入四年级的我是一个精力旺盛、好奇心强的孩子，在课堂上，我会毫无顾忌地提出各种稀奇古怪的问题，占用老师大量的时间。黑兹尔·卡尔森老师尽全力满足我的需求，因为没办法在管理班上30名学生的同时应对我的纠缠不休，她在课后会跟我待上很久，或是在安静的自习时段解答我提出的问题。我有好多问题，关于书的问题，关于科学的问题，关于脑子里闪现出的任何问题。作为老师，她是教室里最聪明的人，因此我觉得她肯定能给出所有问题的答案。

卡尔森老师有个习惯，就是每天时不时地喷几下发胶，让发型保持齐整有型。在一篇作文中，我编了个故事，故事中的老师使用的发胶被别人偷换成了一罐喷漆，一整天，她喷啊喷，慢慢地把头发喷成了粉色，自己却全然不知，因此成了班上的"显眼包"。幸好卡尔森老师觉得这个故事挺有趣，班上的同学也都很喜欢。或许正是从那时起，我意识到幽默可以帮我吸引同学的注意，于是讲笑话和搞怪出风头逐渐成为我在学校里自我定位的一部分。

有些规矩对我来说根本说不通。刚开始练习书写时，卡尔森老师发给我们很多张宽行三线练习纸，用来练习写草体字。在我看来，这不过是在比赛谁能把字写得好看，但如果书写的作用是表情达意的话，谁在乎看上去美观与否呢？

在打分的问题上也是如此，我们遵循的标准是 A 代表最高分，其次是 B 和 C。我觉得这是合理的，不合理的是还需要为努力程度打分。你如果很努力，就能拿到 1；付出中等程度的努力，可以拿到 2；一点儿都不努力，就会得到 3。当然，A1 因此被认为是最高分。可是这在我看来是不对的，如果你真的很聪明，那你就能在几乎不努力的情况下拿到 A，因此 A3 才应该是最高分。当我跟卡尔森老师说起这个配比优化的概念时，她觉得我是在开玩笑。交作业时，我总会说："卡尔森老师，拜托给我打 A3 吧。"她以为我在耍宝，从某种程度上看那倒也不假，但说实话，高分值加低努力值的这个组合，对我来说的确才是最合理的。

不知从何时开始，我对人体构造产生了兴趣，或许是因为《世界百科全书》里的塑料插图页。因此，我想在课堂展示时介绍一些跟生理学有关的内容。在此前的课堂展示环节，有女同学带来了她的长笛，还有同学展示过家庭旅行时带回的纪念品。我打算来点儿酷的、有教育意义的。显然，我搞不到人体器官，于是征求父亲的意见。他建议说或许可以拿动物的器官代替我想展示的人体器官，还表示可以跟屠宰场商量一下。

就是这样，我在某天早上将一叶牛肺带进了卡尔森老师的课堂。当我走进学校时，用来包裹牛肺的纸已经渗出了血水。

当我将它展示在众人面前时，大家在惊讶之余又表现出一点儿嫌恶。我按压牛肺，表明它依然可以吸气、排气，这就是氧传输！一个女孩晕了过去。后来，有人说她是基督教科学派信徒，之所以会被牛肺吓得魂不附体，是出于信仰的原因。我记得自己当时想的是，基督教科学派信徒的肺和其他人的肺还不是一样，和牛肺也没什么不同，何必大惊小怪。（卡尔森老师最后让我把它拿出了教室。就这样，血迹斑斑的纸包裹着牛肺在那儿放了整整一天，直到放学时父母来接我时才拿走。我不记得当时是如何处理它的。）

卡尔森老师会借助教室前方的一台录音机来考我们乘法运算。坐在课桌前的我们低下头，手握铅笔，听一个男声读出测试题。"9乘12。"带着电路噪声的话音从喇叭中传出。每个人都会匆匆写下自己的答案。过了一会儿，声音再度传来："11乘6。"于是又是一阵奋笔疾书。没过多久，我就意识到自己每道题都比别人答得快。我写下答案，抬起头，然后看到其他人还在写呀写、写呀写。有些同学甚至赶不上趟，嚷嚷着"等会儿，我还没做完呢"，而录音机里的那个家伙径自转向了下一道题。

这是我第一次觉得自己在某些方面比同龄人强。对我来说，数学很简单，甚至很有趣。我喜欢它那种铁打的确定性。数学遵循基本的运算法则，你需要做的就是记住它们。为什么其他学生似乎就想不到这一点呢？我百思不得其解。4乘4永远都等于16啊。

我越发觉得这个世界大体上是理性的，而数学印证了这种观点。我开始明白，桥梁、纸牌游戏、人体器官或其他复杂的问题都有答案可寻，我只要动脑筋寻找答案，就有可能找到。我不能称其为觉醒时刻，我一直都是个爱想事的人，喜欢搜寻新的信息。此时，我对自己的智力越来越自信了。伴随自信而来的还有一种感觉，我认为隔在大人与我之间的智力屏障已经彻底崩塌。我父亲后来说这个变化发生得十分突然，他说我在一夜之间就变成了一个爱拌嘴，思想上咄咄逼人，不那么好相处的大人。大多数孩子都在青春期时叛逆过那么一段时间，我比绝大多数人都更早进入叛逆期。那会儿，我大约9岁。

在那个年龄段，孩子们都指望父母和老师知道所有问题的答案，但我渐渐认识到他们不知道，或者说他们不能给出让我满意的答案。

当我察觉到大人也有力所不能及的事之后，我们家的稳定团结遭到了破坏。根据我的逻辑推理，我如果能替自己拿主意的话，为什么还要听父母的建议，或许我根本就不需要他们，我开始质疑这一整套父母子女、长幼有序的行事规矩。为什么由他们来拍板做主？他们凭什么对我何时该上床睡觉、吃些什么、是否保持房间整洁说三道四？为什么我必须做那些对我来说无关紧要的事？我根本不考虑我父母为我提供了所用、所需的一切，无论是物质上的，还是情绪上的。我就是想不通为什么总是他们说了算，他们似乎就是手握大权、专横跋扈。

这个变化对我母亲的打击最大，作为规则的制定者和执行人，她通常都是我负隅顽抗的对象。对于那些在我看来充斥着她的控制欲的要求，我会一律加以反抗。

父亲成了夹在当中的那个人，每当我们母子之间的斗争陷入僵局，她总是会选择先行退让，等我父亲回家再说。于是，他白天在外面当律师，晚上回到家还要当法官。终于有一次，在我犯下了某个如今已不复记忆的过失之后，在又一次"等你爸回家再说"式的谈话中，父亲直截了当地告诉我："你必须尊重我们俩。"我不认同。什么叫尊重？为什么他们这么迫切地需要被尊重？我用尽所有的恶意，回嘴说："没门儿，我就不！"如今，回忆起那一刻，我仍心如刀割。我当时知道我是个放肆无礼、自作聪明的小屁孩，但我才不会退让。相反，我越来越深地陷入了自己的那片小天地。

在学校里，我逐渐减少了对各项活动的参与，在班上也收敛了我的个性，不再提问题，变得没那么积极。我会非常慎重地规划在哪些事情上投入精力，或者对哪些事情放手不理。我在数学和阅读这两科上继续保持优异的成绩，但对于那些被我视为无趣的科目，我几乎毫不上心。卡尔森老师用录音机播放西班牙语教程时，我一个字也没听进去。鬼才知道我们怎么跟着录音学外语。我们几乎从不考试，不用考核评估这件事，与我认定数学这门学科的确高出一筹的那种观念不相符。对于数学，你总是能知道自己是对了，还是错了。

有一天，卡尔森老师带我穿过走廊，来到图书馆。她跟图书管理员说需要给我一点儿挑战，她问管理员能否给我找个差事。

这个图书馆很小，是那种20世纪60年代典型的小学图书馆。这意味着没有计算机，只有书和期刊。书架上有很多《国家地理》杂志，还有《黑神驹》一类的流行小说，以及一套有年头的百科全书和一些科学入门读物。这间屋子里摆着大约30个顶天立地的书架，还有一个齐胸高的目录卡片柜——这就是我们的互联网。图书管理员布兰奇·卡菲耶在我一年级时教过我，她在图书馆主持讲故事活动时的全情投入在整个学校都是出了名的。卡菲耶老师制作过一些大号的毛毡板，用来当作《柳林风声》中鼹鼠和蛤蟆先生的活动背景板。朗读其他当日推荐读物时，她也会用上它们。

我们认识时，卡菲耶老师已经在学校里教了许多年书。她见过你能说出来的各种各样的学生，在观景岭以擅长帮助最差劲的"吊车尾"和最优秀的尖子生而著称。老师负责打分，教务人员负责处分，卡菲耶老师负责帮人找活儿干。她认为,有活儿干,就能解决一切问题。

卡菲耶老师立刻给我派了个活儿。她说有一大堆找不到的书,很可能还在书架上,只不过放错了地方,她问我能不能找到它们。这是那种典型的为了让学生消磨时间而布置的工作,但我很看重它。"你需要的是一个类似于侦探的家伙。"我对她说。她回答说:"我确实正好需要这样一个家伙。"我拿着那些找不到的书的目录卡片,在书架间穿行,直到找到每一本对应的书。

"要把它们放到哪儿?"我问道,打量着找出来的那一摞书。她对我说,非虚构类的图书是按照从000到900的数字顺序摆放在书架上的。她告诉我,要想记住这个杜威十进分类法,不妨先记住一个简单的故事:一个穴居人会提出越来越深刻的问题,最开始的问题是"我是谁"(这对应着100:哲学与心理学类图书),逐渐上升到"我如何能为其他人留下点儿记录"的高度(这对应着900:历史、地理和传记类图书)。

卡尔森老师来接我回去上课时,我请求她让我继续待在这里,我喜欢这个活儿。这份图书馆助理的差事本来只需要我干一天,然而我太喜欢做这件事了,于是第二天一早就又找过去。卡菲耶老师看到我很惊讶,但当我问她能不能成为常任图书馆助理时,她同意了。

对一个热爱阅读和数字的孩子来说,这简直就是梦想中的差事。图书馆并不是随随便便的一间屋子,它拥有一个逻辑体系、一套以数字为主导的规则秩序。掌握了这个体系,你就能成为专家,立刻有本事在任何地方的任何一个图书馆内找到想要的图书。你会知道,一本关于猫猫狗狗的非虚构作品摆放在636(畜牧业)这个类目下,而且永远不会把它和《一猫二狗的奇妙旅程》搞混,因为作为一本虚构作品,后者应当按照字母排序分类。

那一年接下来的时间，我一直在图书馆里工作。我经常放弃课间休息，利用这段时间沉浸在找书和给图书上架的工作中，完全注意不到其他学生，也浑然不觉已是午餐时间。我将这视为一个自娱自乐的游戏，比如我能用多短的时间将一本书放回正确的位置。在表达感激之情这一点上，卡菲耶老师很有一套，她总是能让我觉得自己做的事很有价值。她会说："比尔，要是没有你这机灵的小脑瓜，我真不知道怎么找到那些书。"如今，我意识到，就像所有好老师通常会做的那样，她通过给予正面反馈帮我树立了自信。但在当时，我对她的夸奖照单全收：我就是在帮助这个图书馆及这所学校，我是不可或缺的。

在我将所有还回的书都重新上架后，卡菲耶老师会问我一些问题，比如最近在读什么书、发现了什么有趣的事，借此引导我畅所欲言。她会肯定我的意见，向我推荐一些进阶读物和名人传记，给我出一些我从来没想到过的点子。其他孩子更愿意在外面玩，但我在图书馆里度过的时光具有特殊的意义，我也把这位 50 多岁的图书管理员当成了自己的朋友。

那一年早些时候，某个周日在外祖母家共进晚餐后，我父母把克里斯蒂和我叫到起居室，一起玩"上吊的人"猜词游戏。这不是我们素常会做的事，因此我们知道有事发生了。我母亲画好了绞刑架，很快，我们就找出了答案："有个小家伙快来拜访了。"如果说这话暗藏深意的话，我们当时完全没领悟。于是，我母亲解释说她怀孕了。我父母并未计划再要一个孩子，也不知道到底是女孩还是男孩。我不记得我当时想要弟弟还是妹妹，但我想我是为这个消息感到开心的——家里多个小孩挺有意思的。然而，随之而来的另一项通知冲淡了这份喜悦。我母亲说，鉴于野性难驯的狗不宜靠近娇弱的婴儿,我们必须把"小圆饼"送走。

好消息和坏消息继续相伴而来。我们马上就是一家五口了,需要更多的空间。我父母手上有一块地,他们曾计划有朝一日在那里建座房子,他们决定现在是时候了。这块地离我家只有几英里远,位于劳雷尔赫斯特,但这意味着我要转去另一所学校。这个消息令我震惊得不知所措,我抗议说我在校图书馆还有份差事呢,卡菲耶老师需要我。"我走了,谁去查找那些丢失的书呢?"我忧心忡忡地问母亲。母亲说,不妨请卡菲耶老师来家里吃晚餐,以表谢意。她帮我写了一份正式的请柬,第二天,我紧张兮兮地把请柬送了出去。晚餐桌上,我对搬家表示抗议。卡菲耶老师建议说,我可以在新学校担任图书馆助理。

1964年6月,我的妹妹莉比出生了,六个月后,我们搬进了新家。那时,我们被告知"小圆饼"从此幸福地生活在附近的一个农场里。

新学校的图书管理员说她不需要助理。最后,我父母决定让我回到原来的学校上完四年级,他们认为这样做,麻烦可能会小一些。家中发生了这么多变化,我想他们肯定知道,让我在书的温暖怀抱中多待一段时间是个明智的选择。

第四章

幸运儿

"早上好呀,早上好呀,早上好,早上好,早上好呀!"自我上五年级起,母亲每天早上都会唱这首歌。歌声是从连接楼下卧室和楼上厨房的内部通话设备中传来的,而她正在厨房里做早餐。我不确定我们的新家是否真的大到了有必要安装内部通话系统的程度,但对母亲来说,它是一个提高生产力的工具,让她得以早上叫我们起床、催我们做好去教会的准备、招呼我们吃晚餐。而在做这一切的时候,她无须停下手头的工作。内部通话设备传出呼叫声,意味着我们马上要赶去楼上。

搬到劳雷尔赫斯特后,我母亲开始稳步晋升,从志愿者变成了几家大型上市公司的董事会成员,而且通常是作为该职位有史以来的第一位女性上任。她时而手拎公文包,穿着一身无可挑剔的西服套裙,急匆匆地走出大门赶去参加会议,时而在电话里指挥若定,一一敲定筹款活动的各项细节。夜晚，我们都入睡后，母亲还会坐在打字机前，不是在为上一次的募捐活动精心制作感谢信，就是在为下一次设计提案。

母亲永远都不会以先行者自居，但在她所处的那个时代，在那种处处设限的工作环境中，她几乎已经处于女性能够有所成就的最前沿。今时今日，她或许会被视作女权主义者，但她很可能不喜欢这个标签，而更愿意埋头苦干，寻找更大的平台，实现她眼中重要的改变。她在做这一切的同时，依然是一个尽心尽力的母亲。当然，我的外祖母一直是她的后援。

我们三个孩子很清楚，我们的母亲不是传统意义上的女性。在我们的朋友圈里，其他母亲都不会穿着正装奔波着参加各种会议，也不会在社交圈中那些律师、政客和生意人的面前大胆坚持自己的观点。那是20世纪60年代中期，两三年前，贝蒂·弗里丹才在《女性的奥秘》一书中宣称女性需要的不只是家务，而且美国女性当时仍未开始在公司的职业阶梯上步步晋升。我母亲却想两者兼顾。后来，我和姐姐、妹妹聊起过我们对母亲的钦佩，以及因她而感到自豪，她居然有办法平衡自己的抱负和母职，尽管这是一件令人疯狂的事。莉比10岁时曾提名母亲参选本地的"年度最佳母亲"，她在提交的材料中写道，母亲除了"惯常保持着兴高采烈的状态"，还总是会陪她一起玩保龄球、打网球，亲临现场观看足球比赛。当然，当莉比赢得比赛时，母亲必定会把相关的报道文章剪下来，贴进自己的剪贴簿。

与此同时，父亲也大力支持母亲的雄心壮志，其力度当时在我看来是罕见的。那时，至少在中产阶级家庭，对家庭角色的定义明确且清晰：男性负责赚钱养家，女性负责操持家务。我祖父曾将祖母和姑姑束缚在死板的传统性别角色上，我确定父亲想要避免重复他父亲犯过的那些错误。在我母亲保存的文件箱里，我找到了一篇父亲大学时写的文章，他在文中想象了一个完美的世界，那是被他称作"盖茨邦"的地方："在盖茨邦，人们终将明白男性和女性除了生理构造，再无差异。将不再有人把'女人的归宿是家庭'这样的老话，以及'男尊女卑'、'养家爷们儿'和'女子本弱'的表达当回事。在各项工作活动中，男性和女性拥有同等的地位……专业领域和商业领域中的女性将和男性一样常见，男性将会把女性进入这些领域视作平常，而非异常。"

这栋有四个卧室的世纪中期现代主义风格的宅邸就是现实中的盖茨邦。在这里，听到母亲借助内部通话系统吹响的起床号，意味着我们必须立即起床，穿好衣服，整理好床铺，然后上楼。她在厨房已经将我们的早餐按照从长及幼的顺序，摆在厨房吧台的老地方。母亲坐在我们对面，用抽拉式的切菜板充当她的早餐桌。父亲这时通常已经出门上班去了，他喜欢第一个出现在律师事务所，在暂时还很安静的办公室里看看报纸，与陆续到来的人打招呼。

转入劳雷尔赫斯特小学读五年级的我和所有新生一样，深感恐惧、忐忑不安。周围全是陌生人，我能交到朋友吗？其他孩子会不会找我的碴儿？搬到几英里外的新家算不上一件惊天动地的大事，但在这个成员之间联系紧密的社区，我们是闯入的新人。在这个社区，孩子们在他们还不算长的人生中一直在一起玩，我班上的两个男孩曾开玩笑说，他俩还在娘胎里时就认识了。

那是一种恐惧中夹杂着神往的复杂感受，也是我最初的感受之一。一个过街天桥将我们学校和位于45街另一边的操场连通起来，因此，若在学校里发生小摩擦，学生们会在远离老师视线的操场上解决。某天下午，正在过天桥的我愣住了：我前面的两个孩子挥拳相向，拳头像雨点般砸在对方的头上、脸上。他们和我同一年级，但个头比其他孩子都大，其中一个肌肉发达，另一个就只是块头大而已。我从来没见过有人这么打架，更不曾想到如此简单粗暴的事居然会发生在学校里。几个老师跑过来拉开他们，这事随即结束了。

我的第一个念头是，最好躲这俩人远远的。我只有59磅重，虽然不是本年级里最瘦小的，但也差不多。而且，芭比娃娃似的金发和尖细的嗓音让我特别惹眼，很容易成为别人针对的对象。

这帮打架斗殴的家伙还给我留下了另外一个深刻的印象，那就是他们的社会范儿：蛮横霸道和不良行为能让他们在学校里拥有特殊的地位。我和大多数孩子都不想获得这种地位，这些大块头却借此来确立他们在140多名五年级学生中的层级。排在最顶层的是那些来自劳雷尔赫斯特当地名门望族的孩子，比如廷伯莱克家的和斯托里家的，以及其他尽人皆知且备受尊重的人家的子女，他们自成一个等级。比这一层级稍低一些的是体育生和学霸，以及一两个书呆子。我不够蛮横霸道，也不热衷于体育，因此这些定位都不在考虑范围内。我尚未自我定位为书呆子，而对成为别人眼中的好学少年也不甚确定。我觉得酷孩子并不屑于成为班级里最勤奋上进的学生，我会因这种行为而遭人嘲笑。

在我看来，让我与众不同的只有一点，那就是幽默。在以前的学校里，我发现班上的开心果在孩子群里拥有超然的地位。从受欢迎程度来看，举起手来讲个笑话要比举起手来给出正确答案更能加分，大家会哄堂大笑。我希望从新的观众那里得到同样的回应，于是积极地谋求劳雷尔赫斯特小学"笑话大王"的位置。我假装不在乎学业，无视乱七八糟的书桌，总是拖到最后一刻才做作业；需要大声朗读时，我总是发出怪声；老师说话时，我不讲规矩地大笑；当我认真投入地做某件事情时，我会把努力藏在幽默背后。霍普金斯老师曾给我们布置了一篇一页长的作文，可以自选题目。我不记得我选的是什么题目，但我记得自己煞费苦心地编了一篇占满整页纸、长达40行的作文。霍普金斯老师当着全班的面表扬了我，她注意到虽然我写得弯弯绕绕、让人挠头，但标点符号的使用称得上无可挑剔。我虽然默不作声，心里却扬扬得意。

  我的老师、父母和学校的校长都不知道该拿我怎么办才好，我的成绩好坏参半，我的态度也依科目而定——时好时坏。最重要的是，有人终于下定决心要纠正我尖细的嗓音。早在五年级时，我就开始在学校接受语音矫治。我每周数次前往驻校语音矫治师的办公室，学习如何拥有"熊爸爸式的浑厚嗓音"，练习舔着面包棒末端的花生酱发出字母"R"的声音。这在我看来蠢得要命，但奇怪的是我居然坚持下来了。这些疗程结束后，语音矫治师建议我父母让我留级一年，重读五年级。她好像说我是"智力发育迟缓"，如今，这是一个过时且带有冒犯性的词，但在那时，它会被扣在似乎无法融入班级的孩子头上。幸运的是，我父母并没有听取她的建议。一年后，另一位老师建议我跳一级。我当时想，如果这些所谓的专家都不知道该拿我怎么办才好，我为什么要在乎他们的意见呢？

  在大多数情况下，我都喜欢自得其乐。我开始交朋友，在对待上学这件事上，我至少找到了一个志同道合的伙伴。他叫斯坦·扬斯，但大家都叫他"大喇叭"，这个绰号是他父亲起的，因为他刚出生时哭声嘹亮。"大喇叭"很聪明，而且他特立独行的个性与我耍宝搞笑的人设十分契合。

  我们相识于1965年，在接下来的两年里，我们是亲密无间的好朋友。我这一生都对"大喇叭"这种人有天然的好感——他拥有超出实际年龄的自信和显而易见的高智商。他随时随地都愿意与人就任何话题——比如为什么绿湾包装工队是史上最伟大的橄榄球队——展开辩论,而且总能讲出一番道理。有时候,他这样做只不过是为了锻炼一下自己的智力。

我们经常在我家的地下室里一起玩《征服世界》(Risk),为谁能最终统治全世界而斗得不可开交。我还羡慕"大喇叭"的彪悍,尽管他和我一样,都是一头浅色金发的小个子,但"大喇叭"一点儿都不惧在45街天桥另外一边的操场上摆平事端,即便知道自己可能会输。在我母亲的推动下,我加入了橄榄球队,但支持我练完整个赛季的是"大喇叭"。考虑到我们所在的球队是级别最低的三级队,一些队员的年龄比我俩还小,我们的表现相当不错。小个头有时也是优点,因为这意味着我们不会被安排在锋线位置,在我看来,那个位置远没有我所在的中线卫位置有趣。站在我的位置,场上的一举一动一目了然,无论是全面进攻,还是开球截球,甚至是掠过我持球触地得分的球员,全都尽收眼底。

有一天,在学校里,老师宣布班上的同学要分成两组,就越南战争问题展开辩论。每个人都选择反对战争,于是,"大喇叭"自然而然地选择了主战派的那一边,只是为了挑战一下自己。我加入了他的阵营,而这个阵营里只有我们俩。"大喇叭"的政治观点要比我更保守,他甚至是《国家评论》(National Review)杂志的读者。(有一年父亲节,他订购了该杂志作为礼物,并给杂志社写了一封表达赞赏之意的信。这封信让该杂志的创办者小威廉·F.巴克利大为兴奋,他亲自回信,盛赞"大喇叭"的聪明睿智。)"大喇叭"对主战派立场的深入了解,加上我阅读的大量背景材料,让我们在辩论时搬出了多米诺骨牌理论等武器,赢得辩论简直轻而易举。

我们位于劳雷尔赫斯特的新家是一栋依山而建的双层住宅,站在屋后的露台上可以看到雷尼尔山的风景。走进大门，正对着的是主楼层，起居室、厨房和我父母的卧室都在这一层。在相当于地下室的楼下，是克里斯蒂和我的卧室，莉比大一点儿之后，搬进了第三间卧室，和我们一起住在楼下。

这种楼上楼下的房屋布局意味着我可以躲进自己的房间，远离家中日常生活的琐碎。我的房间里有一张床和一个书桌，在堆成一片汪洋的书本和衣物中，也就这两样能看得清方位。房间里乱得一塌糊涂，我母亲对此深恶痛绝，她一度对我扔在地上的衣物一律予以没收，我需要以每件25美分的价格把它们买回来，于是我开始少穿衣服。

我独自待在自己的这个小天地里，有时读书，有时就只是坐在那里胡思乱想。我会一直赖在床上，没完没了地琢磨某个问题。我能听见汽车发动机的轰鸣声，树叶在风中飞舞的沙沙声，天花板上传来的脚步声，然后想着这些声音是如何传到我耳中的。这一类谜题可以让我想上几个小时之久。后来，我在《生活》周刊上找到了一篇关于声音的文章，查阅了《世界百科全书》，还读了几本从图书馆借来的关于这一问题的书。我惊喜地发现声音是一种振动，是一道受多重因素影响的波，这些因素中就包括声波所穿过的材料的密度和硬度。我最终将这一新知写成了一篇科学作文——《何为声音？》。老师却给我打了低分，因为我没有注意页面格式，写满了整整一张纸。这在我看来简直不可理喻，关于这个话题，我有太多可说的内容，根本没必要操心那些无聊的细节。

我对数学这门课越发投入，大多数晚上，我都会和克里斯蒂一起做她七年级的家庭作业。此时，我也正沉迷于精进牌技，拼尽全力要在和外祖母玩牌时占得先手。

在劳雷尔赫斯特小学的第一年，有一回，霍普金斯老师让学生们从帽子里抓阄选数字，再按照数字顺序选择美国的一个州，介绍该州的概况。人人都想选加利福尼亚州、佛罗里达州或其他比较多姿多彩的州。我们班的莱斯莉抽到了1号，她先选了夏威夷州。轮到我抽中的数字时，我选了小州特拉华州。这是一个特立独行的选择，我确信没人想选它。关于特拉华州，我只知道一件事，而这要归功于我父亲：那里有友好的商业环境。

我如饥似渴地搜寻一切能找到的关于特拉华州的信息。穿梭于图书馆的书架间，我找到了《特拉华州："美国第一州"指南》，还有几本关于特拉华州在地下铁路[1]中所发挥的历史作用的书。我致信特拉华州政府，索取关于旅游业和历史的宣传册。外祖母也在家中帮我从《基督教科学箴言报》、《生活》周刊、《国家地理》杂志和《西雅图时报》中查找文章。我还去信给特拉华州的多家公司索取它们的年报，并随信附上了写明姓名地址、贴好邮票的回信信封。

我一边进行调查研究，一边写作。我追溯了特拉华州的历史——从伦尼莱纳佩人一直到现今，还附上一张跨度为400年的大事年表。我不仅编制了一份威尔明顿旅游指南，还为历史小镇阿登撰写了方志。我虚构了一位特拉华州牡蛎捕捞者和一名开采花岗岩的矿工的生平故事。为保险起见，我还额外完成了一份读书报告，点评了以一位17世纪特拉华州小女孩为主人公的《埃琳的亚美利加》（*Elin's Amerika*）一书。

我花了很多时间研究位于特拉华州的杜邦公司。我讨论了该公司的管理架构，注意到其董事会成员均为男性，而且大多数为公司内部人员。我详细列举了杜邦公司的各种产品、海外分公司和研发部门，简要总结

---

[1] 地下铁路（Underground Railroad）是美国废奴主义者帮助奴隶逃往美国北部或加拿大的秘密网络。——译者注

了尼龙的发明经过，尽可能全面地解释了聚合反应的化学原理。我甚至为一位从底层销售员一路升入公司执行委员会的董事会成员写了一份讣告。

收笔之时，关于这个小小的特拉华州，我写了整整177页的内容。这份长到令人震惊的报告带给我的自豪感是难以言表的。我甚至为它精心制作了一个木制封套。从各个方面来看，这都是一个梦幻般的任务。在我自己的小天地里，远离其他孩子的评头品足，我可以做自己最喜欢做的事情：阅读，收集知识点，对信息进行整合。没人期待我这个班上的活宝会交上来一本大部头，我喜欢看其他孩子迷惑不解而又肃然起敬的表情，我的老师对它爱不释手。

如今回头再看那份报告，我能察觉到预示着日后成长轨迹的线索，以及那些开始萌生的智识兴趣。只要稍稍付出一点儿努力，我就能在脑海中拼装起周遭世界运行的各种模型，无论是声音传播的方式，还是加拿大政府的内部运作机制（这是我另一篇报告的主题）。这在很大程度上让我自己都感到意外，积累的每一点知识都逐步增强了我的某种力量感，我感觉通过运用自己的大脑，我可以解决世界上最复杂的谜题。

在那个学年，我填了一张一页长的表格，列出我的兴趣点和最喜欢的科目。母亲每年都逼着我们做这件事。在"我长大后想要成为"那一栏，我跳过了给出的"牛仔"和"消防员"等选项（女孩要填另外一张表，选项更有限且带有性别歧视的色彩，比如"空乘"、"模特"或"秘书"），选择了"宇航员"，然后用铅笔写下了内心对自己真正的定位——"科学家"，我想要成为那种日复一日致力于理解其他人无法理解之事物的人。

母亲对我未来成就的期望更加多元化，她固执地坚持尝试让我全面发展，为我报名参加了各种各样的常规活动。我打棒球，却因为可能被暴投击中而心惊胆战（这种事发生的概率并不低，因为参加比赛的孩子仍在学习如何操控自己的手臂），于是半途而废。我和"大喇叭"一道穿着护具打了一个赛季的橄榄球，但有组织的体育运动并不适合我。就年龄而言，我的个头严重偏小，即便是在一群还要等几年才开始猛长的孩子里，我依然是又矮又小、瘦骨伶仃的那一个。我总是觉得自己不如队里的其他孩子，不好意思显出一副过于卖力且呆头呆脑的样子。我的动作不像他们那样灵活自如，甚至总是跌跌撞撞地前行，不能算走，但离跑也还差得很远。

滑雪和打网球在我母亲的成长过程中甚为关键，因此她理所当然地认为自己的孩子也该如此。在我很小的时候，她就开始在一家人去周边山区游玩时教我滑雪，后来，我会在周末和西雅图的许多孩子一同搭乘穿梭巴士去滑雪，那是专门把我们接到附近一座山上去的。我喜欢速滑和跳跃，但绝大多数时间，我喜欢的不过是跟其他孩子在巴士后面玩闹。我曾在水晶山滑雪队待过很短的一段时间，却从未认真接受训练。网球课也是一样。

我的乐器学习之路始于钢琴，中途曾转向吉他，最后铩羽于铜管类乐器。我完全不知道关于我该学习演奏长号这件事是如何决定的，有两年时间，这支可怜的长号被我装在巨大的黑色乐器箱里拖来拖去，而我一直练习着第四把位，直到放弃学习。

在某个时间点，我被认为应当负起责任，开展自己的送报业务。我赚了些钱，但免费传单根本没人订阅且很少有人想看，派送它们是一项吃力不讨好的任务。关于这项工作，我基本上只记得当自行车上满载报纸时，控制车把是多么艰难。我不止一次向外祖母求援，她开车载着我沿途派送，而我会将报纸投到门廊上。

事实上，我在沉迷于思考时是最自在的。

此外，尽管我胸怀大志，学习成绩却依然很差，与家人的冲突也愈演愈烈。在这一时期，我有时会好几天不说话，只有在吃饭和上学时才从自己的房间里出来。叫我吃晚饭？理都不理你。叮嘱我把衣服捡起来？没门儿。清理桌子？没啥好清理的。赶快上车一起去参加晚宴？我会报之以沉默。多年后，我父母跟记者说，有一次，我母亲试图把我从房间里拽出来，我当场就爆发了："我在思考呢！你思考过吗？或许偶尔你也该试着思考一下。"尽管如今羞于提起这些，但这的确是真事儿。

有些日子，当父亲下班回家后跟母亲打招呼时，我很害怕听见他"咚、咚、咚"的脚步声。我能听见他们交谈时的低语，母亲讲述着那天发生在我们之间的战争，或是我在学校里出现的问题。很快，父亲就会下楼来房间找我。他有时会动手打我，但这种情况极少发生，而且我很清楚的一点是，打我的时候，他也很受伤。我还认为他并不总是认同我母亲严格的管教之道，但在养育子女这项事业中，他们俩是合作伙伴，因此父亲总是站在母亲的那一边。通常，他都会跟我谈话。父亲无须多费口舌，就能收到效果。他的存在、他说话时谨慎的措辞和低沉的嗓音，足以让我坐直了乖乖听话。他的样子很吓人，但尽管身材高大，父亲并不是以力服人的那种人，那种压迫感更多地来自他与生俱来的理性。父亲会以一种疏离的口气说："儿子，你母亲说你的表现很糟糕。你知道，在咱们家，我们是不会那么做的。我认为你理应接受惩罚。"这表明他的态度是严肃认真的，而我最好俯首听命。我们都觉得真正适合他的法律职业是法官，这可不是随便说说的。

有很短的一段时间，我父母报名参加了我们所在教会主办的父母效能训练。创建于20世纪60年代初的父母效能训练主张父母应聆听子女的需求，永远不要使用惩罚性管教手段。这是现代育儿法的前身，它更强调父母与子女之间的合作，甚至是平等的关系。如今回顾往事，我意识到我父母当时必定极为沮丧，才会采取这种非常之举，因为要让我母亲承认自己需要外界的帮助，想必并不那么容易。听克里斯蒂回忆起那段日子时，我也深感羞愧，她说，母亲为应对我的行为问题消耗了大量的精力，以至于无暇顾及她。

我不清楚我父母在那个训练班上坚持了多久，但不管他们试着用何种手段来解决我的问题，结果都是徒劳无功。

我们之间的剑拔弩张在某一天共进晚餐时达到了顶峰，我又跟母亲吵了起来。我不记得事情的起因是什么，但我记得自己和往常一样牙尖嘴利，出口伤人。从接下来发生的事情判断，那一次我的表现一定相当恶劣：父亲从餐桌对面把满满一杯水泼到了我脸上。我停下来，紧盯着餐盘。"谢谢您给我洗澡了。"我尖声说，然后慢慢放下叉子，站起来，下楼回到自己的房间。

我从未见过性格温和的父亲如此大失风度，看到自己居然可以把父亲逼到这个份儿上，我也深感震惊。

那时，我已经把家里搅得不得安宁，以至于我父母不得不向社会工作者查尔斯·克雷西博士寻求帮助。克雷西博士经营着自己的心理治疗诊所，擅长指导医学院的学生提升临床沟通能力，以及帮助夫妻解决婚姻危机。第一次就诊时，我们全家都去了，但每个人心里都清楚此行的根源在我。

"我跟我父母总干仗。"我对克雷西博士说。

每周六上午，我父母都会把我送到西雅图大学区一栋金色的维多利亚式房屋的门前，它的隔壁是"盒子里的杰克"餐厅。我会自己走进去，在客厅等待克雷西博士结束与其他来访者的咨询。等待时，透过石膏板隔墙，我能听见试图解决婚姻问题的夫妻针锋相对。前几次就诊时，我很疑惑：这帮人是真的有问题，可我为什么会到这里来？

为我提供咨询时，克雷西博士和我通常会坐在阳光明媚的凸窗旁边，聊上大约一个小时。这里似乎精心设计过，与我想象中的心理治疗诊室不同，它更像是起居室，使人心境平和放松。从窗户望出去，外面是一个花园，园中有一棵大树，春天时满树白花。

你很难遇到一个比克雷西博士更能让人放下戒备、更富有同理心的人。他会问我一些富有智慧和洞察力的问题，询问我这一周过得怎样、学校里发生了哪些事，以及我如何处理与母亲的关系，以此来让我敞开心扉。通常在这类问题面前，我会保持沉默，闭口不谈。但是，克雷西博士似乎对我要说的内容真心感兴趣，而不是想给我上课，或者想给我下达任务。他本人也很有趣。在获得社会工作专业学位之前，克雷西博士曾作为战斗机飞行员参加过第二次世界大战，此后还当过一阵医药推销员。这期间，他攒够了开设咨询门诊的钱。其经历的细节都是他零星透露出来的，他从不会过多地谈到自己，而是把注意力放在我身上。克雷西博士所做的只是提出问题，他不会告诉我应该怎么思考问题，也不会评判我的行为是对还是错。"你终究会赢的。"他安慰我说，却未多做解释。我事后才意识到，他这是在引导我得出自己的结论。

克雷西博士对自己的学科领域充满热情，他持续关注心理学和心理治疗方面的研究进展，寻找可以借鉴的行业新知。他与我分享了许多相关读物，建议我去读荣格、弗洛伊德和我们可能会谈到的其他专家的著作。世界上居然有人会致力于理解人类的大脑与行为，这事让我深感好奇。

通过这些谈话,我逐渐发现他是对的:我注定将赢得与我父母之间的这场假想之战。每过一年,我就会变得更独立一些。总有一日,我将自力更生。但从始至终——当下到未来——我父母都会一直爱我。这是多棒的一件事啊,赢得战争又永远都不会输掉他们的爱。无须说教,克雷西博士便帮我看清了以下事实:(1)我父母爱我;(2)我不会永远跟他们住在一起;(3)在真正重要的事情上,他们其实是我的盟友;(4)认为他们做错了,是个荒谬的想法。

克雷西博士建议,与其浪费精力跟父母对着干,不如更多地专注于获取那些将来踏入社会时能用得上的技能。

多年后,我才知道克雷西博士的童年颇为不幸,曾经遭受的身体虐待让他一直愤恨难平。二战后,他决定不再被愤怒的情绪掌控,转而将其毕生的精力投入传播爱的事业。他显然知道,我的问题和他儿时的经历及许多来访者的问题相比,实在是小事一桩。然而,他从不会看轻我所经历的一切。有一次,他跟我说:"你是个幸运儿。"我盯着窗外,没有答话,但我知道他说的对。

我能听到墙那边传来的喃喃低语,但听不清。克雷西博士在跟我父母交谈。我必须离开房间,让大人们私下交换意见。我父亲后来跟我转述了克雷西博士的话,"放手吧,"他对我父母说,"他终归会赢的。"我能肯定谈话的内容绝对不止于此,但那的确是谈话的要点:做出让步,避免强硬的态度,给孩子多一点儿自由。

当我父亲多年后回忆起那次会面时,他告诉我,他和我母亲当时惊呆了,因为这个建议彻底浇灭了他们的希望。他们原本以为克雷西博士会为他们出谋划策，让我按部就班地走上正轨。做出让步看起来与失败无异，是那种无计可施时才会做出的选择。这对我母亲来说必定极其难以接受，她认为任何问题都可以通过投入更多的精力来解决。不过，尽管我父母保持着一致的对外立场，但在养育子女这件事上，我父亲并没有那么较真儿。父亲很小就宣告了自己的独立自主，我认为他肯定能理解孩子特立独行的价值所在。只不过在他儿子身上，这一天来得有点儿早，完全超出了他的预期。

我们之间的关系逐渐有所改善，这倒不是因为我父母突然让步，由着我随心所欲地做自己想做的事。真正的原因在于，克雷西博士给了我一个全新的视角，让我放下心结，尝试改变，调整能量聚焦的方向。

许多年后，确切地说是1980年，我在电影《普通人》上映时去影院看了这部影片。从那时起，我反复看了好多遍这部伟大的、近乎完美的影片，而且几乎每次看都会激动得说不出话来。去掉那些极端的情节，比如哥哥去世带来的心灵创伤、觉得自己的爱永远不够的母亲和挣扎在边缘的儿子，我在影片中依稀看到了自己的成长过程。我那时年少迷茫，而我母亲希望一切都是完美的，尤其在外人眼中必须如此。于是，我与她就成了对头。我父亲和唐纳德·萨瑟兰扮演的那个同为律师的父亲角色一样，尽全力化解家庭中的矛盾冲突。和电影中的小儿子康拉德一样，我也得到了一位才华横溢的心理治疗师的指导，他帮我理性分析自己的处境，让我自己得出如何改变这一处境的结论。随着时间的推移，我终究接受了我母亲就是这样一个人的事实，而我母亲也明白了我永远都达不到她为我设定的标准。我越来越多地将自身能量放在为真正独立的那一天做好准备上，而不是与母亲对着干。这种视角的转变恰逢其时，我逐渐感知到那个更广阔的成人世界。而且，我很幸运地生活在一个这样的家庭，对我来说，和成年人打交道不仅是自然而然的事，而且符合父母的期许。

在那些日子，我经常去我父亲位于西雅图市中心的律师事务所找他。我会坐电梯上到诺顿大厦的10层，这座只有21层的塔楼是西雅图的第一栋现代化办公大楼。在父亲的办公室等他结束当天的工作时，我会一边读书，一边好奇地观察那些穿着西装、打着领带从我身边匆匆走过的人。他们要么一言不发地想着心事，要么在走去开会的途中自言自语地分析案情。那种郑重其事的感觉给我留下了深刻的印象，在我的想象中，他们讨论的事情都是举足轻重的。

如果赶上周六，办公室空荡无人，我就会翻看一下成堆的法律图书，捣鼓那一排排的口述录音机。我会逐页翻阅那些复印出来的案例，竭力辨认页边上的手写批注。我会偷看律师们办公桌上的纸质工作时间记录，我父亲跟我说过，要想赚取律师费，每个人都必须精确记录自己工作的每一分钟、每一小时。我知道了什么叫提交书面证词，还知道律师在这个过程中会事无巨细地向证人提问，口述录音机这时就会派上用场。

这些经历强化了我对父亲的既有印象，作为高级合伙人的他，负责经手的都是错综复杂且非同小可的案子。我意识到，我父亲在家中表现出的那种沉着冷静、条理分明和立场坚定的作风，帮助他周旋于那些衣着考究的职业精英之中，促成了他在那间位于10层的办公室中的成功。这些经历让我对职场生活有了更具体生动的理解，也为我设定了评价事业有成的标准。

我在家中听到的成功故事不同于体育明星或电影明星的传奇，而是围绕着创造者、创造过程和创造物而生，他们制造产品、制定政策甚至建造楼房（一个和我家关系亲近的朋友是土木工程师，在本地拥有一家建筑公司）。20世纪60年代中期，我父母和他们的朋友年龄都在40岁左右，工作多年后，他们陆续在政府部门和公司中担任要职。在我上初中时，我父母的桥牌搭子丹·埃文斯是我们所在的华盛顿州的州长（后来他当选为联邦参议员）。我父亲此前一直积极参与本地、州一级和全国性法学会的活动，我母亲也投身于本地非营利组织的各项事务，他们因此拓展了朋友圈，结识了许多处于上升期的专业人士。对于西雅图市、华盛顿州和整个美国的前途，这些人有着和他们一致的、雄心勃勃的目标。

我对这些人和他们的故事很感兴趣，而且我轻而易举地便能跟他们建立联系，我需要做的只不过是放下正在读的书上个楼而已。几乎每周，我都能在楼上找到这些人。

我父母举办过很多次家庭晚宴和聚会。（在许多聚会的筹划阶段，我父母都会像对待新年贺卡和邀请函一样，精心设计别具巧思的聚会请柬，被邀请者只有解开请柬上的谜题，才能获知聚会的主题、时间和地点。那时，我家已经添置了一台丝网印刷机，就放在地下室里。）通常而言，这些聚会都有一个中心议题，或是商讨某一事项，或是为某个新的公益事业招贤纳士。一个人被邀请到盖茨家做客，是不可能坐在那里聊闲天的。每次聚会、每场鸡尾酒会都是一个精心策划的活动。我父母会邀请西雅图律师协会的成员前来，共同关注如何在州律师协会为年轻律师争取更大的权力，或是为华盛顿大学法学专业的黑人学生募集奖学金。聚会前，我们会把家具挪开，支起折叠桌，这样来宾就可以分成小组围坐在一起。母亲会提出一个让大家在共进晚餐时讨论的问题。上甜点时，她会让每个人在咖啡杯底部寻找新的座位编号，然后坐到另一张桌子旁。借助这个咖啡杯小游戏，母亲鼓励大家交流、碰撞彼此的想法，帮助大家建立新的人际关系。可以说，她是一位有掌控力的社交工程师。

聚会开始前，母亲总会招呼我们三个孩子，一起坐在沙发上开个小会。在莉比和我打闹在一起时，母亲会向我们仔细地逐一介绍名单上的来宾。掌握了这一信息，我们就能跟客人聊到一起了。

克里斯蒂可能要弹奏一首钢琴曲，后来，我母亲还会邀请莉比所在的合唱团来演唱。我通常只需要为大家端茶倒水即可交差，在人群中穿行时，关于如何清理华盛顿湖、如何为联合劝募协会寻找更多愿意捐款的名流，以及如何帮助乔尔·普里查德竞选州参议员席位的谈话，便会传入我的耳中。有时我会向某位客人抛出个机灵的问题，还能参与到对话中，我很喜欢这种感觉。

我家的一位常客是我父亲的委托人之一、心脏病学家卡尔·埃德马克。除了曾主刀过西雅图最早的心脏直视手术，埃德马克医生还发明了一款创新型除颤器。这种仪器是一种急救设备，可以借助较强的脉冲电流使心脏恢复窦性心律。（早期的除颤器使用交流电，想象一下插座的电流，它不仅会电击心脏，也会导致患者剧烈痉挛。埃德马克医生设计了一种使用低电压直流电的除颤器，减轻了患者的痛苦，并且便于携带。）他创办了菲康公司，开发并推广自己的发明成果。

在一次次的对话和家庭聚会中，我一点一滴地了解到这个故事的全貌。父亲告诉我，多年来，埃德马克医生艰难地维持着他的公司，几乎赚不到什么钱，最后到了可能要彻底放弃的地步。在我父亲的帮助下，埃德马克医生聘请了一位专业管理人员，为公司引入了市场营销的理念。我父亲还受他所托，接触了几位外部投资人。菲康公司的产品销售量逐渐增加，利润率小幅上升，业务也有了起色。这个故事让我着迷，它让我了解到一个身兼医生和发明家双重身份的人如何通过制造仪器来挽救生命。我这个六年级学生的小脑袋瓜也借此汲取了关于融资、专利、利润和研发的相关信息。

没过多久，我就拜访了菲康公司位于西雅图市中心的办公室，见到了那些工程师，还采访了刚走马上任的公司总裁霍华德·辛普森。他和我们住在同一社区，我在父母举办的聚会上见过他。

我把了解到的东西写进了学校作业。在这份调查报告里，我虚构了一家名为"盖茨韦"的公司，其产品为我发明的冠心病监护系统。报告中提到了各项生产要素，并且解释了我希望如何从投资人那里募集资金以打造产品："如果我的想法是好的，而我又能请到杰出的人才，募集到足够的资金，我就一定能成功。"老师给我打了A1的分数，这是付出最大努力后得到的最高分。尽管我曾对这个评分体系抱怨连连，这一次我却没有异议。

那一年，我创办了一个俱乐部，它基本上是我父母举办的那些社交聚会的少年版。由此可见，我的心理舒适度有了很大的提升。我给这个俱乐部起名为"现代俱乐部"，邀请一群同年级的学生共同探讨时事。这个俱乐部有六名成员——三个女生和三个男生，"大喇叭"也在其中。我们每个月会聚一两次，地点就在某个成员的家里，每个人都要轮流做东。我们一边喝果汁、吃曲奇，一边展开辩论。我早已忘记辩论的那些主题，但我们肯定讨论过越南战争、民权运动和一些当日的紧迫问题。（我们还举办过自己的万圣节派对，并且跟我母亲偷学了一招：每个人都必须带一身节日装扮供其他人穿着。有一次，我扮成了威尼斯的贡多拉船夫，身着蓝条纹衬衫，头戴一顶宽边草帽。）

在我父母的帮助下，现代俱乐部组织了几次实地考察——参观本地的非营利组织和华盛顿大学。我们还为早期学前教育项目"启智计划"

筹集过捐款。我们最大的收获（至少在当时看来如此）是拜访了大型非营利性研发公司巴特尔旗下的一家本地智库，他们的办公楼就在我们社区。在这家公司的草坪上玩橄榄球时，我总是在琢磨那些外观气派的大楼里都在发生些什么。鬼使神差地，我们联系上了他们，令人难以置信的是，他们邀请我们去那里待一下午，了解公司概况。巴特尔最出名的贡献是发明了干式复印技术，施乐公司就是靠这一技术发家的。我们了解了当时尚属热门的办公室复印机技术背后的故事，以及巴特尔投资各项复印专利的方式。他们居然颇为正式地接待了我们，而且给予我们足够的关注，这让我十分惊异。离开巴特尔时，我想这就是聪明人该做的事，他们和其他聪明人凑在一起，解决真正的难题。听起来完美契合我的个人喜好。

在接下来的两年半时间里，我继续跟克雷西博士见面。后来，我们周六的治疗终于告一段落，我家进入了和平休战状态。我不能说自己是一个理想中的儿子，但我的确比以前更努力地去做个好儿子。与此同时，我父母也放松了对我的管束，让我可以做自己。我意识到母亲在努力地给我更多的空间，对此，我感激不尽。与此同时，她的个人事业蒸蒸日上，还有一个蹒跚学步的小女儿需要照顾。回想起来，虽然我父母花了一段时间才把思路调整过来，但我想他们早已接受了一个现实，那就是他们的儿子距离许多家长心目中正常孩子的标准要差一点儿。正如克雷西博士所说，他们的爱却永远不会动摇。是的，他说得没错。

此外，我父母继续满足着我对智力刺激的需求。1967 年，我六年级毕业后的那个夏天，他们带克里斯蒂和我去东部玩了一圈（只有 3 岁的莉比和外祖母留在家中）。这次旅行的起点是在加拿大蒙特利尔举办的世界博览会，从那里出发，我们走访了波士顿、纽约、华盛顿特区和"威廉斯堡殖民地"。每天的行程都排满了各式各样的体验活动，有些项目非常有意义，有些则纯属游玩。我们打卡式游览了一系列富有教育意义的景点，比如登上"五月花号"的复制品，到百老汇看音乐剧《屋顶上的小提琴手》，参观纽约证券交易所。我们在国会山旁观了参议院的审议过程，去了白宫和阿灵顿国家公墓，在史密森尼博物馆流连忘返，基本上走访了首都所有的主要景点。

这次东部之行从某种意义上说也是一次庆祝，是对克里斯蒂和我的奖励。克里斯蒂将于当年秋天升入罗斯福高中，我也会转到一所新学校。我父母决定将我送入位于北西雅图的私立男校湖滨中学，做出这个决定对他们来说并不容易。他俩上的都是公立学校——我母亲毕业于罗斯福高中，而且坚信应当支持公立教育体系。此外，尽管父亲的收入不低，但每年1 400美元的学费依然是一笔不小的开销。他们眼见着我需要更多的挑战，而且明显缺乏动力，他们想或许湖滨中学能对我有所激励。起初，我对此很排斥，我听说那所学校的学生到高年级要穿正装、打领带，还要在称呼老师时使用敬语。去学校参加入学考试时，我本打算故意考砸，但一开始做题，我就忘了这回事，我的自尊心占了上风。因此，我通过了考试。

第五章

湖滨中学

图片来源：湖滨中学档案馆

湖滨中学最先触动我这个七年级学生的一点，便是它的名不副实——这地方和湖根本不沾边。它位于西雅图最北边的一片树林中，紧挨着5号州际公路的出口，距我家所在的社区有20分钟车程。第一天坐着母亲的福特旅行车去上学时，我感觉它离家特别远。

湖滨中学创办于1919年，是一所专门招收西雅图富家子弟并为其日后升入大学做准备的预科学校。其校址最初设在华盛顿湖滨并由此得名，但在20世纪30年代，它在一片新清理出来的空地上建起了面积更大、与大学相仿的校园。我在那里度过的六年中，这所学校告别了残留的最后一点儿偏保守主义的预科学校传统，取消了着装规定，开始聘用女性教职工，并与一家女校合并。在我1967年秋刚入学时，除了图书管理员，所有教师都是男性，而且均为白人，并且我们午餐时需要坐在指定的座位上。在校期间，我迷上了两部描写典型东海岸预科学校生活的青春文学经典——《麦田里的守望者》和《独自和解》。湖滨中学便是以那些地方为模板而建的，连修剪整齐的绿色草坪和柱式结构的砖楼都学得一板一眼，甚至还有一座钟楼。

湖滨中学的七年级和八年级被划入低年级部，九年级到十二年级为高年级部。低年级部和高年级部的学生基本上不怎么打交道。我们这些低年级部的学生，大多数时间活动范围都仅限于穆尔堂，这是校园里建成时间最早的建筑之一。然而，高年级部的学生却拥有四处游荡的自由，是这个地方毫无疑问的支配者。湖滨中学非常看重体育运动，我想这对我来说是个坏消息。校橄榄球队保持着相当长的连胜纪录，赛艇队也曾在某次全国比赛中击败了更出名的东海岸校队，令湖滨中学名声大噪。

我所在的班上有大约 50 个男生，几乎都是白人。他们的父亲所从事的工作是当时太平洋西北地区私立中学家长的典型职业，比如律师、医生、银行家、林产品企业的高管和波音公司的工程师，换言之，这是一群西雅图的精英人士。有一位父亲开了一家后来成为全国连锁品牌的牛排馆，还有一位父亲创立了一家大型医疗保险公司。从任何意义上讲，我们都不是一个多元化的群体，然而我依然觉得自己和一部分同学格格不入。许多人看起来特别的自信笃定，尤其是那些有哥哥同在湖滨中学的学生，他们似乎已经对一切都门儿清。在最初的几周里，我眼见着别的学生迅速找到自己的定位，报名加入橄榄球队、校报编辑部、戏剧社、合唱团，以及参加其他丰富多彩的活动。和我不一样，许多人刚入学就已经有现成的人脉，他们要么早就在滑雪俱乐部或网球俱乐部里相识，要么便是通家之好。

迷失在这个新地方的我重新拾起了耍宝搞怪的老行当，这个定位在我之前的学校里挺管用，因此我觉得可以原样照搬。在湖滨中学，学生能获得的最高荣誉之一是"金星奖"。该奖项颁给那些"五角"俱全的学生，即在体育运动、学习成绩、人际关系、道德品格和学习态度方面都出类拔萃的人。我在这所学校的前两年，任凭是谁都不会把我当成那种学生。

我读过一些描述我在湖滨中学那段时间表现的文字，我被叫作"不合群的异类"、"书呆子"甚至"讨厌鬼"，这些对我的形容看起来都十分贴切。时隔这么多年，从成年人的角度看，我能看到自己当时是在多么艰难地寻找自我定位。我认为自己在以前的学校取得的进步在这里都毫无意义。在一所体育名校里，我是个"运动白痴"。在一个专才济济的地方，我却天性热衷于四面出击。我难以融入，也不知道怎么解决这个问题，于是我便假装不想解决这个问题。

我的这套把戏几乎一开场就演砸了。

教七年级地理课的是体育教研组组长安德森老师，他最出名的功绩是曾经在湖滨中学校橄榄球队常胜不败的那段时间担任教练。安德森老师的外表一看就是个教练——坚毅的方下巴、干练的小平头。他的办公桌上摆着个橄榄球。有时候，他上课的方式就好像我们是场上球员：小测验成绩不佳的学生可能需要趴下做10个俯卧撑；回答错误，他或许会做一个假动作——把意念中的橄榄球砸向你。尽管我喜欢地理和地图，而且在某种程度上知道安德森老师是个好人，但我在他的课上经常瞎胡混，还不写作业，几乎不做练习，也因此没少做俯卧撑。

我为扮演班上的活宝这件事感到沾沾自喜，这种情况一直持续到需要完成小组项目的时候。安德森老师把最好的学生分到了一起，让我跟一个人人都知道成绩在班上垫底的同学搭档。通过这件小事，我突然意识到我在老师眼中的形象：盖茨不聪明。这太伤人了。

我曾经试图用一篇关于黑海的作文为自己平反。为了在安德森老师面前露一手，我跑去西雅图图书馆，用摘抄而来的事实和历史资料堆砌成长篇大论。我参考的文献是《不列颠百科全书》这一类的工具书，与家中由世界图书出版公司出版的针对儿童读者的百科全书相比，我认为它们更具成熟的文化人气质。但是，尽管这种灌水式操作在应付我的那篇关于特拉华州的五年级"大"作文时很管用，但经过了两年时间，期望值却已经有所改变。安德森老师给我打了很低的分数（我手头没有成绩单，不确定到底有多低，但肯定低到了足以让我念念不忘的程度）。虽然我自命不凡，但根据安德森老师——以及同年级其他老师——的客观分析，我的表现低于平均水平。

在那个学年结束时，我请每一位老师在我的学年纪念册上签名。在我标出的希望他们签名的地方，我加上了一句话："给我打个 A+ 吧！"当然，没人搭理我的这个请求。无论是哪一科，我都不配。回到家，我拿出一支铅笔，在这一页的底部以泡泡体写下了一行大字："哇，你们这帮注定会被忘掉的教书匠！拜拜了！"

在那之前，我之所以一直能在学校里蒙混过关，仰仗的是那些透过我满不在乎的面具看到我暗藏的潜力的老师。在湖滨中学，老师们似乎看到的就只是面具本身。我在新学校度过第一学年后，我敢说我父母曾怀疑他们是否做了正确的决定。我本人肯定是有所怀疑的。

但是，如果我曾留心那年春天的最后一期湖滨中学校报的话，我或许会注意到第 2 版底部一则仅有两段文字的报道：从秋季学期起，数学部将接入一台计算机，"希望学生们能用它来开展大型项目"。

升入八年级后，我注意到低年级部的一个家伙，他是个让人无法忽略的人。人高马大、一头凌乱棕发的肯特·埃文斯有着明显的唇裂，说话时略有些口齿不清。后来我才知道，肯特小时候唇裂极其严重，他父母不得不使用滴管来给他喂食。当我在第二学年认识他时，他已经熬过了一连串折磨人的手术，牙齿矫正器迫使他的嘴巴总是无力地大张着。如今回首往事，我认为早年的磨难为他种下了一颗无畏的种子，这种无畏的精神将在我与他相识的短暂时光中不断闪现光芒。

肯特和我都是斯托克林老师教授的八年级数学课上的学生。肯特沉默寡言，很少参与课堂互动，但我能看出他对一切都心里有数。他看起来颇具数学头脑，至少根据我对全班同学的观察来看是这样的。肯特显得比班上其他同学都严肃，这打动了我。

我知道他刚来西雅图不久，他们家一年前才搬到这里，正赶在七年级开学之前。肯特的父亲是基督教一位论派的牧师，因为工作问题，一家人辗转于各地，他们来西雅图前曾生活在加拿大不列颠哥伦比亚省维多利亚市。和我一样，肯特很难融入湖滨中学已有的派系小圈子。他跟运动健将不沾边儿，也不是那种人心所向的酷同学。和我不一样的是，他根本不在乎，肯特对社会地位及别人对他的看法毫不介怀。他只为自己和自己感兴趣的事物而活，兴之所至，辄全力以赴，远远超出人们对一个12岁男孩的想象。八年级时，他感兴趣的是国家政治。

这是1968年的秋天，即将作为美国历史上最动荡不安的一段时期而被人们铭记的这一年，马上就要走到尽头。不过几个月的工夫，小马丁·路德·金和罗伯特·F.肯尼迪便接连遇刺，人们从电视报道中目睹了在芝加哥举办的民主党全国代表大会上抗议者被殴打的场面，以及从巴尔的摩蔓延至波士顿的暴乱。反越战运动愈演愈烈，走向全面爆发。约翰逊总统放弃了寻求连任，为一大批力争将共和党人理查德·尼克松挡在白宫大门外的民主党人创造了参与竞选的机会。

肯特对这些问题都有着强烈且富有见地的个人观点。他极其反对越南战争,痛恨尼克松,喜欢特德·肯尼迪(这位参议员关于民主党政策的著作被他看得烂熟于心)。肯特会研究美国公民自由联盟代理的最新案件,对于那种无视科学、将饮水加氟视作共产党毒害美国民众之手段的阴谋论嗤之以鼻。来自明尼苏达州,当时正在与林登·贝恩斯·约翰逊竞选民主党总统候选人提名的美国参议员尤金·麦卡锡被他当成了偶像。我敢打包票,肯特本人多少有些仿效了麦卡锡自由派知识分子的人设,甚至为自己在湖滨中学学生参议会中赢得了一席之地(这发生在他未能成功当选财务主管之后)。

1968年,麦卡锡争取民主党提名的尝试失败后,肯特全身心地投入了为休伯特·汉弗莱竞选总统拉票的活动。他在自家院子的地面上铺满了红蓝两色的汉弗莱竞选招牌,走家串户地争取选票,还在市中心替汉弗莱和竞选州长及美国参议院席位的民主党人派发传单。汉弗莱访问西雅图时,肯特守在奥林匹克酒店外,希望能和这位总统候选人聊上几句(他的计划未遂,但在一个月后便骄傲地宣布,他已经和汉弗莱的竞选伙伴埃德蒙·马斯基握上了手)。这一时期西雅图的民主党活跃分子很可能在各种集会上和位于联合街的民主党地方党部大楼,看到胖乎乎的肯特——一个置身于政治活动家和记者之中的孤独少年。

湖滨中学一位教我们的老师喜欢讲一个故事:他吃惊地在某次民主党会议上碰见了肯特,然后聆听了肯特关于该团体的各种暗箱操作和幕后权力斗争的见解。"关于政治,他知道的可能比我这辈子知道的还多。"这位老师说。肯特对那一年的总统大选极度痴迷,甚至使用各位候选人名字的首写字母缩写来为法语课堂测验加批注:尼克松的名字首字母缩写代表错误答案，汉弗莱的名字首字母缩写代表正确答案。当然，在1968年的总统大选中，尼克松是赢家。肯特在失望之余却也有一丝释然，因为他坚信自己促成了汉弗莱在我们所在的华盛顿州的险胜。

这种全力以赴的劲头让我着迷。如果肯特喜欢上了某样东西，他会毫无保留地全情投入。而我，一个曾经亲手打造出一部长达177页的有关特拉华州的学术专著并为其制作木质封套的人，自然能欣赏这种态度。一位英语老师曾对他的"过犹不及"提出了批评。"此刻，他唯一的缺点是过为已甚。"这位老师在肯特第一学年的评语卡上写道，"面对最近一个预计完成时间为40分钟的作文，他搞出了一篇硕士论文的概述。"和我不一样的是，他拿到了高分。

肯特和我很快就成了至交好友。那年初秋，我们与湖滨中学的一位老师一道，参加了一次露营旅行。这位老师众所周知的事迹是，擅长带着学生在山林中冒着倾盆大雨长途奔袭。在我们的首次旅行中，他带我们沿着华盛顿州险峻多岩的海岸线徒步。晚上，肯特和我把帐篷搭在了海滩上，没有注意到我们离太平洋有多近。那天半夜，我被肯特摇醒，因为海水涌进了帐篷，我们的睡袋被泡得湿透了。我俩狂笑不止，拽起帐篷仓皇地逃到了高处。

本来已经十分亲密的我们从那一刻起变得形影不离，白天在学校里没聊完的话题，晚上会通电话继续聊。我会把弯弯绕绕的电话线沿着楼梯拉到楼下我的房间，然后我们能一直聊上好几个小时。至今，我依然记得他的电话号码。

和大多数孩子一样，我从不花时间思考未来这件事，头脑中仅有一个模糊的念头，那就是我要成为科学家，要不就是和我父亲一样的律师。在那个年纪，把测验时给出正确的答案和走出校园后的生活联系起来，本身就很难想象，更别说职业选择那么遥远的事了。肯特比我想得远，他总是说起10年后、20年后自己想要到达什么位置，然后制定出行动策略。他似乎非常笃定自己注定会成就非凡，只不过必须从实现丰功伟业的诸多路径中选择最合适的一条。

我们一起读了成摞的名人传记，比如富兰克林·罗斯福和道格拉斯·麦克阿瑟这样的领袖人物。我们会在电话里剖析他们的人生，一说就是几个小时。我们分析这些人的成功路径的劲头儿，和那些琢磨披头士乐队的歌曲《露西在缀满钻石的天空》到底有何深意的青少年别无二致。上西点军校成为陆军将军这条路怎么样？我们了解到，麦克阿瑟从小就精心筹谋，要在军中建功立业。我们将该路径与机缘巧合才成为优秀战士和杰出领导人的巴顿将军的人生之路进行了比较。本着以史为鉴的精神，我们还阅读了许多关于拿破仑的著作，为他的天赋和弊病而感叹。我们得出了结论：只有在战争中，才能让一个人真正显露出英雄本色。但我俩都不想打仗，于是"将军"这个人生备选项被划掉了。美国驻外事务处怎么样？我们发现，只有政治派系委任的亲信班底才能得到最好的职位，而且肯特从某个政府办公部门索取的报告显示，使馆工作人员的薪酬很低。该选项也不予考虑了。那么当个教授如何？他们有影响力，而且拥有研究有趣的新事物的自由，但肯特又担心他们赚得也很少。或者做个政客？又或是像我父亲一样成为律师？

我是那种不管玩什么游戏都想赢的孩子，然而除了获胜，我并没有特别的目标。我只是纯粹靠智力取胜，对各种信息"狼吞虎咽"，并未思考过人生的长期方向。肯特的雄心壮志激发了我的远大抱负，唤起了我那强烈的胜负欲。

就在我们天马行空地描绘自己的未来时，我们终将走上的那条道路已经摆在面前。

八年级秋季学期的一个上午，斯托克林老师把我们班带到了麦卡利斯特楼，这栋装有白色护墙楔形板的建筑是数学部的主楼。置身其中，我们能听到回荡在走廊下方的"咔嚓、咔嚓、咔嚓"声，就好像是齿轨铁路上的一辆列车沿着山腰艰难爬升时发出的声音。在走廊的尽头，一群高年级的学生在一个曾被用作办公室的房间里挤作一团，俯身围观一台外观酷似打字机、一侧带有电话拨号盘的设备。

斯托克林老师向我们解释说，这是一台电传打字机。我们可以借助它接入计算机玩游戏，甚至编写自己的计算机程序。他说，这台计算机主机并不在湖滨中学，而是在加利福尼亚州的某处，我们需要通过一根电话线登录进入。这是那台电传打字机配备电话拨号盘的原因。我很快便了解到，斯托克林老师所描述的是一种被称为分时系统的方法，即将一台计算机同时分配给多个用户使用。我一直以为计算机是摆在大学实验室、银行地下室和其他大多数人无法履及之地的庞然大物，只有专业人士才能操作。在世界博览会上，我曾见过一台通用自动计算机。它由排成一排的冰箱大小的匣式设备组成，比人还高，长度相当于一辆小型货车。一个工作人员操作着这台被称为"未来图书馆"的机器，他向观众征集问题，将其输入计算机，后者会输出答案。

我居然可以亲手操作一台计算机，这简直超乎想象。

一年后升任校长的丹·艾罗尔特曾经把湖滨中学描述为"一所规矩不太多的学校"。规矩不太多意味着湖滨中学的教师们可以自由地开展各种实验性工作，如果学生对一个话题极其感兴趣，其授课老师可以不拘泥于教学方案，探索新的教学方向。招聘教师时，湖滨中学特别看重那些对自身领域兴趣浓厚且有真才实学的人。有些教师拥有任职于波音公司等大企业的工作经验，有一位教师曾经是天体物理学家，教职工中还有几位曾是律师。我高中最后一年的化学老师拥有一项分离色氨酸的改进方法专利。

校方的教学理念是，高水平的教师有足够的自信，可以给学生留出探索的空间，即便这意味着打破常规边界。教艺术课的罗伯特·富尔格姆是一位领受过圣职的牧师，后来因其所著的畅销书《我需要知道的一切……》得享大名。在这之前的那几年里，富尔格姆老师曾花钱请裸体模特到他教授的艺术课上摆姿势，这对湖滨中学的自由放任精神不啻一种挑战。对数学部来说，这台终端机的冲击力和那些裸体模特堪可匹敌。

我们得以拥有这台终端机，一定程度上多亏了湖滨中学数学部的负责人比尔·杜格尔。和许多教职工一样，他赋予教育更广泛的内涵，而不只是坐在课堂里被动听讲。杜格尔老师曾在第二次世界大战中当过海军飞行员，后来任职于波音公司，是航空工程专家。除了拥有工程学和教育学的研究生学位，在人生的某个阶段，他还在巴黎索邦大学学习过法国文学。作为登山迷和探险家，他曾于公休假期间在加德满都建起过一座风车。让肯特和我结为知己的那次被潮水"袭击"的旅行，杜格尔老师就是领队。他组织的露营旅行在湖滨中学是一个神圣的传统，不管太平洋西北地区的天气多么恶劣，40个男孩和几名英勇无畏的教师都会踏上这一因其艰苦而广为人知的徒步冒险。

比尔·杜格尔和其他几位教师参加了一个暑期计算机课程，那之后，他们开始着力于为湖滨中学提供计算机访问权限。1968年，这意味着每个月付费租用电传打字机，然后按小时支付那台分时系统计算机的接入费。为了这台终端机，学校每年要花1 000多美元，加上每小时8美元的机时费，累计起来还要再花上几千美元。杜格尔得到了校长的支持，但这笔开销实在有点儿说不过去。那时的高中校园和家庭就不是该有计算机的地方。于是，杜格尔老师联络上了湖滨中学的一群家长，他们每年都会举办一场义卖会，为学校的各项活动筹款。1967年3月，这个名为"湖滨中学母亲俱乐部"的组织在城中心的一座办公楼里借了一个场地，用三天时间筹到了约3 000美元。这足够用以租用一台当时最先进的ASR–33电传打字机，并支付起步阶段的机时费。

这一奇迹最有趣的地方在于，没人知道如何使用这玩意儿。杜格尔老师掌握的编程知识不到一周就已经传授殆尽，数学老师弗雷德·赖特学过几种编程语言，但没有实际操作经验。学校基于直觉认为这台终端机是个好东西，认定总会有人能搞明白。

这么多年过去了，我仍然惊讶于1968年使用计算机需要这么多不相干的东西。除了那些帮我们得到这台终端机的教师和家长尝试新事物的勇气，以及人们当时恰好开始使用电话线共享计算机的这一机遇，两位创造了BASIC（初学者通用符号指令码）语言的达特茅斯大学教授也让奇迹成为可能。四年前才问世的BASIC编程语言旨在帮助非技术领域的学习者入门学习计算机编程，它的特性之一是使用人类易于理解的指令，比如GOTO、IF、THEN和RUN。正是BASIC让我着了迷，并惦记着再次亲手操作。

校方把半页纸钉在了这台终端机旁边的墙上，上面列明了最基本的入门指引，比如如何登入，以及出现问题时应当按哪些键。它还郑重警告说，输入"'PRINT'指令时不加语句编号可能会导致系统失控"。

这张纸上给出了一个用BASIC编写的程序范例，它可以命令计算机为两个数字求和。

Ready...

10 INPUT X, Y

20 LET A=X+Y

30 PRINT A

40 END

这很可能是我敲进计算机的第一个程序。这四行代码的简单优雅恰好符合我对秩序感的追求，而它的即时响应宛如一阵电流般激动人心。以此为起点，我编写出了自己的第一个计算机程序——井字棋游戏。为了让它能顺利运行，我生平第一次不得不深入思考这款游戏规则中最基本的要素。但我立刻明白，计算机是一台愚蠢的机器，我必须为它在可能出现的每种情形下应当执行的每一步操作下达指令。若我编写的代码不够精确，计算机没办法做出推定，也不会猜测我的意思到底是什么。在试图搞明白这一点的过程中，我犯了许多错误。最终，当我让一切都顺顺当当时，那种成就感远远超出了结果本身。井字棋游戏极其简单，就连小孩也能很快学会，但让一台机器也能照做，感觉上是一个巨大的成功。

计算机强迫我去思考，我喜欢这一点。它对思维上的疏忽懈怠不留半点儿情面，它迫使我保持逻辑自洽，重视每一个细节。一个逗号或一个分号放错了地方，就无法使其正确运行。

这让我联想到解答数学证明题。除了基础知识，计算机编程并不需要高超的数学技能，但它对解题过程的严谨性和逻辑性的要求同样很高，需要将问题分解为更容易驾驭的小部分。而且和解答代数题一样，我们可以用不同的方法来编写有效的程序，只不过有些更优雅、高效，但导致程序无效的方式有无数种。我编写的程序老是出错，必须坚持不懈，强迫自己开动脑筋，才能最终使程序完美地运行。

我早年间编写的另一个程序是一款月球着陆器游戏，需要解决的问题是，如何在燃料耗尽前让月球着陆器降落在月球上，而不会坠毁。从这一点出发，我必须将该问题分解成多个步骤，并想办法让游戏玩家能够操控着陆器左、右、上、下地移动，设定着陆器燃料的多少，以及其消耗的速度。我还必须描述着陆器的外观，以及设计如何在屏幕上用破折号和星号来显示它。

湖滨中学安装了这台终端机后没多久，斯托克林老师写了一个包含无限循环的程序，这意味着若没人强制中断程序，它会一直保持运行。这个失误花费了100多美元——我们之前通过义卖筹集的经费。我不确定他后来是否再去过那个计算机房，这对我们所有人来说都是一个教训。

为了避免产生不必要的费用，我会尽可能地用笔和纸写下程序，然后再去抢占上机操作的机会。我会让机器处于离线状态，以免产生机时费，同时输入语句，然后程序便会被打印在一卷1英寸宽的纸带上，这是第一步。接下来，我使用终端机旁边的拨号盘拨打电话，等待路由器发出蜂鸣声，确认我已经接入计算机。随即，我将纸带导入，在"咔嚓、咔嚓、咔嚓"的声音中，程序会以每秒10个字符的速度完成输入。最后，我会敲下"RUN"这个指令。在我周围通常都会有一堆学生等着使用计算机，因此，如果我的程序无法运行，我就必须退出登录，找个角落梳理排查到底是哪儿出错了，然后再排队坐等使用那台电传打字机的机会。

这个循环反馈的过程是具有成瘾性的，那种每次都能改进一点儿的感觉令人欲罢不能。编写程序对我来说是件得心应手的事，因为它得益于我的逻辑思维和长时间保持专注的能力。它也大大地满足了我总想证明自己的需求。

在大多数情况下，那个计算机房的气氛都是温馨友好的——合作与竞争并存。我们是一帮处于高度兴奋状态的男孩，个个都铆足了劲儿要压对方一头。从全局考虑，年龄上差两三岁算不上什么大事儿，但当你是一个身量在同龄人中偏小，不知何时才会迎来生长高峰期的13岁少年时，感觉却有天壤之别。肯特和我在这群人里是小屁孩，一些高年级的学生装模作样的优越感让我们很烦。

作为八年级的学生，我对自己的脑力十分自信，坚信只要全力以赴，那些高年级的学生能做到的，我也能做到，就算不比他们做得更好，肯定也能更快。我下定决心，不让任何人在任何事情上超过我。肯特也痛恨被别人看扁，程度可能更甚于我。

当时读高中二年级的保罗·艾伦马上就察觉到了这一点，随即巧妙地对其加以利用。"比尔，你不是觉得自己特聪明吗？你来搞定这个问题。"几年后与我共同创立了微软公司的这个家伙，最开始就是这么跟我搭上话的。这发生在湖滨中学开放计算机房几周后，一群学生为争夺机时使出浑身解数。除了老师们传下来的几本旧书，没有任何指导和教程可言，每个人都在努力摸索如何写出自己的第一个程序。

15岁的保罗大我们两岁，自以为比旁人酷得多。他为自己精心打造的社会定位是多才多艺的文艺复兴人，既能随口说出洲际弹道导弹的有效负荷，也能分辨出吉米·亨德里克斯歌曲中的和弦变化。保罗是一个很出色的吉他手，他的打扮让他看起来也颇像那么回事。他还是唯一一个留着络腮胡子的人。和我们中的大多数人不一样，保罗其实对计算机早已产生了兴趣，这源自他在世界博览会上的见闻，也源于他读过大量的科幻小说。两年前，在湖滨中学八年级就读的保罗曾经在初中毕业演讲中描绘了一个计算机融入社会生活各个层面的美好未来，他甚至预测用不了几十年的工夫，计算机就将拥有思考能力。

但直到那年秋天迈入计算机房前，他都没有实际使用过计算机。当然，保罗的激将法让我全身心地投入了问题的解决，我下定决心，一定要成为第一个写出更复杂程序的人，超过那些高年级的学生。

这种情形变着样儿地一次又一次出现，甚至在远离那台终端机的地方也不例外。它们遵循着这样的模式：保罗激我一下，"嘿，比尔，我敢打赌，你不会做这道数学题"，然后我就会拼命地解题，以此证明我会。他可能会说："嘿，比尔，我敢打赌，你下国际象棋下不过×××（可能是屋子里的任何一个人）。"每一次，我都会上钩。无论保罗跟我赌什么，我都会全力以赴，直到解决问题、赢得比赛或完成任务。这种互动方式逐渐定义了一种整体关系格局，其中一方是肯特和我，另一方是保罗和他的朋友、高中二年级的学生里克·韦兰。保罗和里克都对电子设备感兴趣，里克的这项爱好或许源自他的父亲——一位曾经发明了机翼组件某个关键部件的波音公司工程师。几年前，里克曾用电气继电器组装过一台可以玩井字棋游戏的简易计算机。和总喜欢跟人对着干的保罗相比，里克更内敛、更理智。因为年龄差异而分成两派的我们是竞争对手，但四个人凑在一起时，保罗、里克、肯特和我是好朋友。

几周过去后，一大批最开始围着这台终端机打转的学生失去了兴趣，慢慢地退出了，剩下的这一小撮人都是铁杆追随者。写代码是一个拉平社会地位差异的利器。如果你能写出优秀的程序，解决严肃的问题，年龄无关紧要。高年级的学生鲍勃·麦考从零开始写出了一个赌场程序，他的同班同学哈维·莫图尔斯基试图教会计算机玩大富翁游戏。我对这个大富翁游戏程序进行了扩展，让计算机可以自己跟自己玩。肯特改进了他从兰德公司编撰的一本书中抄来的数学程序。他和我一道想出了如何把名词、动词、形容词和语法结合在一起，从而开发出了一款随机语句生成器，这是几十年后才会出现的人工智能聊天机器人的雏形。我们用它把几个句子串在一起，然后被它编出来的滑稽故事逗得开怀大笑。

我事后才意识到，这种创造力的爆发是高明的领导术有意促成的结果，更确切地说，是一种无为而治的领导。身为数学教师的弗雷德·赖特是计算机房事实上的监管者，他很年轻，当时还不到30岁，两年前才被湖滨中学聘用的他和这所学校的气质完美契合。他是一个会因学生自行发现解题之道而欣喜的老师。我后来才成为他班上的学生，当我用代数方法攻克几何难题时，他会笑嘻嘻地看着，乐于让我自行探索那种效率不高的路径。出于直觉，他知道我终究会想出更简单、更优化的解题法。

赖特老师管理计算机房时，也遵循了同样的哲学：不用登记，不会锁门，没有正式的指导。因为湖滨中学此时尚未开设计算机课。他敞开计算机房的大门，让我们来去自如，他相信在不设限的情况下，我们必然能发挥创意，找出自学之道。留着平头的赖特老师偶尔会进来打断一场争吵，或是倾听某个兴奋的学生介绍自己正在编写的简洁程序。不知是什么时候，有学生在机房门上方贴了个标语"当心弗雷德·赖特暴怒"，以此调侃他自由放任的监管风格。有些教师多次提出要对计算机房实行更严格的管控（这帮小子在那儿瞎搞什么呢），赖特老师每次都会断然拒绝。由此产生的权力真空，我们这帮学生会自动填满。从一开始，计算机房就是我们的领地——类似于球队更衣室的一片小天地。那年秋天，我们几乎整天泡在那个房间里，写程序，测试失败，从头再来，如此周而复始。我们的成绩一落千丈，我们的父母忧心忡忡，但我们的确在学习，而且学得很快。这是我在学校里度过的最快乐的时光。

每天早上，我都会拼车去湖滨中学上学，附近同学的母亲会轮流开车接送。通常而言，在这20分钟的车程里，车内都会很安静，我们不是处于半睡半醒的状态，就是在疯狂地赶写家庭作业。我母亲和其他母亲分担接送任务，每个人一周负责一两天。每逢周一和周二，我都会钻进一辆蓝色雪佛兰切维尔敞篷跑车，一大早，汤姆·罗纳的母亲永远比其他母亲更神采奕奕，当然我母亲除外。莫妮克·罗纳是法国人，她讲英语时带着浓重的口音，但她总是能吸引车上睡眼惺忪的我们加入交谈。1968年秋，我们谈到了计算机。在湖滨中学，用来支付机时费的那笔钱快被我们花光了，罗纳夫人成了意想不到的救星。很快，我们这个小团体就拥有了极其稀罕的礼物：一台可免费使用的当时性能最强大的计算机。

第二次世界大战期间，住在法国、还是个孩子的莫妮克·罗纳曾参与抵抗运动，帮抵抗组织打掩护，转移德国士兵对犹太人藏身之所的注意力。后来在索邦大学读书时，她嫁给了一名工程类专业的学生。这对夫妇在二战后移民到了美国，罗纳先生在麻省理工学院获得了学位，罗纳夫人则攻读数学专业。波音公司的一纸聘书将他们招至西雅图，罗纳先生成为一名高级科学家，罗纳夫人则在华盛顿大学找到一份工作，当上了计算机实验室的副主任。（那时候，这类职位很少聘用女性。）

罗纳夫人察觉到了我对新爱好的热情，于是问起我在忙些什么，当时的我正苦思冥想某个编程问题，思绪突然被打断。虽然只有一两个月的经验，但我向她讲解时显然表现得比实际应有的状态自信得多。罗纳夫人依然很好奇，对我说的那些事充满兴趣，而且从来不会以高人一等的口吻跟我讲话。

我们后来才发现，那年秋天，罗纳夫人正着手创办西雅图首批计算机分时系统公司之一。通过华盛顿大学的计算机实验室，她结识了数字设备公司的一位销售员。该公司位于波士顿地区，当时是制造小型计算机的先驱。创立于20世纪60年代初的数字设备公司，最初以销售算力足够强大的小型计算机为主营业务，其主要客户为研究机构和大学实验室，这些地方并不需要IBM和其他大型计算机销售商生产的那种昂贵的主机。随着时间的推移，数字设备公司转向了高端市场，从1966年开始销售一款名为PDP–10的计算机。PDP–10要比同品牌其他小型计算机的算力强大得多，与占市场主导地位的主机相比，其价格也更容易被接受。此外，它是专为分时系统而设计的。

罗纳夫人、数字设备公司的那位销售员及其他共同创始人（也来自华盛顿大学计算机实验室）看到了西雅图地区的商机：坐落于此且类似于波音的大公司可能会扩展其计算机应用，规模小一点儿的公司或许也可以被吸引尝试实现计算机化办公。创始团队租赁了一台最新型号的PDP–10，他们将新公司命名为"计算机中心公司"（Computer Center Corp.），简称为"CCC"。作为数学迷，我忍不住给它起了个绰号——"C的立方"（C-Cubed）。

与此同时，在湖滨中学，我们这项新爱好的成本越来越高。按分钟累计起来的机时费不是个小数目。意识到这一点，罗纳夫人给湖滨中学的校方写了封信，提出了一个令人吃惊的建议：如果学校里的小程序员们能去她的初创公司帮忙，他们愿意让我们无偿使用其新型计算机。

1968年11月的一个周六，我父亲开车将我送到了"C的立方"的新总部，我在那里见到了赖特老师、保罗、肯特、里克和湖滨中学高年级的几个学生。这间办公室在华盛顿大学附近的一个旧别克汽车经销店内，离5号州际公路不远。在街道的对面,一个自称为无政府主义者的家伙不久后便开了莫宁敦咖啡馆。在接下来的一年里,我在这个嬉皮士出没的地方吃了几百块意大利辣香肠比萨。

从外观上看,"C的立方"和原本那家汽车经销店一模一样,仅有一点差别:过去曾展示着一辆辆伊莱克特拉和云雀汽车的巨型橱窗,如今摆放的是长长的一排电传打字机终端机,和我们在湖滨中学使用的完全相同。进到里面,"C的立方"的一位工程师带着我们熟悉了一圈。他解释说这家公司计划在当年年底开展业务,这只给了他们两个月的时间,来确保新计算机可以应付同时管理数百位不同用户的压力。

我有必要提供一些背景知识。如今,任何一家购买计算机系统的公司都能合理期待它可以运行可靠性、安全性和稳定性均经过全面测试的软件,但在1968年,情况并非如此。像数字设备公司这样的公司,以及包括IBM和GE(通用电气)在内的竞争对手,都是靠硬件赚钱的,包括实际组装计算机用到的芯片、磁带存储驱动器和处理器、那个冰箱大小的盒子里的一切,以及与其连接的各种设备。相形之下,软件是一个成交后的附加品,价值极低,几乎可以免费赠送。即便在某位客户租用或购入计算机后,其操作系统(即控制这台计算机主要功能的软件)依然需要进行许多额外的测试和调校,才能应付日常高强度的使用。

这便是我们派上用场的地方。数字设备公司为了改善自家的系统软件,和"C的立方"达成了一笔交易,只要这家新成立的公司发现并上报程序错误,数字设备公司便会免除其月租费。用行业术语来描述,这叫"保证测试"。通常而言,它意味着在约定的时间内,用户享有质保,可以确定其新购入的计算机系统能按承诺的性能运行。"C的立方"将这视为一个尽可能延迟支付使用费的机遇。

罗纳夫人促成了这笔交易，并向我们这帮学生开放了该公司系统的访问权限，唯一的限制条件是在机器突然停止运行或表现异常时，我们必须将其记录在案。有些违背常理的是，系统崩溃反而是件好事，因为他们想让一群少年赶在付费用户之前发现问题所在。此外，记录下来的程序错误越多，意味着免费时间越长。"C 的立方"需要拿着棒槌的猴子——胡抡。

第六章

自由时间

莫妮克·罗纳邀请我们参与之后,其由汽车经销店改装而成的公司办公室成了我们的第二个家。1968 年 12 月,肯特、保罗、里克和我在"C 的立方"往往一待就是好几个小时,我们编写代码,调试程序,起草程序错误报告。进入新一年后,我们出现在"C 的立方"的时间也从每周六变成了每个工作日的下午,然后又延续到了晚上。当湖滨中学的其他学生在自习、参与体育运动、去教堂或睡觉时,我们在"C 的立方"鼓捣着一台昂贵的、高性能的计算机,而且完全是免费的。更幸运的是,那是西雅图历史上降雪最多的冬季之一,累计降雪量超过了 5 英尺,强降雪导致学校停课,而我们正好可以把这些日子都用在"C 的立方"。

我们知道,终有一日,他们会将我们扫地出门。和在地上争抢敲碎的皮纳塔[1]里掉落的糖果的小孩一样，我们必须在机会消失前尽可能地多攫取一些。那年冬天的一个晚上，我坐在自己的房间里，脑袋里想的都是为什么我要在这儿浪费时间，这会儿我本可以坐在计算机前面的。

那时大概是晚上10点，我父母都在楼上，克里斯蒂也在自己的房间里复习功课。我悄悄地推开卧室的窗户爬了出去，蹑手蹑脚地从露台下方绕到了房子的一侧。几分钟内，我就到了儿童医院，在那里搭乘从劳雷尔赫斯特到巴拉德的30路公共汽车，可以坐到罗斯福街站，沿着罗斯福街继续走4个街区，就是"C的立方"。从我从家出发到抵达，全程只需20分钟。

这是我第一次晚上偷偷溜出家门，那年冬天和此后几年，我经常这么干。我和医院的工作人员一道，搭乘30路夜班车回家。如果错过了末班车，凌晨2点左右，我只能步行45分钟回家，一路上在脑海中重写着代码，完全无视那些从酒吧和咖啡馆里冒出来的学生。似乎没人感到奇怪：为什么一个小孩会在这个时间孤身游荡在外？我双眼紧盯着前方的地面，在第45街右转，然后一直走到我家所在的社区。如果想要沿途欣赏一下风景，我会选穿过华盛顿大学校园的路线，再经过"大喇叭"家旁边的巨型垃圾填埋场，一路上坡走回家。我蹑手蹑脚地从后院进入，再小心翼翼地从窗户钻进自己的房间。睡上几个小时后，我的耳边便会响起母亲的歌声："早上好呀，早上好呀，早上好，早上好，早上好呀！"

自从我和父母之间的关系有所缓和，他们对我越来越宽容，但他们依然不可能允许自己13岁的儿子那么晚出门。克里斯蒂知道这个秘密，

---

[1] 皮纳塔是一种用纸糊的小容器，里面装满玩具和糖果，用棍棒一敲便纷纷掉落，一般在节庆时使用。——编者注

我很感激她从来不会打我的小报告。我一向不是一个能早起的人，但我不相信我母亲没有注意到我比往常更爱赖床了。

这段免费使用计算机的时光何其不同寻常，对我们四个人来说怎么强调都不过分。我们那时只是几个半大小子：肯特和我还在上八年级，15岁的保罗和里克也不过是高中二年级的学生。我们此前都没有真正的计算机操作经验。莫妮克·罗纳的儿子认为，他母亲儿时给抵抗运动打过掩护这一非同寻常的背景，让她对年轻人特别有信心，她知道他们能够担起责任。我能想象，作为一个20世纪60年代投身于技术领域的女性，她肯定被忽视过许多次，被人认定为难成气候，屡遭轻视。我愿意相信，她对我们的支持是为了保证那种事情不会发生在我们身上。

我见过的许多成功人士都曾对我描述说，爱上各自选定的领域后，他们必然要在一段时间内艰苦而专注地工作。正是在这段时间，最初的兴趣逐渐转变成实实在在的技能。在《异类：不一样的成功启示录》[1]一书中，马尔科姆·格拉德威尔指出，无论是作曲还是打网球，都需要经历10 000个小时的刻苦练习，才能达到高超的技术水平。马尔科姆在书中还把我列为软件行业的例子。我想为他提出的这个法则再贡献一点：倘若没有那段幸运的免费上机时间——我最初的500个小时，那么接下来的9 500个小时或许根本就不会存在。

我觉得"C的立方"在这笔交易中的所得最初恐怕是无足轻重的。一开始，我们不过是在盲目地试运行这台性能强大的计算机，想要看看如果我们犯了某些愚蠢的错误，到底会发生什么。早期的程序错误报告大致如此："如果让5个磁带驱动器同时运转，就会出现异常；如果指示计算机同时执行10项任务，每项任务都会试图尽可能快地分配内存，计算

---

[1] 这本书的中文版已由中信出版集团于2020年8月出版。——编者注

第六章　自由时间

机就会卡死。"我们就是几个拿着棒槌胡抡的猴子。

而我们从中也学到了一些东西。

情况经常是这样的：肯特和里克回家很久之后，保罗和我依然逗留在终端机前。只有在赶着吃口东西或是去街口的海王星剧院看电影时，我们才会短暂地停下来。这段时间实打实只有四个月，却塑造了我未来几十年的工作风格。在不受成本和时间限制的情况下，我会进入完全忘我的状态。用尽可能短的时间完成一段程序后，我就能让计算机运行它，即时给我反馈，让我知道自己做的是对还是错。尝试一下，看看能否奏效。如果答案是否定的，那就换个不同的方案再试一次。计算机的运作机制有点儿像老虎机，它以随机的方式给你一点儿甜头，让你深陷其中。但计算机所给予的让我持之以恒的回报并不是游戏币，而是确认我写的那些程序是可以运行的。我能不能增加收到回报的频率？这个思维游戏令我着迷。

这个反馈循环一旦启动，便激发了我们对更多知识的渴求。我们没法上网观看优兔视频教程，因为那会儿根本没有互联网。操作指南也几近于无，肯特从之前提到的那本借来的兰德公司计算机操作手册中抄录了几个数学程序和一种计算各州人口的方法。后来，我搞到了一本薄薄的平装小册子《编程入门》，我很担心把它弄丢了，于是将封皮插进母亲的打字机，在上面打出以下字样："此书为比尔·盖茨所有。他需要这本书，请归还给他！"

当时教学指南的稀缺折射出一个现实，那就是业内专家屈指可数。大多数极其优秀的程序员都在政府部门工作，通常从事着保密项目，也有一些人就职于几所顶尖大学，比如达特茅斯学院、麻省理工学院和斯坦福大学。有些大名鼎鼎的人物，他们几乎都是那些一流大学项目的实验室负责人。其中一位是斯坦福大学教授约翰·麦卡锡，我们正在使用的分时系统就是他提出来的。此外，他还是人工智能领域的奠基人，他的学生继而引领了早期编程技术、语言和工具的创新。幸运的是，一些明星学生出于各种原因来到了西雅图和"C 的立方"，在此组建起了这家公司的技术团队。

我和开创了分时系统和人工智能领域的人居然只隔着一两个人就能搭上关系。这一事实当时并没能为我所领会，由此带来的各种益处却是有目共睹的。"C 的立方"的程序员偶尔会给我们看一点儿他们编写的代码片段，仿佛是在暗示他们可以教我们一些东西。这很令人神往，我们想要多看点儿，却不好意思开口。

我们无意中找到了一个变通方案，每天工作结束时会有一个人负责倒垃圾，在那些垃圾中有一些用过的计算机纸。这些幅宽 15 英寸、两侧带有穿孔的计算机纸上，打印着"C 的立方"的工程师们当天编写的代码。这一行行代码是不完整的，不过是以点阵形式呈现在页面上的一些零碎的想法，而且纸张本身有时皱皱巴巴的，甚至破损不全。某天晚上，公司员工全都下班回家后，保罗和我跑到办公楼的后面，想看看能不能从垃圾转运箱里翻出些什么。保罗把我托举起来，抓着我的双腿，而我探身进去翻捡当天的垃圾。那里面有一次性塑料杯和剩饭剩菜，还有扭曲盘绕着仿如被打开的双螺旋般的纸带，这一切都混在了一起。我们的第一次探险收获不多，但我们一次又一次地去寻宝。保罗个头儿更高，也更壮实，于是他总是在下面托举着我。我体重较轻，也更灵巧，所以我负责钻进去寻宝。

某天晚上，在垃圾转运箱里寻宝时，我们发现了一叠厚厚的纸，上面写满了一列列数字和简要的命令，如 ADD、SUB、PUSH 和 POP。我们把它们带回办公室，平铺在桌子上。中奖了！这是PDP-10操作系统的部分指令，这些指令（源代码）是不对我们开放的。我们找到的是加密代码，需要对一行行代码进行反向破解，才能搞清楚它们是干什么用的。这些皱皱巴巴且沾有咖啡渍的纸张竟是我们见过的最令人兴奋的东西。

这些打印出来的代码是用机器语言写成的，该语言是程序员所能使用的最底层的代码。使用机器代码写出的程序，其运行速度远超用BASIC等高级语言开发的程序，但这项工作要付出很多心力，用户需要明确定义计算机执行一项任务必须完成的每个步骤。例如，在BASIC中，让计算机显示"Hello"只需要一个指令（PRINT "Hello"），而在机器代码中，执行同一任务要用到25行代码，逐字给出指令。对于新手，这种代码几乎无法理解，它是一种只有真正的内行才会说的秘密语言，而正是出于这个原因，我才想要学会它。

大约在同一时间，保罗跟"C的立方"的程序员史蒂夫·拉塞尔熟络起来。史蒂夫来自麻省理工学院，因开发了一款令人着迷的电子游戏《太空大战》而声名远扬。在这款游戏中，两个玩家相互用激光攻击对方的飞船展开较量。保罗跟史蒂夫说我们想要学习更高级的语言，于是史蒂夫把PDP-10计算机的操作指南借给了我们。这几本小册子详细介绍了这款计算机的机器代码，以及它所使用的TOPS-10操作系统的内部工作原理，我们一直靠它们来解读从垃圾箱里翻找到的机器代码。这些说明书极其宝贵，我们只能晚上借阅，第二天早上便得归还。保罗和我会找个最舒服的姿势躺在"C的立方"的地上，一起阅读和默记其中的内容，直到深夜。

随着编写代码的能力逐渐增强，我想要干点儿实事儿的念头也越发强烈，我想要编写一个真的能派上用场的程序。几年前，出于同样的驱动力，我意识到不管我画的桥梁或火箭看起来多酷，我都无法在现实世界中打造这样一座桥梁或一枚火箭。这次不同了，使用手边的这台计算机，我感觉我能创造出自己想象出来的任何东西。在家中，我母亲做饭时会参考被她整整齐齐地分类保存在小木盒里的食谱卡片。我借了四五张这种卡片，把它们带到"C的立方"，用BASIC设计了一个简单的程序。给出提示词"肉糕"后，这个程序便会生成我母亲的肉糕食谱。用程序员的语言来说，这是一个只有几行代码的小程序，但它教会了我DATA语句和READ命令。

那时，战争是我们日常生活的一部分，电视新闻和《生活》周刊的封面让美国本土居民认识到了越南战争中双方付出的惨重代价。我编写战争模拟程序的想法或许就来源于此，我想象中的这款游戏和《太空大战》不一样，它不是一个提前编写好程序，以获取高分为目的的游戏。我想要的是一个工具，是一种以真实世界为模型、测试不同战略战术的方法，玩家就像是战争中一方的主帅。根据我的设想，我编写的代码需要将我能想象到的、可能在一场大战中发挥作用的各种因素囊括无遗。我先是在纸上构思，创建了一个位于海边的虚拟世界，给各方配置了陆军、海军和空军，他们有各自的指挥部和飞机场，还配备步兵、炮兵、坦克和高射炮来进行防御，以及战斗机、轰炸机、驱逐舰和航空母舰来发动进攻。

为了收集数据，我看了许多老的战争影片以估算高射炮的射速，在图书馆中查阅资料来了解战场上的各种战术，还重温了肯特和我读过的那些军事历史著作。我想要一切都尽可能地逼真——不像是一款游戏，而是一个计算机模型，就和那些已经投入实际应用，预测天气或经济趋势的计算机模型一样。

在我苦思冥想如何让这些元素相互作用时，我意识到我不能只告诉计算机："如果出现这种情形，就一直执行那个操作。"为了让一切显得逼真，我必须为每个可能的结果设置一个特定的发生概率。比如，如果玩家出动战斗机打击敌方指挥部，每架飞机便均有一定的概率被高射炮击落。但这个概率有多高？我在图书馆里并没有找到答案，因此我必须根据电影中的场景和我查找到的第二次世界大战中被击中或击落的飞机的大致数量来猜测。

几周的时间飞快流逝，我的计划越来越宏大。我会根据战斗间隙休整期的长短来调整部队的战斗效率，计算为轰炸机护航的战斗机的数量，当轰炸机的机型变大、飞行速度变慢时，我会提高它被地面火力击中的概率，天气对飞机、舰船和步兵的影响也会被考虑在内。

经过周密布局，我开始使用"C的立方"的PDP-10计算机一行一行地将这些场景转译为BASIC计算机代码。里克和肯特会因家里较为严格的晚间外出规定而先后离开，剩下保罗和我继续埋头苦干：他专注于学习机器代码和编写自己的程序，我则在软件程序中征战四方。

我对自己想要创作什么一清二楚，而且我相信自己可以实现那个结果，即便我已意识到它超出了我当时的能力范围。那时我13岁，自行摸索着学习，而我的老师是一台价值50万美元的机器。

但我的好运随即走到了尽头。那年晚春，数字设备公司开始向"C的立方"收取租用计算机的费用，"C的立方"不再需要我们。与此同时，湖滨中学开始向"C的立方"支付访问其计算机的费用。从那一刻起，我们四个人的地位从实验的猴子降级到了普通用户。在学校里，赖特老师为我们逐一记账，每月月底，他都会贴出一份明细单，上面以异常工整的字迹列出我们每个人的欠费情况。高居榜首是一把双刃剑，一方面它让你有权吹嘘自己是最厉害的程序员，另一方面要为这个地位支付真金白银。

你被驱逐出城堡前在里面待过的时光——那些寻找机关暗道的日子——终归不无小补，在操作"C的立方"那台PDP-10计算机期间，我发现了一个漏洞：登录进入该系统时会有一个窗口期，在此期间，如果连击"Ctrl C"键两次，计算机便会让你以管理员的身份登入。作为管理员访问计算机就像拥有了一把万能钥匙，你可以访问系统的每个部分，你能看到每个用户的账户，你能读取文件、偷窥密码、删除账户，甚至可以重新启动整个系统或是关机。这些事，我们一样儿都没干。相反，保罗利用这个漏洞找到了一些登录密码，我们计划使用它们来获得免费的上机时间。可惜我们还没来得及将这个计划付诸行动，就被抓了。赖特老师知道我们的计划后联系了"C的立方"，这家公司又知会了数字设备公司，很快，数字设备公司就改用了另一个版本的登录软件。

但很快，我们就又找到了访问系统的"歪门邪道"。

赖特老师性情宽厚且信任他人，他唯一不能容忍的便是不诚实。他把我们叫到了他位于麦卡利斯特楼的办公室内，一个个子非常高、下巴上留着短尖胡须的男人等在那里。我大概听到有人介绍说，他是联邦调查局的×××。后来，保罗说这个家伙是"C的立方"的代表，但穿着一身黑西装的他看起来像联邦调查局探员，说话的方式也像，因此我确信他就是联邦调查局探员。不管这人是干什么的，他都把我吓坏了。他严厉地警告说，我们非法闯入"C的立方"系统的行为已经构成犯罪。

我不是个坏孩子，我从没偷过东西，也不是那种爱搞破坏的人。我从未惹过任何真正意义上的麻烦，而且我不习惯被成年人训斥。这是我头一回觉得羞耻，更不用说那种小受惊吓的感觉了。后来，回想起当时的情景，我看待问题的角度不同了。我们的这份工作就是找出其系统漏洞，然后我们果然就找到了一个大漏洞。但在当时，我很担心我们可能会被勒令停学。好在这并未发生，然而惩罚措施让我感觉更糟糕：我们全都被禁止使用"C的立方"的计算机。

在我第一次得以亲手操作一台计算机的八个月后，它们被划入了禁区。

那个夏天，我没怎么跟保罗和里克见面，跟肯特待在一起的时间也减少了许多。肯特一家暑期有一段时间驾驶自家的帆船沿加拿大西海岸巡游，然后肯特与另一位湖滨中学的朋友造访了华盛顿特区。在远离计算机的日子里，肯特将一腔热情投身于政治。

在之前的那一年，我母亲对我参加课外活动的施压大大减轻了，但我每个月还是必须和一群孩子拼车去西雅图主显堂两次，学习跳交谊舞。（交谊舞课令人尴尬万分，但也有好处，它让我在刚开始对女孩感兴趣时有机会和她们面对面接触。）此外，我很愿意继续参加童子军活动，我对它情有独钟。12岁时，我加入了186军团，这是我所在地区规模最大、组织最完善的军团之一。当时在美国，徒步、露营和登山正蓬勃发展，西雅图逐渐被视为户外运动的胜地。本地户外用品零售商安伊艾（REI）迅速扩展了其产品线，公司负责人吉姆·惠特克也早在几年前便成为首位登顶珠穆朗玛峰的美国人。我新加入的童子军军团紧跟着这股户外运动的热潮，把带领军团成员进山徒步和露营放在了首位。在我们的军团中，你要赢得奖章，不断晋级，这和在其他地方一样，但绝大多数时间，你还要参与186军团的徒步和露营。

八年级时，我已经参加过一次被潮水搞得落荒而逃的露营旅行，在加入幼童军期间，我也尝试过几次日间徒步，但在第一次参加50英里徒步旅行时，我并没有多少真正的户外经验。在起程前，我父亲把我带到安伊艾，给我买了一个红色的露营背包，以及一双意大利进口、价格不菲的全皮徒步鞋。跟着军团走进冰川峰荒野保护区时，我很快便感觉到硬邦邦的新鞋后帮在磨我的脚。第一天走到半道，只走了4英里左右，我的脚后跟就开始火烧火燎地疼。我硬扛着继续往前走。那天晚上，当我把鞋子和袜子脱下时，磨破的脚后跟血肉模糊。一个同去的童子军军团成员后来说，那看起来就像是果冻甜甜圈的内馅。一位随行的父亲是耳外科医生，他给了我几片可待因（20世纪60年代，对这类药物的管控还比较宽松）。在止疼药的作用下，再加上其他成员帮我分担背包负重，我一瘸一拐地又坚持了两天，直到走至行程的中点，被我父亲接回家。

我羞愧难当，确信所有人都把我视作弱鸡：唯一一个无法完成这次徒步旅行的孩子，唯一一个蠢到不知道提前把徒步鞋穿得舒适合脚的人。对我而言，这次徒步旅行是一场彻头彻尾、不折不扣的灾难。

此次徒步旅行的领队之一是资深的童子军军团成员迈克·科利尔，他比我大5岁。每个人都知道他的户外经验甚至超过了186军团中的成年人。迈克的父母热衷于徒步旅行，他本人也是"登山者俱乐部"的成员。这家历史悠久的户外俱乐部不仅组织徒步活动，还会举办关于技术攀岩和其他户外技能的课程。在我加入军团前后，迈克和他的父母已经开始邀请少数军团成员与他们一道旅行。与186军团的外出活动相比，他们的徒步旅行挑战性更强。

尽管我在那次50英里徒步中败绩而返，但说不定正因如此，迈克和他的父母邀请了我和其他几名军团成员加入他们的下一次徒步之旅。时间是在学期结束后的6月，参与此次徒步的有罗基、赖利和丹尼，他们和我一样，都只有13岁，跃跃欲试地想要参加更多的徒步活动。我很高兴在被邀请之列，而且为这个检验自己的机会兴奋不已。此外，时间安排也堪称完美，因为"C的立方"刚刚宣布我们不能再使用该公司的计算机，我无奈有了大把的闲暇时间。

迈克告诉我们，他在一个电视节目里看过关于救生步道的介绍。这条步道沿温哥华岛西海岸而建，此处地形险峻，以风暴频发、礁石密布和暗流诡谲而著称，成千上万条船只曾葬身于此。20世纪初，加拿大政府在此建造了一条步道以救助沉船的幸存者，船只失事后，被冲上岸的幸存者可以借此走到有人烟的地方。随着岁月的流逝，这条步道年久失修。在电视节目中，一位本地的博物学家和她丈夫步行挑战了这条50英里的救生步道。迈克想带领我们重走一下他们走过的路线，他告诉我们这将是一次探险远征，我们将乘坐水上飞机、涉水过河、攀爬悬崖峭壁，还有机会探索洞穴，在海湾嬉游。

第一天从水上飞机往下卸行李时，我的背包掉进了水里。这绝不是一个好的开头。徒步开始后，我们马上明白了为什么会为船只失事的幸存者修建这条步道：即便历经千辛万苦游上岸，这片海岸依然过于崎岖偏远，麻烦还远远没有结束。第一天向北走的时候，我们艰难地穿过了杂木丛生的小径和湿滑泥泞的沼泽。路在一道悬崖前戛然而止，我们只能从一条又长又陡的梯道攀缘而下，或是双手抓绳垂降。随后，我们会在乱石嶙峋的海滩上缓慢行进一阵，直到攀上另一段梯道或绳索，回到杂木丛生的小径，从那些倒伏在地、长满苔藓的参天巨木下方匍匐穿过。

迈克对这次旅行中的一段特别担心，那就是横渡克拉纳瓦河。这条河的流速不快，但水深取决于天气，每天都不一样，暴雨和山洪会让它成为徒步者不可逾越的天堑。迈克让我们沿着布满鹅卵石的河滩拾取漂流木,然后教我们如何用剪成小段的红色的雪崩救生绳把漂流木扎成小筏子,以便将我们送到河对岸。

第二天,我们在班菲尔德的一个小渔村结束了这次旅行。我们进村的时候,一个老奶奶上前询问:"你们这帮小伙子从哪儿来啊?"我们骄傲地报出"西雅图",告诉她我们刚刚走完救生步道。"我的天啊!"她说,随即请我们到她家里小坐,享用她丈夫当天上午才捕到的鲜虾。

后来,当我们等待搭顺风车前往附近的渡轮码头时,另一个村民走过来。

"你们谁是比尔·盖茨?"他问道。

原来,我父亲需要告知我们当天晚些时候的一个计划变更,于是他打电话给镇上素不相识的人,留了个口信。我们觉得这太神奇了,就好像是斯坦利在坦噶尼喀湖边发现利文斯通博士的传奇故事发生在了我们身上。

我对徒步上了瘾。第一次徒步旅行后,迈克说服他父母,让他自己带队出发。有时候,其他人也会加入,但通常参与者只有迈克、罗基、赖利、丹尼和我。我对迈克那种从容不迫、举重若轻的领队方式充满崇拜之情。我们需要在山里知道的一切,他似乎都了如指掌,但他并不空言说教,也不指手画脚,他默默地率先垂范。如果我们需要做重大决定,他也总是会让我们投票表决。我很欣赏这种民主作风,尽管它通常意味着我对选择较短步行路线的期望会落空——就像两年后发生在普雷斯探险步道上的情形一样。

1969年夏,结束救生步道的徒步旅行回到家中后,我们全家驱车前往胡德运河，继续发扬光大我们的"切里奥传统"：同一群家庭，同样的切里奥奥林匹克运动会，同样是由我父亲担任市长。这些曾定义了我整个人生中的夏天，但那一年与众不同：外祖母向我们宣布，她买下了一座运河边的小度假屋。在光顾此地数十年之后，我们家如今有了一个自己的地方，这是一个我母亲和外祖母希望我们长大后，生活不可避免地变得更忙碌时，全家人可以团聚在一起的基地。那年夏天，我们把一台电视机装进行李箱带到运河边，摆放在主屋，与1.25亿美国人一道观看了阿波罗11号登月。通常而言，我们不会让外面的世界打扰我们的运河生活，但尼尔·阿姆斯特朗代表人类迈出的那一大步足以让我们做出让步。

除了月球行走，那年夏天在我脑海中留下的印象是我个人的一个转型期。和许多同龄人一样，我尝试着各种各样的身份定位。我记得，我清楚地意识到其他人眼中的我会随着环境的变化而改变。在有组织的体育运动中，我只是一个陪跑者。在那年夏天的徒步旅行中，我是一个坚毅的、敢于承担风险的人，我勇于突破自己的体力极限，在跟我一起玩橄榄球的人看来，这样的我是无法想象的。我是我们这个小团队的重要成员，在团队中，唯一的奖赏就是彼此之间的情谊。

在切里奥，大人们眼中的我是个带头人。我将大大小小的孩子组成了一个团队，制作了一面旗帜，然后自称为"切里奥俱乐部"。我所做的基本上就只是带队探访附近的森林，但这个俱乐部激发了孩子们的兴奋感和团队精神，这种感觉在莉比身上尤为明显。我们在那年夏天庆祝了她的5岁生日，我就像是她的保护人和犯罪同伙。在她眼中，我是永远不会出错的大哥哥。我超级喜欢这种感觉。

但在学校里，就是另一回事了。在班上，我依然将绝大部分注意力放在见缝插针地讲笑话及对当前活动一律大唱反调上,我会说些我觉得会引人发笑的话,即便这样很失礼。刚刚结束的那个学年,我们学习了古希腊戏剧《吕西斯特拉忒》,写了关于它的论文,甚至还邀请演员来为我们现场表演。可我是怎么表达自己的欣赏之意的呢?我居然胆大妄为地告诉饰演女主角的那位女士,这是一部蠢剧,这种屡次脱口而出的既粗鲁又伤人的评价显然比其他事情更多地暴露了我的内心。这种恶劣的行为总会在事后让我耿耿于怀。

在湖滨中学,午餐时间过后,整个低年级部在下午上课前都会有一个小时的自习时间。对大多数学生来说,这意味着列队进入穆尔堂二层的礼堂,在老师的密切监督下安静地自习。自习课是为成绩平平或在课堂上注意力不集中的学生而设的,一小群成绩拔尖的学生(即所谓的优等生)可以免上自习课,并得到自由学习时间作为奖励。

这些人在一层有自己的房间,完全不受任何人的监管,他们可以做作业,也可以讨论某个项目,或者只是聊天。他们甚至可以走出去,到学院的方庭里读书,或是随心所欲地在校园里闲逛。自由学习时间是一项靠成绩赢得的权利,如果成绩下滑,就会失去。所有人都知道,拥有自由学习时间的学生是班上最优秀的学生。

毫无疑问,我只能上自习课。成绩一般般、态度特别差的我可谓咎由自取。有那么一段时间,我并不在乎。

当然,肯特很快就在拥有自由学习时间的精英学生中赢得了一席之地。他和其他一些公认的聪明学生走了,我却只能枯坐在自习室中。我很确定,我和肯特是一类人。如果说黑海项目给我上了重要的第一课的话,这就是第二课:湖滨中学不待见小丑。我开始意识到湖滨中学只给那些配得上的学生自由,如果你能拿到好成绩,或者对某样东西极其感兴趣，校方就会为你创造学习和成长的空间，或许还会有一位充满激情的老师愿意施以援手。肯特出于直觉立刻就明白了这一点。对我来说，它却是一个慢慢觉醒的过程。

那年夏天，在学校里经历的另一件事也让我思绪起伏。湖滨中学的高年级部，也就是我们的高中，有一支每年都会参加四州联考数学竞赛的校队。尽管这支队伍带给我们学校的声誉无论如何都不能跟橄榄球队昔日傲视群雄的荣光相媲美，但它在湖滨中学的特定群体中依然享有盛名。1969年，几个数学成绩突出的低年级生也被允许参加当年的考试，我就是其中之一。我的成绩十分优异，分数几乎比数学队的其他人都高，这让我（一个八年级的学生）成为该地区高中数学成绩最优秀的学生。当然，这大大满足了我的虚荣心。意义更深远的是，成绩宣布后不久，我得到了高年级考试分数最高的学生的认可。在计算机房内，高年级学生会容忍低年级学生的存在，除此以外，两拨人不怎么打交道。把那些比自己小4岁的小屁孩放在眼里，可不是什么酷事儿。然而，这位高年级的数学高手来到低年级部，找到了我。或许，作为一个数学怪才，他只不过想要跟未来的数学怪才打个照面。不管原因为何，我都万分惊喜，他这个人超级好。祝贺你啊，他说，一个小家伙表现这么好可太罕见了。

一个八年级学生拿到了比学校中绝大多数人都高的分数，这个消息很快便传到了数学圈子之外。不仅如此，更令人吃惊的是，这个人是盖茨——一个总是瞎胡闹、没人会把他当尖子生的异类。我对自己给人留下的这种印象思索良久，它开始让我不舒服了。

在我逐渐成形的世界观中，数学所需的逻辑和理性思维是可以用来掌握任何学科的万用技能。这个世界上存在一个智力等级体系：你的数学成绩有多好，其他科目的成绩就有多好，生物、化学、历史甚至语言学习皆是如此。我的模型尽管简单粗暴，但在学校里似乎得到了证实，我觉得我能根据一个学生的数学能力推演出他的整体学习成绩。

那年夏天，在胡德运河，我决定测试一下我的理论——以我自己为实验对象。有生以来第一次，我打算全身心地投入学业。

第七章

只是一帮小屁孩

图片来源：布鲁斯·伯吉斯

在湖滨中学，你需要自行购买所有书本。学校在布利斯堂的楼上设有一个小储蓄所，家长可以在那里存钱。整个学年，你都要为书本和其他校内开支（比如上机时间）填写支票付款。学校书店其实就是摆在一间地下教室门口的桌子，你在那儿告诉乔·尼克斯你上哪些课，他就会消失在书架中，几分钟后带着一摞书回来，然后你就需要写一张支票。乔是学校的值夜人，总是与他的德国牧羊犬形影不离，深受师生爱戴的乔也兼任学校书店的售货员。我在返校第一周把课程表拿给他看时，乔满面笑容地接待了我。满怀新的决心，我想出了一个自己很有把握的、必定会大获成功的计划。

乔浏览了我的课程表，上面是古代及中世纪历史、英文、拉丁文、生物学和专为优等生开设的代数课。我对他说，每本书我都要双份。他愣了一下，显然对这个请求颇感困惑，但随即便转身取书去了。直到今日，我都不确定，我父母是否注意到了他们支付的是双份的书本费。

我的计划是把一本书放在家里，另一本放在学校。这倒不是因为把书带来带去不方便，而是想摆出一副我根本不需要在家学习的样子。我是一定会让自己跻身学术精英之列的，但我并没准备好摘下自作聪明、玩世不恭的假面具。当所有人都背着沉重的教科书、不堪重负地唉声叹气时，我却每天两手空空地回家，格外显眼。到了晚上，我会闷在自己的房间里，抱着多买的那套教科书埋头苦读。我一遍又一遍地解答二次方程，记忆拉丁语的各种变格，复习所有古希腊战争和希腊神话中的人名、日期和历史沿革。第二天到校时，我已经强化复习过所有已经学过的内容，却不会流露出半点儿用过功的迹象。我怀疑，可能根本没人留意或在乎这一点，但在我的脑海中，他们都在啧啧称奇："不用看书！他是怎么做到的？他一定真的是特聪明！"我那种挥之不去的不安全感，可见一斑。

我一直拥有那种超级专注的能力，并且当时我开始关注如何将这种能力转化为学业上的优势。如果我真的全神贯注于某一门课，无论是事实、定理、日期、人名、某种思想理念还是别的什么，我的大脑都能自动将它们分门别类地归入一个结构清晰、逻辑严谨的体系。这个体系带给我一种一切尽在掌握的感觉：我对从哪里获取事实依据、如何综合存储信息一清二楚。我能立即识别出各种模式，提出更有深度的问题。任何新出现的数据，我都能轻而易举地将其归入现有的框架。尽管听起来有点儿像胡扯，但这种感觉就像是发现了一种超能力。不过与此同时，我的各种能力还不够完善，毕竟我只有 14 岁，经常缺乏足够的自律，要我抵挡住诱惑，苦心孤诣地完成老师布置的历史课作业，而不是再读一本关于人猿泰山的书，有时候真的做不到。

此外，对于那些感觉上跟我的大世界观不合的科目，我依然难以专心投入。在那一年的生物课上，老师教我们如何解剖一种名为三角涡虫的扁形动物，却对做这件事的重要性只字不提。扁形动物处于哪个生物等级？我们从东一个、西一个的解剖标本实验切片中应当学到些什么？感觉完全没有规律可循。这位老师教的号称是和我们的生活联系最紧密的一门课：它是生命科学，所涉及的各个系统决定了健康、疾病、物种多样性、数十亿年的进化，乃至意识的本源。等我再长大一些，我发现自己错过了一些东西，于是一头扎进了美丽而奇妙的生物学世界。然而，九年级的那个我盯着被切成了好几段的虫子，得出的结论却是："这就是生物学吗？跟我有什么关系。"（说来也巧，这位老师也教授性教育课，其教学风格让性看起来跟三角涡虫一样毫无吸引力。）

我一直记得九年级是我所有科目都拿了A的一年，但最近我偶然看到自己的成绩单，惊讶地发现分数里既有A也有B，其中生物学这门课就得了B。显然，我自以为当时的自己实现了蜕变，这种记忆掩盖了一个事实，那就是我内心的自我约束仍有待完善。但不管怎样，母亲终于看到了回报，多年来，她一直因我花了太多时间躲在自己的房间里而忧心忡忡。这是我到那时为止取得的最好成绩，它给了我再接再厉的干劲儿。此外，我也因此挣脱了自习课的桎梏。

一旦我决定放下戒备，向老师展示自己对学习的好奇心和浓厚的兴趣，我的潜能就此释放。英语单词"education"（教育）的拉丁语词根为"educere"，意思是"带领或引导"。我在湖滨中学遇到的大多数教师都凭直觉感受到了一点，那就是他们可以用挑战我的方式来引导我更进一步。他们看出了一件事，那就是我很在意证明自己是个聪明的学生，能在课堂上表达深刻的见解，理解他们布置给我的延伸阅读材料。

我会一头扎进物理老师加里·梅斯特里蒂推荐给我的每一本书中。通过我们在课堂之外的交流探讨，他知道如何将我巨大的能量导向那些可以拓宽我视野的问题。梅斯特里蒂老师抨击了那种将科学视为一堆已经验证的事实、只需死记硬背即可的观点，他认为科学是一种审视世界的方式，它是一个永不间断的故事，一直在挑战那些积年累月、深植人心的事实与理论。纵观历史，许多研究者之所以闻名于世，正是因为他们发现那些被几代人在几百年中普遍接受的"事实"是错误的，并提出了更好的观点。

在梅斯特里蒂老师所举的例子中，有一个给我留下了极为深刻的印象。20世纪初，许多物理学家相信，他们所在领域的大部分重要问题都已经得到解答。感谢牛顿和麦克斯韦等学科先驱，他们计算出重力、电力和磁力的作用方式。科学也对原子的构成有了较为完善的解释。即便如此，当时的物理学家依然发现了一些无法破解的现象，比如X光，以及居里夫人发现的放射性现象。不到10年后，爱因斯坦就表明，虽然牛顿定律针对大多数常见情况给出了正确的解答，但归因是错误的。这个宇宙要比先前的科学家们所认知的不可思议得多：物质可以使空间和光线发生弯曲；运动和重力都能令时间变慢；光既表现出类似粒子的行为，也表现出类似波的行为。相对论和量子力学等新理论甚至颠覆了科学家对宇宙历史、运行方式和未来的理解。

在湖滨中学，学完物理课后会接着上化学课，随即转场到丹尼尔·莫里森博士的实验室。学校里每个人都知道莫里森博士，拥有耶鲁大学有机化学专业理学博士学位的他曾是一名工业化学家，他就是那个拥有分离色氨酸的改进方法专利的老师。莫里森博士总是穿着一件标志性的实验室白大褂，用玻璃烧杯喝咖啡，完美符合我对科学家的想象。他为自己编撰的教科书写了一篇前言，其中一句话总结了他传达给课堂上每一位学生的理念："我们似乎忘记了科学的真正基石，那就是相信这个世界是有理可循的。"

我记得有一则广告宣称某款超级强力胶水可以粘住一切，这让我大为惊奇。"为什么它拥有如此不可思议的黏性？"我问莫里森博士。他鼓励这种好奇心激发的问题，以此因势利导、灵活施教。他解释说，这种胶水是由小分子制成的，它们想要彼此结合绑定，但胶水中添加的微量成分阻止了这一过程，从而使胶水保持液态。当被两个平面（如果不小心的话，你的手指也是一个平面）挤压时，微量的水中和了抑制剂的效果，令胶水几乎立刻凝固。

和梅斯特里蒂老师一样，莫里森博士强调知识的叠加效应，这让科学理解随着时间的推移不断扩展和加深。莫里森博士最喜欢的历史人物是 19 世纪的法国化学家勒夏特列，由其提出的勒夏特列原理描述了系统平衡变化的一般规律。莫里森博士会从日常生活中寻找阐明这一原理的例子，比如为什么一瓶汽水被喝掉一半后，重新拧上瓶盖，还能保持有汽儿。（正确答案刻在了我的脑子里：气泡的确会从液体中冒出来，进入瓶内空间，但最终瓶子里面的气压会再度升高，令气泡刚一冒出便又溶于水。）

对莫里森博士来说，"动态平衡"原理既能优雅地从宏观上总结概括化学这门学科，也有助于理解许多具体的化学反应。按照惯常的教授方式，化学是很难学的，就像是一连串单调乏味的记忆任务。莫里森博士的天赋在于他能删繁就简，展现出中学生可以理解的简单模型。

莫里森博士改变了我的看法，让我对以科学为准绳的人生有了新的认识。当时的刻板印象是，这种人一门心思地专注于某个非常狭窄、只有内行才懂、其他人几乎都无法理解或不想了解的晦涩问题。莫里森博士兴趣广泛，而且每一项都有深厚造诣。他演奏单簧管，指挥合唱团，研究四维几何，还是一个持有专业许可证的烟火师——最后这一点让其正处于青春期的男学生尤为开心。莫里森博士帮我们配制了一种液体，轻轻一碰就会爆炸，一些学生把它涂到了订书器和马桶座圈上。（我当时的供述是自己不在这些学生之列，现在我依然坚持这种说法。）

科学对我的吸引源于它满足了我对秩序和条理的需求，并且提供了那种我在数学世界里已经发现的让人心满意足的结构框架，它也迎合了我超级理性的世界观。本质上，科学需要一个狂放不羁、充满好奇的心灵，并且可以用纪律和怀疑主义加以自我约束。我喜欢科学家的思考方式，他们时时都在追问自己："我怎么知道的？""我可能错在哪里？"

我在湖滨中学的老师赋予我一种不同的视角：质疑你所知道的、你信以为真的东西，这个世界就是如此进步的。在我那个可塑性极强的年纪，这无疑是一则充满乐观主义精神的信息。

在我们被驱逐出"C的立方"这座城堡之后，保罗凭借花言巧语混进了华盛顿大学的计算机房，他在那里度过了整个夏天，在没有我们做伴的情况下精进自己的编程技能。保罗并没有把自己的小花招告诉肯特和我，后来他直言这是因为我们看起来太小，没法冒充大学生混进去。他担心如果我们出现的话，他会失去自己的特权。这个学年过半的时候，他把我们重新弄回了"C的立方"，算是做出了补偿。那时，保罗与这家公司的关系已经缓和，他们请求保罗帮忙完成一些编程工作。

就是这样，在中断使用计算机六个月后，我又开始和保罗在"C的立方"一起工作，继续搞我的战争模拟，我一点一点地让这个程序的部分功能得以实现。我会把程序打印出来，标出出错的地方，敲进新的代码，然后再打印一遍。到最后，这些穿孔计算机纸的长度超过了 50 英尺。程序的几个部分运行状况相当不错，但就在这时，我们收到了坏消息："C 的立方"马上就要关门了。这家创业公司成立仅一年多，一直没能签到足够多的大客户，人们对计算机的使用需求并不像他们预想的那样。雪上加霜的是，西雅图最大的用人单位波音公司陷入了严重的危机。航空订单枯竭，波音公司为开发首架巨型客机（即波音 747）又背负了巨额债务，这导致该公司裁掉了数万名员工。连锁反应将整个西雅图拖入经济衰退，许多公司随之倒闭。（不到一年，就有人在 99 号高速公路旁树起了一块如今仍广为人知的标语牌，上面写着"最后一个离开西雅图的人——记得把灯关上"。）

那年 3 月的一个周六，保罗和我在"C 的立方"为我们的项目疯狂赶工，尽管搬家公司的工人就在旁边忙着把所有能搬走的东西打包。在某一刻，他们甚至把我们屁股底下的椅子都拽走了。保罗和我转移到了地板上，跪着在终端机上敲打字符。几分钟后，我们看到一把带轮转椅沿着罗斯福街滑向联合湖，仿佛是在试图从那个追讨财物的工作人员手中逃走，我们忍不住放声大笑。

失去免费访问权限对我来说是个问题，我已经计划将我编写的战争程序作为历史课的期末项目，如今没办法将其完成，我只好随机应变。那年初春，我决定读一下《新约全书》。我从一年级起一直在上主日学校，前一年行过了坚振礼，这是年轻人遵循的一种仪式，以此表明献身基督，但我依然对自己的信仰不甚了然。于是，我像惯常需要了解某件事时所做的那样，开始阅读。我计算了一下，如果每天晚上读 5 章，我就能用

50.4 天读完《新约全书》剩下的 252 章。我提前完成了任务，于是又读了几本关于基督教教义的书，其中就包括《亲爱的布朗先生》(*Dear Mr. Brown*)，这本书的内容是一组写给一位年轻人的虚构书信，用其作者哈里·埃默森·福斯迪克的话来说，这个年轻人"正在认真尝试理解一种知性的生活哲学"。这切实地描述了当时的我。尽管我并不完全认同福斯迪克的那些结论，但它们的确对我的上下求索有所影响。

我最后提交的报告用一半篇幅描述了那个战争模拟程序，另一半篇幅则是我对《圣经》的分析。在有些地方，我勉强地表述着我对上帝和自身信仰的感受。老师的评语是这么写的："极其富有野心的项目，表现出色，不过有时候我不太能理解你的写作风格。"

"亲爱的保罗，我觉得没有我们的陪伴，你或许有点儿孤单，所以我决定给你写封信。"这是一封没有寄出的信的开头，我在那一年学校放假几周后提笔写下了它。我刚刚同迈克·科利尔及三名比我小的童子军军团成员一道完成了探险远征，我们再次徒步走过救生步道，但这回是沿着与前一年相反的方向行进。这封信让我回想起了旅行中那些纯真无邪、自由自在的快乐。我们五个人挤在迈克的大众甲壳虫轿车里，背包绑在车顶的行李架上。在四个小时的车程中，我跟菲尔比赛憋气——我输了。我写信告诉保罗，菲尔创下了憋气 2 分 10 秒的惊人纪录，轻而易举地打败了仅能憋气 1 分 40 秒的我。我还补充了一个重要信息，那就是菲尔的弟弟在起程后 5 分钟内就狼吞虎咽地吃光了我的一整包动物曲奇饼干。

那天晚上，在渡轮上，有个男人在看《花花公子》，一帮小家伙一边探头越过他的肩膀偷瞄，一边发出咯咯的笑声。这时候，迈克在研究地图，而我在读书，可能是罗伯特·海因莱因的作品，也可能是其他科幻小说。我们在艾伯尼港免费搭乘了一艘载着成吨冰块的驳船,一群男男女女在船上一瓶接一瓶地狂饮葡萄酒,看得我们目瞪口呆。我们熬到很晚都没睡,途中迷失了方向,早餐时吃了热狗,还救了一只失足滑下山崖的狗。

这封信是几天后我在埃文斯一家的船上写的,它当时停泊在一个叫"海盗湾"的地方。徒步旅行结束时,迈克开车把我送到了这座岛的南边,我在那里与肯特和他的父母会合。他们上一周刚从西雅图航行到维多利亚,邀请我在接下来的10天里与他们同行。我们一路向北,直抵路易莎公主湾。这片狭窄的水域美得惊人,两侧峰峦拔地而起,高度近8 000英尺。我们游泳、读书,晚上玩各种桌游。肯特喜欢一款模拟游戏——《股票与债券》,游戏玩家需要假装在市场波动和新闻事件频出(比如"公司总裁住进隔离病房,期限未定")的情形下管理一个投资组合。游戏结束时,投资组合价值最高的玩家获胜。游戏中的公司都是虚拟的,但它教给了我们一些现实世界里的东西,比如股票拆分、牛市、市盈率和债券收益率。和那些同我一起徒步旅行的朋友一样,肯特有着健康适度的好胜心,但他更热衷于能在现实世界里活学活用的游戏。

在这次旅行中,我对肯特的父母有了更多的了解,也看到了他们与肯特的关系有多么亲密。移居西雅图之前,肯特的父亲马文从他母亲的家族继承了一小笔财产后,从基督教一位论派全职牧师的位置上退了下来。肯特的父母把多出来的自由时间全都放在两个儿子身上。作为唯一一个无须每天上班的父亲,马文总是开着他那辆1967年款的道奇宝丽拉,随叫随到地拉着肯特和我去西雅图各处参加活动。我们坐在后座,他在驾驶位,但时不时便会转头朝向我们,用他舒缓的、慢吞吞的南方口音问我们正在聊些什么,或是提出一个问题。

回首往事，我意识到，肯特早年间经历的磨难必定影响了他们全家。当肯特还是个小婴儿时，他的嘴严重畸形，无法进食。玛丽和马文担心他长大后无法说出完整的词语，遭受排挤，一生都过得很艰难。20 世纪 50 年代对残疾的接受程度远不如今天，据我所知，肯特的一些亲戚甚至曾建议他父母将他送给别人收养。肯特接受了一次又一次的手术和康复治疗，嘴里被塞进一大堆金属矫正器，以修复严重的生理缺陷。至于肯特父母的其他担忧，结果却远好于预期。玛丽和马文发现，随着肯特慢慢长大，他丝毫没被艰难的开局影响。事实上，他拥有远超同龄人的成熟和自信，也从来不会因瞻前顾后而不敢接受新的挑战。他对自己抱有很高的期望，并且相信自己有能力成功实现那些目标。肯特的父母意识到他的这种沉着自信，便把他当成大人来对待。推而广之，我觉得肯特认为自己就是个大人。

在我认识肯特那会儿，航海（以及擅长航海）是他自我定位的重要组成部分。他极其珍爱的收藏品之一是温斯洛·霍默的画作《微风》（*Breezing Up*）的复制品，画中描绘了 1 名男子和 3 个男孩，他们乘坐的小帆船在强风的吹袭下倾向一侧。肯特把它挂在自己房间的软木告示板上。他非常喜欢这幅画，为了看一眼原作，还特意去了一趟位于华盛顿特区的国家美术馆。

那年夏天，我们驾驶的是一艘新近购入的培生单桅帆船。这艘船的船身长达 35 英尺，足以胜任溯皮吉特湾而上或顺流而下的长途巡航。肯特一家将其命名为"谢南多厄号"，以纪念家乡弗吉尼亚州的一条河流。每当学年结束，肯特一家四口马上就会扬帆远航，直到秋季开学时才回来。他们去过的那些地方，名字听起来仿佛出自侦探小说《哈迪男孩》，除了海盗湾，还有荒凉峡、秘密湾、阳光海岸什么的。肯特的母亲用一个又大又厚的记事本详细地记录每天的细节，这个本子的封皮上有一行烫金字："谢南多厄号"航海日志。

我的航海经验始于一种名为"弗拉蒂"的本地造廉价胶合板船，并且也就仅限于此。在姐姐克里斯蒂迷上航海后，我也报了相关课程，部分原因是想要跟上她的节奏。作为劳雷尔赫斯特的居民，我们可以使用该社区的海滩俱乐部。这个地方听起来很高级，实际上不过是一片摆着几张野餐桌、有几个小码头的沙滩。海滩俱乐部会在夏季举办比赛，选手们需要驾驶弗拉蒂参赛。克里斯蒂和我组队，我们很享受那些海风轻拂的日子，因为我俩的体重较轻，占有优势。说了这么一大堆，但在登上"谢南多厄号"之前，我航海生涯的高光时刻不过就是几次试图比驾驶18英尺长的同款小船的成年人更快绕过浮标而已，而这已经让我的肾上腺素水平飙升。

在我们的旅途中，扬帆北上时，肯特几乎承担了船长的大部分职责。他会确认潮汐，查看回声测深仪，以确保在进入马利布急流这个通往路易莎公主湾的狭窄入口时不会搁浅。他监看着视风指示器，以便调整船帆和船身的位置。肯特知道如何进行航位推算，也就是依据航海图确定船只所在的位置。他还知道不同船旗的含义，以及应当在何时何地悬挂哪种船旗。在我乘船的这九天里，我见证了他对熟练掌握一门技能的执着，在接下来的一年，同样的执着激发了肯特学习登山的兴趣。

我们那年夏天的大部分对话都围绕着计算机进行。从写下头几个程序时起，我们在一年半的时间里学到了很多东西。我们能用自己知道的东西干点儿什么呢？能赚钱吗？肯特坚信我们能做到。

那时，我们聊起的职业路径主要集中于商业领域。肯特的曾外祖父创办过一家苗圃，靠卖果树和其他植物发了一笔小财，他们家继承的遗产就是从那儿来的。肯特说起这段光荣家史时很自豪，他觉得他注定会找到自己的发家致富之路。我跟他分享了我从我父母的朋友那里学来的生意经，比如制造除颤器的菲康公司。肯特鼓励我阅读《财富》杂志和《华尔街日报》。与此同时，他开始把自己打扮得像个生意人，购置了一只巨大的、更适合中年推销员而非青少年的公文包。这个被他称为"大妖怪"的公文包里永远塞满了杂志和报纸，他走到哪儿都拎着它，"啪"的一声打开，立时就拥有了一座图书馆。

我们之前探索职业路径时曾经广泛阅读将军和政治家的传记，如今，我们又跑到图书馆，翻阅各种公司委托声明书，查看本地公司高管的薪酬。肯特和我惊讶地发现，我父母的一位朋友是本地区规模最大的银行的行长，他的年薪为100万美元。我们都觉得那是老大的一笔钱了，直到看到他的股票期权。

"这个家伙的身价有1 500万美元！"肯特脱口而出，"你能想象如果他要求把所有的钱都兑换成现金，会是怎样的场景吗？！"我们算了又算，如果把这些钱放在他的车里，会占多大的空间。

我们试图想象怎样才能赚到那么多钱。显然，进入银行业是一个办法，要么就是发明某种可以救命的医疗设备，或是在IBM坐到老大的位置。我们读到了《财富》杂志上的一篇文章，它讲到了计算机外部设备市场的蓬勃发展，包括打印机、磁带驱动器、终端机和其他一些可以添加到计算机上的外接设备，而这些绝大多数都是IBM制造的。为计算机编写程序可能会致富的这个想法，当时甚至都没有出现在备选项中。我们身边的大型产业是银行业、航运业和木业，软件行业根本就不在其中。在西雅图没有这一行业，在任何地方都没有，我们没有可供效法的模范。

不过，我们还是希望能靠自己的编程能力赚点儿小钱，就像有些孩子给人剪草坪一样，只不过编程要有趣得多。

肯特想出了一个点子，我们可以假装成一家公司，索取免费的产品目录，邮寄到他家。那时，像《自动化数据处理》（*Datamation*）和《计算机世界》（*Computerworld*）这样的计算机杂志会邮寄广告类的活页印刷品，你可以去信索取关于斯佩里·兰德、控制数据及其他十几个如今已不复存在的公司的信息。肯特开始习惯性地将他发现的所有回邮卡片都填好寄回。我敢说，在20世纪60年代末那段时间，很多计算机硬件销售商都会以为伍德拜恩路1515号是一家名为"Lakeside Programming Group"的公司的总部。这个既可以理解为"湖滨中学编程小组"，也可以理解为"湖滨编程集团"的名字，是故意为混淆视听而起的。如果叫俱乐部的话，就会露馅：让人发现我们只不过是一群小屁孩，而非某个全面扩展业务的公司实体。"Group"这个词就很模棱两可。一家公司的雏形孕育在这个名字中，而它体现了一种精神内核，那就是有朝一日，总会有人愿意花钱买我们的技能。

我刚上高中时，正赶上湖滨中学的一位新校长走马上任。丹·艾罗尔特以前曾是这所学校的教师，中途请长假离开过一段时间，他在此期间拿到了教育学硕士学位。当他以校长的身份归来时，正值动荡不安的20世纪60年代末，当时，所有的高等院校、中小学和企业都在努力适应。湖滨中学本来可以朝着加倍恪守传统的方向做出回应，这个办校理念在相当长的时间里一直卓有成效，比如严抓校服以及用敬语称呼老师。但正相反，它放宽了管束，校方取消了历史悠久的校服着装规范，允许我们脱下正装外套、解下领带，换成如今被称为商务休闲的那种着装风格。

按照当时的标准，这是十分激进的做法，一些家长抗议说学校的声誉正在因此受损。艾罗尔特校长还试图在我们这个以白人为主的学校里培育多元文化，他推行了一个项目，欢迎更多的黑人学生加入。这当然只是和风细雨式的尝试，但它使湖滨中学与那个时代更加同步。

丹·艾罗尔特在休长假期间游历了美国各地，考察了多所私立学校，他得出结论：学生在不受束缚的情况下表现得最为出色。那年秋天，他在校报上表示，他想要看到一个"没有强制性学校教育"的世界；学生应当发现自己学习的动力，一旦他们找到了，就会成功；增加没有固定排课的时间，增加选修课，增加非传统的学习方式，所有这些加在一起，便会培养出更加积极主动的学生。

这话听起来很对我的胃口，而他达成该目标的路径之一——招收女生——也合我心意。艾罗尔特校长认为，为了善用多出来的自由，男生需要更成熟一点儿。"有女生在身旁的时候，男生似乎更彬彬有礼、成熟稳重，而且遵守纪律。"他在校报上如是说。他也承认这或许有些以偏概全，但"我认为这是有说服力的"。

我也这么认为。

正因如此，当艾罗尔特校长签订了一份协议，决定与附近的圣尼古拉斯女校合并时，我和湖滨中学的大多数人都颇感新奇。圣尼古拉斯女校是一所老派得无以复加的学校，它的着装规范要求学生穿厚重的羊毛裙、不许化妆和佩戴首饰，这在20世纪40年代或许还合时宜，但在20世纪60年代末已经彻底过时。面对学生人数下降的问题，这所学校找到了湖滨中学，讨论合并的可能性。

湖滨中学低年级部的数学教师鲍勃·黑格接手了整合两所学校课程安排的任务。湖滨中学认为，即将到来的合并是实现排课计算机化的绝佳机会。这项工作以前一直都是手动完成的，经常临时变更，远远不够完善。黑格老师请肯特和我帮忙。这是一个复杂的程序，经过深思熟虑，我仍想不出巧妙的程序设计。我们拒绝了他的请求。

为了腾出时间自己搞定这个项目，黑格老师随即问肯特是否愿意替他上"计算机科学导论"这门课。肯特拉上了湖滨中学编程小组的其他成员协助他，这大概可以称作我们的第一份零工，就是当老师。说实话，我们更像是没有报酬的辅导员，不过是一群小屁孩教另一群小屁孩罢了。

湖滨中学以前从来没开设过这门课，因此我们既没有教学计划，也没有教科书。于是，我们自己编，每个人负责一部分内容。里克教"计算机工作原理"，我教"汇编语言"，保罗教"内存理论"，肯特在他负责的课上播放了一部关于机器人沙基的电影。沙基是当时人工智能领域的头号热点，它基本上就是一个装在轮子上的方盒子和电视摄像头，可以在房间里自行探路。教学带来了许多令人吃惊的挑战，我们可以描述编译程序是在干什么，也能解释 GOTO 命令是什么意思，但是当学生迟到、不专心听讲或旷课时，我们该怎么办？当学生考试成绩一塌糊涂时，是他们的错，还是我们的错？我们不想让学生因分低而难过，所以随手给出了一大堆 A 和 B。

"C 的立方"倒闭后，湖滨中学不再拥有计算机提供商。1970 年秋，校方联系上了另外一家经营分时业务的初创公司。这家位于俄勒冈州波特兰市的公司名为"信息科学公司"（Information Sciences Inc.），它收取的机时费要高得多。因此，我们自然又胡乱摸索了一番，最终非法侵入系统，获得了免费使用的权限。当然，我们又在能真正从中受益前被抓到了。肯特为此愤愤不平，凭什么我们要付给信息科学公司这么高的费用？他想出了一个方案，这家公司很快就收到了湖滨编程集团发出的一封措辞十分正式的信件，主动请求为其提供服务。这封使用我母亲的草体字打字机球敲出的信，看上去格外考究。我们深信他们绝无可能识破伪装。但我十分确定，接下来发生的一切实际上要感谢信息科学公司一位友善的销售员，他对湖滨的程序员都有谁一清二楚，而且认可我们的作为。他们给了我们一份工作。

信息科学公司的业务重点是吸引波特兰地区的公司将其日常运营计算机化，这和"C的立方"此前在西雅图做的尝试差不多。信息科学公司的一个客户是管风琴制造商，它希望将该公司的薪酬管理系统自动化。信息科学公司请我们为其免费编写这个程序，理由是这是一个很好的学习机会。他们起草了一份合同，讲定了项目范围，鼓励我们"在程序设计中充分发挥创造力"，并定下了1971年3月作为最后完成期限。我们的"合同"签订于1970年11月18日。因此我们只有大约四个月的时间，我们很快便意识到时间非常紧张，勉强够用。

我们需要消除的第一个障碍是COBOL语言。信息科学公司希望我们用它来编写程序，但除了里克，我们都没学过这种计算机语言。我们还缺乏必要的工具，正如盖房子需要锤子和水准仪，编写程序也需要编辑器和调试程序。里克着手为我们开发了一款编辑器，其他人则开始学习COBOL语言。

尽管保罗、里克、肯特和我视彼此为朋友，但我们之间依然充满竞争，夹杂着各种小心眼、小算计，学校里高年级学生与低年级学生之间的等级秩序也依然存在。直到这时，我们之间的冲突都还是小打小闹。但与信息科学公司合作时，我们是为某些有价值的东西而工作，那就是免费的计算机使用时间。

这可能就是为什么在该项目启动几周后，保罗决定他和里克要单干。

"这些活儿不够分。"他告诉我和肯特。作为湖滨中学编程小组的高年级合伙人,他们仗势欺人,此举实际上等于把我们踢出了团队。肯特怒不可遏,每当他感觉遭人轻视时,通常都会如此回应。我则冷静一些,我选了赖特老师教的几何课,因为我喜欢花时间和他讨论数学,我觉得多点儿时间干这个也不错。不过,在我们离开计算机房时,我对保罗说:"你会发现这活儿有多难,你会需要我们的。"

我说这话是认真的。从一开始,肯特和我就比保罗和里克更清醒地意识到,这个项目远比我们最初设想的复杂得多。构建薪酬管理系统,必须以财务规则、商业原则和政府法规为依据。给员工发放薪酬,必须遵循联邦和各州的税法,符合社会保障扣款规定。它还意味着要把病假工资、休假工资、失业保险、支票对账和储蓄债券计划都考虑在内,所有这些对我们来说都是新的领域。

几周后,保罗和里克开始意识到这一项目的复杂性。他们先是把肯特请了回去。大约在将我们踢出团队六周后,保罗找到了我。他说,你说得对,薪酬管理要比我想象的复杂得多。

1月,我们重新走到了一起,但这个项目停滞不前。里克掉进了一个无底洞,那个编辑器成了他唯一的关注点。他觉得这个东西太酷了,可以单独拿出来卖钱。与此同时,保罗开始失去兴趣,把时间花在了别的程序上。难道他不知道合同是具有约束力的吗?我觉得他们懒散,缺乏专业精神,这让我很烦躁。眼前放着这样一个正经的开发软件的机会,保罗和里克却让它从手中流走。快到月底时,我把所有人召集到一起,告诉他们,如果保罗真的想留我参与这个项目的话,我得掌控全局。而如果由我来掌控全局的话,我将决定谁能得到多大比例的免费上机时间。我根据自己的判断,按照每个人干活的多少,设计出了一个分配方案,将上机时间分成了 11 等份。我只给了保罗 1/11，里克分到了 2/11。肯特要求我和他对半分，于是我们各得到了 4/11。保罗和里克耸耸肩，同意了，他们或许觉得我们永远都完成不了这个项目。

与此同时，肯特找到了华盛顿大学计算机科学实验室的负责人，向他解释了我们的项目，并询问我们是否可以使用该实验室。肯特常常装作大人，往往也会被当成大人一样对待，这就是一个完美的例证。这家实验室拥有多台终端机，意味着我们可以同时工作，而且从这里步行3 分钟的距离内有华盛顿大学图书馆，以及万分重要的大学食堂、几家比萨店和一家鲜果露饮品店。同"C 的立方"一样，我们发现了一座通常不允许我们这个年龄的小屁孩擅自进入的城堡。也同"C 的立方"一样的是，好景不长。

在接下来的一个半月里，我们放学后整晚在实验室工作，周末也是如此。我们急匆匆地赶写着这个被我们称为"PAYROL"的程序。华盛顿大学计算机科学实验室离我家比"C 的立方"更近。那时，假装上床睡觉，然后从窗口遁走，熬夜编写程序，这一套操作对我来说已是家常便饭。我确定我父母知情，但在那一刻，我们已经达成默契：我保持良好的学习成绩，不惹麻烦，他们就不会事无巨细地强加管控。

一帮高中生在大学实验室里安营扎寨，连续好几个小时霸占终端机，往垃圾桶里丢满鲜果露的饮料杯，并不是所有人都对这一切毫无意见，好在实验室的管理员们大多数时候都能容忍我们。这种情形持续到了程序完成最后期限前的那个晚上。当时，我们都在疯狂地进行收尾工作。保罗搞到了一个键盘，这可以提高他的工作效率，但他需要一台名为"声音耦合器"的昂贵设备，借助电话线将终端连接到一台计算机上。他决定从另一间办公室里"借"一台。

那天晚上9点半左右，这台设备的主人、一位从一开始就不乐意让我们使用这个实验室的教授风风火火地闯了进来。保罗没有征求任何人的同意，甚至连张字条都没留，就把声音耦合器拿来用，这让这位教授怒不可遏。保罗告诉这位教授，他不觉得自己做错了什么，事实上，他以前就这么干过，不会造成任何影响！对这位教授来说，这可谓火上浇油，他叫来了实验室主任，后者把保罗训斥了一番。风波过后，我们重又开始工作。

几乎一夜没睡的我们第二天一早就在西雅图市中心一个乱糟糟的汽车枢纽站碰面，一起等候7点开往波特兰的灰狗长途客车，前去向信息科学公司展示我们的作品。这趟旅程花了近四个小时，下车后，我们从车站走到信息科学公司的办公室。我们竭尽全力让自己看上去像专业人士，而不是需要获得批准才能在当天不上学的毛头小子。我们穿着正装外套，打着领带，提着公文包。我学着肯特的样子，努力表现得自信且从容。这种事我们干过无数遍了，但在内心深处，我仍然十分紧张，担心该公司的高管们会向我们投来信不过的目光，然后说："你们这帮小屁孩，滚出去。"

结果恰恰相反，他们严肃认真地接待了我们，仔细审阅了我们带来的、打印在一沓计算机纸上的PAYROL程序的代码。这个PAYROL还需要添加许多功能，但显然，我们拿出来的核心程序已经足以让他们刮目相看。

我们整个下午都待在信息科学公司，和该公司所有的高管都见了面，其中就包括该公司只有30岁出头的总裁。他们把我们带到高档的亨利餐厅吃午餐，席间，这位总裁提到经营分时计算业务的公司竞争日益激烈，尽管对其服务的需求仍未开始增长。将薪酬管理和销售追踪这些基于纸

第七章　只是一帮小屁孩

质的工作转移到计算机上的概念还处于萌芽状态，没几家公司意识到这一点。我们跟他讲了目睹"C的立方"关门的经历。

回到办公室，这位总裁说他会交办给我们更多的工作，还管我们要了各自的简历。我当场用铅笔在横格纸上草草写就了一份，上面列出了我在"C的立方"的工作经历、我学过的机器语言，以及我曾经在计算机上尝试过的事情。谈话推进到某个节骨眼上，肯特提起了钱的问题，他说我们以后不想再接受以机时或实物形式支付的报酬，我们想要按项目收费，或是从开发产品的销售收入中抽取特许使用费。肯特已经对此深思熟虑。我们当时虽不需要维持生计，但如果某个产品成功大卖，我们就能靠特许使用费赚到一大笔钱。这位总裁对此也表示同意，但首要任务是完成PAYROL。

我认为我们是一帮高手，我们足够优秀，值得被认真对待。我们也足够有能力，可以完成程序的开发。回头看去，我还能感觉到这些善良的成年人伸出的援助之手。比方说，我们在信息科学公司里的主要支持者巴德·彭布罗克，多年来，他一直积极推动向俄勒冈州中小学生普及计算机编程，亲自编写设计了多门教程。巴德似乎对教育抱有极大的热忱，我能肯定他是本着同样的精神才把这活儿交给了四个青少年。在湖滨中学，赖特老师是我们的支持者。尽管采取了放手不管的态度，赖特老师还是签字批准了我们和信息科学公司的"合同"，并在底部附加了一个补充条款，声明湖滨中学不对该程序的实际交付负有任何连带责任，但他会"尽一切可能鼓励这些学生完成这个项目"。然而，不管这些成年人为我们从事这项工作创造了怎样的条件，一旦就位，他们都选择退居幕后，让我们展示自己的能力。

直到那一刻为止，我们使用计算机进行的种种尝试都只不过是练习，并未产生现实结果。这就像是在与肯特玩的桌游中管理股票和债券，不过是虚拟的游戏。如今，我们向自己——以及我们心目中的整个世界——证明了，我们可以创造出一些有价值的东西。

离开信息科学公司的办公室时，肯特想要去希尔顿酒店吃晚餐，他坚称那儿才是真正的生意人达成一笔交易后庆祝的地方，但我将他们三个强拉到了汉堡列车连锁餐厅。我们一边兴高采烈地谈论这一天的点点滴滴，一边从环绕餐厅运行的火车模型车厢上取食薯条和汉堡。

回到西雅图三天后，肯特和我来到华盛顿大学计算机科学实验室，准备推进我们这个大项目的下一阶段工作。但我们在门上发现了一个告示，通知我们说曾经使用过这个实验室的湖滨中学学生不再获准进入。前台的女士跟我们解释说，那晚与我们发生冲突的教授非常生气，将我们列入了禁止进入人员名单。

在一个研究生的监视下，我们收拾好自己的东西，其中大部分是打印件和黄皮笔记本。肯特和我随即坐公共汽车来到湖滨中学，希望能进入学校的计算机房，结果它周末关门了。一番折腾之后，我们借来了一台便携式终端，把它装在我的卧室，试图拨号接入计算机。但每当我家里有人拿起电话，连接就会断开。我父亲最终出手相助，让我们使用他位于市中心的办公室。因为是周末，整个办公室都是我们的地盘。

我永远记得 1971 年的那个春天，当时处于同一阵营的保罗和里克，与站在另一阵营的肯特和我，彼此之间的裂痕日益加深。这在那个时候似乎很严重，但回头看去，那只不过是青少年之间友谊自然起伏消长的表现。肯特和我很生气，因为我们被勒令禁止进入华盛顿大学计算机科学实验室是由保罗一手造成的，此外，保罗和里克逐渐不再热衷于推进信息科学公司编程项目的进度，这也让我们更加恼火。这两个"老油条"沉迷于自己的编程项目，而且我确定作为毕业班的学生，他们正乐于享受高中生活最后几个月的时光。

接下来就发生了 DECtape[1] 事件。

那时，硬盘驱动器和软盘驱动器已经面世，但并不常见。在我们所使用的 PDP-10 计算机上，存储数据的标准介质是一种 260 英尺长、3/4 英寸宽的磁带，它被盘绕在 4 英寸直径的卷轴上，装在一个可以放进衣服口袋的塑料盒里。（要存储和读取数据时，需要将 DECtape 装在与计算机相连的开盘式读写器上。）

"C 的立方"倒闭后不久，肯特研究了一下该公司的破产清算程序，发现其资产将在市中心的联邦法院被拍卖，拍卖物品中有 100 多个 DECtape。肯特算计着如果我们能以低廉的价格买下它们，再转手高价卖给其他公司和计算机中心，便能赚取差价。这些磁带上面可能存有代码，但买下它们的人可以将其覆盖。此外，在转手出售前，我们或许可以在上面找找有用的代码，这就像是在垃圾箱里寻宝，还不用面对污垢和咖啡渍。

拍卖那天，肯特和我被困在学校参加一个标准化阅读测试。考完后，我俩一路狂奔赶到法院，但 DECtape 已经被卖出。不过，我们从工作人员那里获取了买家的姓名，我给他打了个电话。这个人是华盛顿大学物理系的学生，我判断他并没有想好怎么处理自己买下的这些 DECtape。那年春天，每隔几周，我就会打电话过去，希望他能够转卖给我们。到 5 月时，他终于同意卖给我们 123 个。我俩没把这件事告诉保罗和里克，那时，他们二人已经完全退出 PAYROL 项目。他们还有几周就要毕业

---

[1] DECtape 是一种用在 PDP-10 计算机上的数据存储磁带。——编者注

了，决定把在计算机房里的所有时间都投入自己的项目。因为整个学校只有两台终端机可用，我们经常为争夺该轮到谁上机而吵个不休。有那么一次，冲突升级，里克把我按在墙上，保罗从我手中抢走了一支钢笔，用墨水涂满了我的脸。在我俩扭打成一团时，赖特老师及时出现把我们拉开。

我们之间的紧张关系在那周的晚些时候到达了顶点。此时，我们已经买下那些DECtape，肯特把大约80个塞进了一个纸袋。那一天下起了瓢泼大雨。我们担心被我们视若珍宝的DECtape会在肯特坐公共汽车放学回家的路上被打湿，于是将它们藏到了电传打字机中空的底座里。我们觉得自己可太机灵了，几乎无法抑制内心的窃喜。第二天，它们不见了。我们确信是保罗顺手牵羊拿走了，肯特气炸了，他指责保罗行窃，扬言要报警、起诉，将他告上法庭，还要采取一系列法律手段。后来，肯特用整整三页纸逐一列出了申诉事项，标题为"肯特·埃文斯和比尔·盖茨就与保罗·艾伦和里克·韦兰之间交往的声明"。声明的第一段阐明了我们的投诉内容："过去几天，一些人听到了针对我们的虚假言论和片面真相，我们认定这已经对我们造成重大伤害。本声明旨在陈述我们的观点，以免片面信息或一家之言主导舆论。"在最后一页，肯特庄严宣告："我们是这起重大盗窃案件的受害人……但若能在明早前归还DECtape，我们将不会采取法律行动。"我俩在这份文件上签了名，将它呈交给赖特老师。保罗最终把那袋DECtape还给了我们。

我们还是朋友，但谁都不清楚在那个学年结束后，彼此还有多少机会碰面。毕业后，保罗准备前往华盛顿州立大学，它位于华盛顿州另一端的普尔曼，而里克会先去俄勒冈州立大学，次年再进入斯坦福大学深造。湖滨中学的高中毕业生有一个传统，他们会刊登"恶作剧遗嘱"，把玩笑"遗赠"给老师和学弟学妹。在里克的"遗嘱"中，他写道："将我卓越的公平意识部分遗赠给肯特·埃文斯和比尔·盖茨，他们在计算机房的讨论中极其需要这一品质。"保罗在毕业班纪念文章中写到了我："非常容易被蛊惑，面对任何以稀奇古怪的方法寻求乐趣的机会，他都会一跃而起。我们俩很合拍。"这种感觉是相互的。

  作为湖滨中学编程小组仅存的两名成员，肯特和我留下来完成了PAYROL。我们整个夏天都在埋头苦干，梳理各州收取个人所得税的信息，联系美国财政部了解储蓄债券扣减税款的相关规定。经过九个月的努力，我们在 8 月完成了原本预计仅需三个月即可完成的程序。最大的好消息是：它可以成功运行。

第八章

玩真的

图片来源：诺姆·彼得森

"我们要起诉他们！"肯特在我家的起居室里转着圈走来走去。此时距我们升入高中三年级才不过几周时间。我还差一点儿才到16岁，肯特比我大不了多少。

当肯特向我父亲痛斥信息科学公司对我们的不公平对待时，我一直保持着沉默。在我们投入了数百个小时的工作之后，该公司拒绝提供给我们之前承诺的免费上机时间。我们的律师（也就是我父亲）双手交叠放在身前，耐心地倾听着。

肯特坚持认为，我父亲应当将夏德勒、麦克布鲁姆、盖茨和鲍德温律师事务所的全部精力都用来对付这家位于波特兰的公司。我觉得肯特的反应有些过激，但有什么关系呢，看着他如此积极地投入行动很有趣。我那时已经摸准他的脾气，每当遭人利用，或是看到了世上不公平的事，他都会勃然大怒。有时候，他会为自己的怒火找到一个合理的出口。比如说，那个月，他就给哥伦比亚广播公司在本地的附属电视台写了一封措辞严厉的信，抗议该台将罗杰·马德从《周日晚间新闻》节目主持人的位置上撤掉的决定。有时候，他也会任由怒火爆发，就像此前5月他因我们的DECtape失窃而指责保罗和里克犯有严重盗窃罪一样。

肯特的怒火发泄完之后，我父亲开始提问，他问到了我们开发的程序，问我们最后一次跟信息科学公司的工作人员交谈是什么时候，还问起了我们签订的合同。最后，父亲说他会给这家公司打个电话。然后他真的打了，就在当场，立刻兑现。

他告诉信息科学公司的总裁，他是比尔的父亲，应两个男孩的请求代理此案，想要看看他们能否就欠我们机时的这件事达成协议。

对方说了很长时间，其间我父亲就只是听着。当那个人说完后，我父亲只说了一句："我懂你的意思。"

我父亲说的这几个字，以及说话时的语气，自那时起一直停留在我的记忆中。"我懂你的意思。"对我来说，这简短的一句话精准地展现了父亲特有的那种沉静的力量。他并没有为对方的狡辩所动，只是回应说自己知道了他们的想法。无须多言，我父亲已经清楚地表明自己并不接受对方的观点。这两个男孩交付了合同约定的产品，现在他们理应获得你所承诺的报酬，这就是我理解的他的弦外之音。信息科学公司的总裁似乎也领会到了这一点，小小地讨价还价一番后，他同意兑现承诺。

我父亲帮我起草了一封有关建议支付方案和其他细节的信。两周内，我们便签了一份协议，得到了价值约5 000美元的机时。该公司在协议中规定，这些机时必须在第二年6月之前用完，也就是七个月后。我父亲以"家长/法律顾问"的身份签署了该协议，他做了任何律师都会做的一件事，向我们收取了 11.2 美元的服务费，以此支付那通 55 分钟的长途电话费。

关于我们与信息科学公司之间的那场纠纷，我当时的记忆便是如此：这家公司的所作所为有失公平，我父亲赞同我们的立场。但当我重新审视这些文书记录时，我才意识到事情并没有那么简单直接。一开始，信息科学公司的高管们以为他们是在帮几个小屁孩的忙，给这些小家伙提供一个难得的学习经商和编程的机会。我认为他们并没有指望我们能把这份工作当真。但当我们真的严肃对待此事时，他们才决定理应为此支付一定的报酬。不过，他们随即意识到，在编写这款程序的过程中，我们已经累计用掉价值超过 25 000 美元的机时，还没算上存储费用。如今，我还能看出父亲当时多少有些做戏的成分，而这是为了让他的儿子和儿子的朋友学到一些有益的经验。

我们拿到了免费上机时间，我很高兴，但令我欢欣鼓舞的还有一个简单的原因，那就是我们完成了自己的第一个软件产品。刚开始扎进 PAYROL 项目时，我们对税收、社会保障和其他薪酬管理的基本常识一无所知。一年后，一家中型公司的任何一名管理人员，只要面前有一台终端机，就能使用我们的程序准确地为员工签发工资支票，无论员工人数是 200 还是 2 000。这不是一个完美的程序，也没那么优雅，但它管用，这一事实令我震惊。而且我们得到了报酬，虽然不是现金，但也很值得一提了。

这是一个可以作为基础的起点。那年秋天，我们四处寻找其他机会，不放弃任何一种可能。

肯特给一些潜在客户去信，自称为湖滨编程集团的销售部经理，向他们大力推销我们的 DECtape。我们提供免运费服务，而且视客户的购买数量给予折扣。很快，我们就从一家科学博物馆和一家高科技工业电子器件公司那里赚到了几百美元，这两个买家都位于波特兰地区。

里克还在湖滨中学读书时，曾在一家名为"逻辑模拟"的公司找到一份兼职的编程工作。这家公司主要研究西雅图地区街道的交通流量变化，是一家低技术含量的公司，但里克的这份兼职工作是高技术含量的工作。逻辑模拟公司使用安装在道路一侧的计数箱来收集交通流量数据，每当一辆汽车或卡车的轮胎压过橡皮管，计数箱就会通过在一条纸带上穿出小孔的方式来记录时间。各城市和各州都会使用该数据制定与交通信号灯时序切换和道路维修相关的决策。这些计数器会生成一卷又一卷的纸带，工作人员必须以手动的方式将它们列成表格。有那么一段时间，肯特和我做的就是这项单调乏味的计件工作。肯特想要扩大规模，从湖滨中学雇用一些低年级的学生作为分包人员。他向湖滨中学的行政部门推销了该方案，很快，我们就招到了几个为我们工作的七年级生和八年级生。

此外，我们还拥有属于自己的价值 5 000 美元的机时。肯特想要找一家需要计算机访问权限的公司，在信息科学公司收费标准的基础上打个折转售给他们。我对这个主意有点儿犹豫不决，用信息科学公司自己的计算机与其展开竞争，似乎不太道德。负责管理计算机房的赖特老师同意我的观点，他听到了关于这个方案的风声，在肯特的成绩报告单上提了一笔，以确保肯特的父母知道学校的立场。"湖滨中学编程小组的各项活动似乎并不总是光明正大的，"他写道，"他们将向信息科学公司的潜在客户兜售这家公司最终赠予他们的机时。我对此颇感不安，我想明确地提醒你们，这些男孩自作主张地采取了这一投机行动。"肯特放弃了那个计划。

因为与圣尼古拉斯女校的合并，那年秋天的湖滨中学处于一种混乱的状态。黑格老师一直负责在计算机上编排课程表，但这项任务显然比他预想的难得多。当年9月入学的一些学生发现他们被安排了几门根本不存在的课，还有些学生被安排到了一间正在教授拉丁语二级课程的教室上法语一级课程。学生的频频追问让课程顾问应接不暇，教务处门口也排起了长队。"您能把这门课换一下吗？我好几门课都排在一起了，而课程表里居然还有4个空档课时。"

此外，不满的情绪也在暗流涌动。50年来，湖滨中学一直是一座与外界隔绝的男性堡垒，在它的护佑下，学生们倍感安心。一些人认为实行男女混校会玷污那种熟悉的文化。我们班的一个同学在校报上发表了一篇文章，哀叹橄榄球队的没落，并将此归咎于学校日趋自由而随意的氛围、校园中出现女生导致的"分心"，以及足球的日益流行。还有人认为改变还远远不够，其指出了关键的一点，那就是30名女生根本就掀不起一场革命，依然以白人男性为主的湖滨中学远远代表不了更广泛的社会。与此同时，肯特对我们的学术水平深感忧虑，他坚信圣尼古拉斯女校的学风不如湖滨中学严谨。这种想法后来被证明是错误的。肯特以他一贯的方式混进了教职工会议，为自己的立场据理力争，他甚至参与起草了一套新的教师绩效评估方案。

对于圣尼古拉斯女校的学生加入我们这件事，我遇到的唯一的困难就是不知道如何跟她们搭话。我连跟不沉迷计算机技术的同龄男生都有交流障碍，更不用说女生了。除了我的姐妹和我家的一些女性朋友，女性对我来说就是异邦。再说了，她们会对我作何评价呢？我还是瘦骨伶仃的，声音依旧尖细刺耳，更像一个小屁孩，而不是青少年。我已经学会开车，但还没有一辆车。我用来管理不安全感的一种方式是把自己想象成一个非传统意义上的主角，就像是电影《龙凤斗智》里的史蒂夫·麦奎因，只不过没他那份帅气。我当时刚看过这部电影不久，超级喜欢这位演员的冷静自信，他是一个智谋高手，拥有令人无法抗拒的魅力。我个人最能感受到那份自信的地方，也就只有计算机房。我们的物理老师布置了一道难题，其中涉及编写一个简短的计算机程序。我知道大多数学生以前从来没碰过计算机，可能会需要帮助，所以我提前进入计算机房。根据我的分析研判，这些学生中有些会是女生。

第二个学期开始时，我做了一个大胆的尝试——选修戏剧课，希望这会产生更稳操胜券的结果。我不否认戏剧课的女生占比较高是我选它的主要原因，而且因为课上的主要活动是对着念台词，我能跟某个女生搭上话的概率相当高。

当我探索自己在戏剧表演方面的潜力时，肯特也全情投入登山这个新爱好之中。那年冬天，他固执地想要参加湖滨中学组织的登山旅行，穿上雪鞋、借助冰爪和绳索攀爬巍峨的休眠火山——圣海伦斯火山。那次旅行因天气恶劣接连被取消了两次，因为它和我们以前一起去过的仅需极少的装备、无论天气如何都会正常出发的徒步旅行完全不是一个量级的。我为肯特一门心思地想要学习技术攀岩深感吃惊，这对他的挑战之大不亚于戏剧课对我的试炼。肯特并不擅长体育运动，任何涉及力量或协调性的运动对他来说都是一场考验，但他无所畏惧，在充分了解自身不足的同时，仍坚定地表示会努力克服种种困难。他已经在滑雪运动上证明了这一点，上完一个滑雪季的课后，他骄傲地告诉我们，因为自己在一群水平极差的滑雪者中表现最佳，他赢得了一座奖杯。他所需要的就只是那一点点进步。

尽管黑格老师在那年秋天得到了一群同事的大力相助，课程编排的问题依然层出不穷。到1月中旬，黑格老师不得不面见学校董事会试图解释其中原因。与此同时，我们继续代着黑格老师的计算机课，如今坐在我们面前的不只是初中生，还有高中生。

湖滨中学的教职工中有数位退役的海军飞行员和波音公司的工程师，黑格老师就是其中之一。他是才华横溢的数学老师、敬业投入的赛艇教练，但他没怎么跟计算机打过交道。在大家因一团糟的局面而火冒三丈时，肯特和我决定介入，试图帮帮忙。我们跟黑格老师见面聊了几次，思考我们应当如何在春季学期解决排课问题。在华盛顿大学图书馆，肯特查阅了这几年有关大学排课程序的学术文献，比如《借助流程方法构建学校课程表》这类的文章，但他找到的那一堆论文对我们都没什么用。

问题在于需要协调的变量太多了，首先面对的就是几百名学生的客观需求和主观愿望，其中的每个人在包含11个课时的一天中都要选9节课。此外，还要综合考虑70门课程和这些课程所涵盖的170个小班的时间安排，以及一长串的特别考虑事项，比如鼓乐班的教室不能位于合唱队练习室上方。此外，尽管大多数课都只占1个课时，舞蹈课和生物实验课却要占2个课时。这是一个非常难的数学问题。

然而，虽然我自己都没意识到，但其实在之前的六个月里，我已经在试图解决这个问题。无论是在去上课的路上，还是夜里躺在床上，我的大脑都在构思课程编排的不同排列组合：假设课程门数为X，学生人数为Y，等等，再将许多需要纳入计算的冲突和限制条件考虑在内。

1972年1月是西雅图历史上降雪最多的月份之一，学校因此经常停课。1月25日是周二，那天的降雪量接近8英寸，整座城市都停止了运转。我没有去滑雪或玩雪橇，而是待在自己的房间里在黄色拍纸本上写写画画，试图解出到那时为止我尝试解决的最难的问题：如何满足数百人各不相同且似乎互不相容的需求，同时又让计算机可以理解。在数学中，这被称为"最优化问题"。航空公司在为乘客安排座位、体育运动联盟在安排比赛日程时，需要解答的是同一类问题。我画了一个将学生、班级、教师、时间和其他所有变量都包括在内的矩阵，然后在那一周里一点一点地改进自己的图表，它逐渐变得越来越清晰。周六那天，我走出房间，我知道自己已经以系统的方式厘清了各种冲突，我也知道这是一种计算机能够掌握的方式。这一周，天空第一次彻底放晴了。

第二天，1月30日，周日，黑格老师驾驶一架塞斯纳150飞机从西雅图北边的机场起飞。这一周的气温都持续在冰点以下，天气预报说30日早上艳阳高照。跟黑格老师搭伴同行的是湖滨中学的英语老师、学校里的摄影高手布鲁斯·伯吉斯。他们当天上午的目标是拍摄一张以雷尼尔山为远景的湖滨中学校园银装素裹的完美照片。起飞几分钟后，他们驾驶的飞机出现发动机故障，飞机撞上电线后坠毁于西雅图北部的一个社区，二人均不幸丧生。

湖滨中学是个小地方，这里的学生和他们的家人与老师的联系十分紧密。身为初中教师的黑格和伯吉斯在那些学生很小的时候就认识他们，见证了学生们的整个求学生涯。黑格老师的儿子跟我同班。伯吉斯是我在湖滨中学的第一位英语老师，他经常举着照相机突然闯进计算机房。（那张坐在两台电传打字机前的保罗和我停下手头的工作、抬头仰望的照片，或许是我俩在湖滨中学求学期间传播最广的合影之一，它的拍摄者就是伯吉斯。）

在从越南传来的新闻中，以及发生于这一时期的暴力事件里，死亡如影随形。罗伯特·肯尼迪和马丁·路德·金的遇刺让整个国家如遭重创，全民陷入震惊。在离我们近一点儿的地方，西雅图的民权运动领袖埃德温·T. 普拉特曾在自家门口被枪击。但是，在劳雷尔赫斯特和湖滨中学的财富与特权的层层保护之下，在我的个人经历中，死亡只发生在远方。除了去世的外祖父和曾外祖母，我身边的亲朋好友都健在。

坠机事件发生两天后，艾罗尔特校长打电话把肯特和我叫去和教师们开会，他鼓励我们齐心协力把排课程序做完。当时已经没时间根据我想出来的那个解决方案重新编写程序，为了赶在春季学期开学之前准备就绪，我们必须优先想出临时补救措施。艾罗特尔校长告诉我们，学校可以为这项工作支付报酬给我们——每小时 2.75 美元。

尽管在编写薪酬管理程序时承受了巨大的压力，但显然大部分压力是我们自己施加给自己的，它并没有性命攸关的最后期限。排课程序的感觉就完全不同了，整个学校——我所在的这个学校——都在期待我们能解决问题，而且如果我们失败了，就会尽人皆知。这是我第一次感觉对自身以外的某些事情负有责任。肯特和我开始不停地提醒自己："这不是一个课堂作业。这次是玩儿真的。"

大约有三周的时间，肯特、我和四名教师每天工作 20 个小时，试图赶在下学期开学前拼凑出一个排课程序。我们白天逃课，每天晚上，随着夜色渐深，拼命与疲劳做斗争的我们竭尽全力才能避免错误。我记得自己曾经在某个深夜与团队中的一位英语老师进行过橡皮筋射击比赛；我记得自己输入数据时伏在穿孔卡片机上睡着了，醒来后发现已经是凌晨 3 点，但死活想不起来是周几；我记得有一位老师建议我们回家待几个小时，跟父母打个招呼，因为那时我们已经连轴转了好几天。

我们大部分的工作都是在华盛顿大学完成的，湖滨中学在那里拥有对一台计算机的访问权限。即便在当时，这台机器也有点儿过时。它使用穿孔卡片来执行批处理，一次只能运行一个程序。这个如今已经绝迹的系统，需要你在一台穿孔卡片机上输入程序，再由它在薄薄的卡片纸上穿出孔洞。穿孔结束后，会出来一摞卡片。在华盛顿大学，计算机被放置于地下室。我会攥着一摞卡片，沿着过道走向电梯，下到这座大楼的底部，将它们交给计算机操作员，然后我就得等着。这位操作员会把卡片装入计算机，随即打印出结果。代码中存在任何一个小问题都会导致计算机出错。比如，第10行的一个小小的语法错误便会使整个程序脱离正常进程。我们就只能坐电梯回去，从头开始，制作新的穿孔卡片。从开始到结束，这个程序的一次测试运行可能要花上五个小时。每当有研究生问我们是否在做一个学校布置的项目时，肯特和我都会像念经一样回答："这不是一个课堂作业。这次是玩儿真的。"

最后，在大限将至前的那个晚上，我们千方百计终于让程序能正常运行了。那年春季开学时，教务处门口基本上就没排起过长队。

我们开发的这个程序不过是个临时拼凑起来、足以应付工作的原型。黑格老师用科学家和技术人员使用的 FORTRAN 语言零碎写成的一些程序片段，以及我们在那些熬夜奋战的日子里匆忙补充的一些核心部分，被一股脑地混合在一起。课程表制定过程中的某一步甚至需要手动完成，因为我们没时间将这部分写入程序。艾罗尔特校长对这个结果很满意，他说他可以想办法凑到一笔资金，雇我们编写一个拥有学校所需的全部功能的全新版本，并使用我们选择的 BASIC 语言来编程。一如既往，肯特立即从中看到了更大的商机，他坚信有了在湖滨中学的成功经验，我们能吸引美国其他地区的学校，委托我们使用这款软件管理其课程表，并为此付费。他草拟了一份提案，大规模推销我们的各种程序，其中就包括运行状况依然良好的交通流量统计项目。那时，已经有三名学生在为我们干活，我们还委任了八年级的学生克里斯·拉森负责管理此项工作。我们打印了许多宣传单，贴遍了整个学校，宣布正在为湖滨中学编程小组以及替逻辑模拟公司的交通流量统计工作招聘员工：

>湖滨中学编程小组和逻辑模拟公司是两家以计算机为导向、尝试以多种方式实现盈利的组织机构，项目包括课程表编排、交通流量研究、制作食谱和开发"故障树模拟"程序。今年春夏，我们打算扩大员工团队规模。目前，团队已有五名湖滨中学校友！申请者并不局限于"计算机狂热分子"，但要求会打字，最好还会绘制草图或建筑设计图。如果你对此感兴趣，请与肯特·埃文斯、比尔·盖茨（高年级部）或克里斯·拉森（低年级部）面谈。

我们在申请表中提到，我们是提供平等就业机会的雇主。

那年春天特别忙，我必须补上之前因赶工排课程序而落下的课时，同时也在着手开展下一阶段的工作。我的课程表排得满满的，还要继续代黑格老师的计算机课。肯特的日程安排更密集，除了校内的功课，他还深度参与了湖滨中学的教学事务。他写了一篇提交给行政管理人员的论文，讨论他所看到的学生纪律涣散的问题。他还计划设立一个试点项目，教中学生微积分。除了这些，肯特还在华盛顿大学选修了一门登山入门课程，他每周一晚上去听关于登山技术的讲座，周末在西华盛顿的山岭和裸露岩层上进行实操练习。

我们仍每晚都打电话聊天，肯特上完课、爬完山回到家便会打电话给我。正如他曾对那些航海术语如数家珍，新学了好多登山运动的专业术语后，他也动不动就抛出"crag"（短途可到达的攀岩岩壁）、"crux"（攀岩路线中最难的部分）、"belay"（保护）和"biner"（钩环）这一类的专业词语。他聊到过自己第一次参加高难度登山时如何克服恐惧，用肯特的原话来说，这是他的首个"5级登山"（按照某个登山难度分级体系的定义，这是那种有难度、需要持续攀爬、高体力投入且仅有少量露营地的登山路线）。我为肯特高兴，他父母也一样。肯特能拓展自己的兴趣爱好，尝试一种无须我陪伴的活动，在登山班的大学生和情侣里交些新朋友，这些在肯特的父母看来都是好事。

阵亡将士纪念日前的那个周五，在花了数周时间解决细节问题之后，我们与湖滨中学签订了关于从下一阶段编写排课程序的工作中获取报酬的合同。校方同意给我们一笔津贴，并且支付由此产生的机时费。

那天晚上，肯特和平常一样打来电话，告诉我：那个周末，他没时间工作，他要驱车几个小时前往位于西雅图北部、海拔9 000英尺的舒克桑山，参加登山班的最后一次攀登活动。他父母一直在争论他是否应该去，因为之前的那个周末，登山班攀爬牙齿峰时，一块石头松动掉落，两名同学失足滑下冰坡，撞到了岩石上。肯特目睹了直升机将他们空运回西雅图。他父母最终认定他不会有事，肯特一直都能照顾好自己。"我回来后会给你打电话的。"他说。

我记不清那个周末我干了些什么，有可能是一直在湖滨中学的计算机房里忙着编写排课程序。

5月29日，周一，我在自己的房间里听到了电话铃声响起，我父母模糊的交谈声透过天花板传过来。父亲站在楼梯上方叫我，电话那边是艾罗特尔校长，他想跟我通话。我两级并作一级地飞奔上楼，心想：校长居然会往我家打电话，真是奇怪。父亲把我引到他和我母亲的卧室，母亲把听筒递给了我。

艾罗特尔校长没有多说什么，简短地告诉我：这次登山之旅途中发生了意外，肯特摔落山崖，直升机搜救队把他救起来，送到了一家医院。

我在等他告诉我,什么时候我能去探望肯特。

"很不幸,比尔,他没能坚持住,肯特昨晚去世了。"

我不记得自己挂上了电话,也不记得父母跟我说了哪些安慰的话。我陷入了自己的思绪,脑海中仿佛在放映幻灯片,近几日的画面一张张地闪过。我努力地寻找证据,想要证明刚刚听到的不是真的。肯特在学校;肯特在终端机上输入字符,抬头看着我;我们俩在通话:"我回来后会给你打电话的。"我想象着那座山和他摔下来的样子。艾罗特尔校长提到了一架直升机。肯特此刻在哪儿?

我能模糊地记起,第二天,我和湖滨中学的另一位朋友蒂姆·汤普森一起去肯特家看望他的父母。接下来的一天,我们再次拜访,得知一场追思仪式已经定在下一周举行。肯特的父母请我们把这个悲痛的消息转告给保罗和里克,看看他们能否来参加。

我记得清清楚楚,我坐在学校礼拜堂的台阶上哭泣,几百人排着队走进去参加肯特的追思仪式。肯特的父母和他的弟弟戴维坐在第一排。我们的艺术课老师罗伯特·富尔格姆向进门的每个人致意。我和家人坐在一起,眼睛盯着地板。罗伯特主持了追思仪式,随着朋友和老师一一起身讲述他们关于肯特的记忆,那些话语在我耳边如潮涌动。

"肯特能够欣赏人生荒谬的那一面……"

"他坚持自己认为对的事情……"

"他是一个拼尽全力将自身的资源和能力尽可能地发挥到极致的年轻人……"

"每当情况变得紧张万分、让人迷茫或错综复杂的时候,他总是兴奋不已……"

"他聪明，独立自主，应对各门优等生课程、徒步爱好和教学任务都游刃有余……"

"他是一个点子王和创业家，是一名卓有成就的航海者，是湖滨中学最蹩脚的艺术家……"

我攥着一张纸条，上面写着我的一些想法，但我并不确定自己是否打算在众人面前读出来。我动弹不得，就只是僵坐在那里。仪式结束后来到外面，人们接连不断地走近我，为我痛失好友表示难过。所有人都知道我与肯特是多么亲近：一个是笨手笨脚、拎着公文包的大个子，另一个是大嘴巴、爱卖弄的高瘦子，两个人都对未来怀着巨大的野心。我能看出来他们对我的安慰是真诚的，但他们根本无法想象我与肯特在一起的那些时光及其意义。我们的那些彼此心照不宣的笑话，我们一起攻坚奋战、全力冲刺的合作体验。落单的感觉很奇怪。我随即看到肯特的父母，我算老几，居然会在这里自怨自艾，这是他们人生中的一场悲剧啊。

追思仪式后，在肯特家人举办的招待会上，我终于彻底领悟到了这一点。驱车四个半小时从学校赶来参加仪式的保罗捎了我和另外几个人一程。我们一起走入肯特家，他父亲起身相迎，跟我们一一握手。肯特的母亲蜷着身子躺在沙发上抽泣着。在这一刻，我恍然大悟，尽管我的内心充满伤痛，却永远无法与她的伤痛相提并论。肯特是我最好的朋友，但是她的宝贝儿子。在某种程度上，我知道，她和埃文斯先生将永远困在这种失去的痛苦中。这对善良温和的父母那天脸上沉痛的表情，我永远都不会忘记。

肯特的父亲告诉我们，肯特的朋友可以放心大胆地把属于他的、可能具有某种意义的任何物品拿回家。走进他的小房间，我看到堆在地上的一摞摞熟悉的计算机纸和图书、用一扇门板支在两个文件柜上做成的巨型写字台，还有软木告示板上那幅《微风》的复制品，我不禁悲从中来。哪怕是从他的物品中带走最无关紧要的一样，感觉也会痛苦万分。我对埃文斯先生表示感谢，然后说我什么都不想带走。

此后的一段时间，我逐渐了解到肯特丧生那天发生在山上的种种细节。

那天，登山班的两位教练带领学员们快到傍晚才登上舒克桑山的峰顶。下山时，他们在营地上方的一个陡坡停了下来，一位教练和一名学员先爬下去，确保该区域足够安全，再让其他人跟进。突然，陡坡上方的一名学员重心不稳，引发了一场小型雪崩，他失控地顺着坡道疾冲而下，还好他最终稳住了，向整个团队示意自己没事。

但那一刻的如释重负并没有持续多久。肯特向前摔倒了，有那么一瞬间，他曾转身面向山坡。教练之前教过大家，如果马上要摔倒，应当脸朝下倒在雪中，面朝上坡的方向，用冰镐阻止继续下滑。但肯特最终还是向后翻滚下了坡道，摔到了下面的乱石中。其他人赶到他身边时，他还活着。在两名学员徒步出山求援时，大家在肯特周围建起了一个小雪屋，帮他保暖。学员中有两名医生，他们竭尽所能地照护肯特。

那天晚上，一架陆军直升机将肯特接到了贝灵汉的一家医院。飞机到达目的地时，他已经离世。

我了解到，肯特或许是这些登山班学员中干劲最足的一个，但他也是撑得最辛苦的那个。在几乎每一次登山活动中，他都是最后一个登顶的。我还了解到，在为期一个月的课程中，越来越多的人因难度太大或过于危险而选择放弃，肯特却下定决心要参加最后一次登山活动。总是向人们预期的极限发起挑战，这是他的天性。

第八章　玩真的

1973年，一份本地登山杂志发表了一篇短文，称1972年"是华盛顿州登山运动有记录以来事故最多发的一年"，写作者还列了一份长长的山难伤亡名单，肯特的名字也在其中。这篇文章将事故暴增部分归咎于登山班的火爆，它把缺乏经验的登山者推入了危险的境地。文章还对新手登山者的判断力和体力提出了质疑。坦率地说，我也是这么想的。我有些生肯特的气，我不理解他为什么一定要用登山这么极端的事来挑战自己。在某种程度上，我依然无法释怀。

在我曾经遇到的人中，肯特比任何人都更富有进取心，从事业成功到未来的陆路旅行，想象自己驾驶一辆路虎车穿越秘鲁，肯特对人生中可能去到的那些奇妙所在充满向往并以之为驱动力。那年夏天，他本来计划去当一名助理护林员，尽管知道对方不会接收太多高中生。他对自己以及我终能有所成就的乐观主义态度，是贯穿我们之间友情的主线，而且他认为我们一定会并肩完成。

当和你十分亲近的人去世时，按照社会的普遍期待，这时候你应该说，从那一刻起，你要肩负着逝者的那一份心愿活下去。你会发现，他们的个人特质引导着你继续前行。事实上，那时，对16岁的我来说，肯特已经对我的个性产生了深远的影响。我们认识时，我才13岁，有着天生的高智商和极强的胜负欲，但除了赢得手头正在玩的游戏，我并没有什么远大目标。肯特给了我方向，帮助我走上了那条定义我未来人生的道路。我那时还不知道自己到底想要成为什么样的人，但后来的许多决定都有赖于这种驱动力。

最近，我把埃文斯家那本"谢南多厄号"航海日志通读了一遍，读到肯特的母亲记录的1970年夏天我们的那次旅行时，我停了下来。她在1972年春天的日志中，记下了肯特每一次选择登山而不和家人一道航行的细节。在这本航海日志的 1/3 处，她留了两页空白，只在页面正中写了几行字：

> 肯特·胡德·埃文斯
>
> 生于 1955 年 3 月 18 日
>
> 死于 1972 年 5 月 28 日
>
> 肯特在攀登舒克桑山时意外丧生

在我这一生中，我往往会通过回避的方式来面对失去的痛苦：把它强压下去，扛过最初的悲痛阶段，然后迅速将注意力转到其他能让我全神贯注的事物上。我们这一家人从不沉湎于过去，我们总是往前看，期待前方还会有更好的东西等在那里。而且在 1972 年，整个社会并不像在随后的几十年中那样，没那么关注积极处理悲痛这件事。心理咨询还没有成为常规操作，你要做的就只是让生活继续。肯特的父母以他们自己的方式哀悼这个意想不到的分离：追思仪式结束三周后，他们驾驶"谢南多厄号"开启了一次长途航行，北上前往肯特最喜欢的荒凉峡。起航前，他们在船上念诵了一段简短的祷告。

至于我，在肯特去世后，我立即给从大学回家过暑假的保罗打了个电话。我告诉他，我要在月底免费机时用光前完成排课程序，还有一大堆工作需要完成。我虽然没明说，但完成和肯特一起张罗的这件事对我来说很重要，何况学校还指望着我呢。我对保罗说："我需要帮助，你想跟我一起做这个项目吗？"

我们当天就走进湖滨中学的计算机房，进入一口气连干 12 个小时的代码编写状态，其间只在一张旧行军床上打了个盹。学校把开启各个教学楼楼门的万能钥匙给了我们，允许我们整个夏天在空空荡荡的校园里通行无阻，这在我看来特别酷。毫无疑问，保罗还有更重要的事要做，但他还是和我一起回到了我们的老地方。我们给计算机下达指令，告诉它如何把一个学生的生物实验课排在午餐时间前，然后给另一个学生在每周四的橄榄球比赛前安排一段自由时间。我们要满足湖滨中学580名学生五花八门的需求，然后将他们所有的课程安排浓缩于一个日程表中。

这一个月的时间里，保罗和我就住在计算机房。我已经不记得自己在终端机前睡着过多少次，我的鼻尖在一两个小时里时不时慢慢靠近键盘，在惊醒后又会马上投入地编写代码。有时候，我俩累得头昏眼花，时笑时哭，甚至有些暴躁，一丁点儿小事就能把我俩"点着"。我已经不记得彻夜无眠时的那些细节，但保罗记得。在他的回忆录《我用微软改变世界》中，保罗提到我们在代码行里发现了一个随机出现的字母X，这是一个错误。我们陷入了歇斯底里的状态，一遍又一遍地喊着"X"，就好像是揪出了一个躲在暗处的死对头。

回头看去，这个疯狂的计划，一部分是我们化解心中伤痛的途径，它是一个使命，建立在我们与肯特彼此之间的昔日情分上。保罗比任何人都清楚我在经历着什么，他知道，对我来说，最好的应对方式就是全身心地投入那个错综复杂的代码谜题中，而他想要陪在我身边。当然，我们从来没有讨论过这些感情，但事实就是如此。

当你和一个人如此长时间地相处时，不可避免地会变得更加亲近。我以前从来不曾在保罗家待过太长时间，但那个夏天我去了好几次。他父亲是华盛顿大学图书馆的副馆长，话不多，正符合一般人对这个职业的想象。他母亲则非常友善热情，你能看出她渴望与人交往，而书本是她实现这一目的的手段。随着接触的增多，我意识到她是我见过的最棒的阅读者之一，她不仅读过我知道的每一本书，还读过成百上千本我闻所未闻的书，既包括经典著作，也包括钦努阿·阿契贝等作家当时刚刚出版的小说。

在那个年纪认识朋友的家人会让你看到许多真相，它们隐藏在学校的社交烟幕弹和一个小屁孩在公开场合的装腔作势之中。我看到了保罗极客气质淋漓尽致的展现，也看到了他父母对儿子发自内心的支持，虽然他们知道保罗并不完全与主流相合——这一点和我父母对我的认知一模一样。保罗在自家地下室拥有一间像模像样的实验室，其中包括一组大型化学实验套件，一个能在铝球之间产生电流的新鲜玩意儿——这是父亲送给他的圣诞节礼物，保罗有一次差点儿电到自己。他保存了成箱的电子元件备用件、烙铁和各种各样稀奇古怪（至少在我看来足够稀奇古怪）的工具，这些都是他从慈善二手店里搜罗来的。在他位于楼上的卧室中，科幻书从地板堆到了天花板，几乎囊括古往今来所有的作品。我也喜欢科幻，但保罗简直就是靠海因莱因、阿西莫夫、赫伯特、布雷德伯里、迪克和许多鲜为人知的同类型作家的作品活着的。

在断断续续的休息时间，我们会在空无一人的湖滨中学校园里乱逛，一路上，保罗向我传授他关于性和摇滚乐的高见。他在这些方面比我厉害得多，我的意思是我当时跟女孩还没多少接触，对摇滚乐也几乎一无所知。保罗有实际约会经验，甚至还有个女朋友。他对音乐也很着迷，特别是那些具有开创性的吉他手的音乐，比如英国摇滚乐队普洛考·哈勒姆的罗宾·特罗尔，以及保罗心目中的英雄吉米·亨德里克斯。

啊，亨德里克斯！对保罗来说，吉米·亨德里克斯就是创意天才的起点与终极境界。那年夏天，保罗狂热地赞美吉米·亨德里克斯的高超技艺，他在一首独奏中仅用6根琴弦和大量的失真处理，就能让人仿如遨游宇宙，然后又平安归来。周末，保罗会穿上紫色的喇叭裤，搭配一顶宽檐帽。那时，他已经将亨德里克斯首张专辑主打歌的歌名"Are You

Experienced？"（你体验过吗？）当作自己的口头禅。这也是一个小测验，对保罗来说，这是在问一个人是否获得了自我觉知，以及是否尝试过一些不曾体验过的东西。他冲着我唱起这首歌时，副歌部分就是保罗对我的挑衅："你体验过吗？你曾经体验过吗？我体验过。"

我的体验始于苏格兰威士忌——保罗带到计算机房的极其廉价的苏格兰威士忌。他害得我有生以来第一次喝醉，醉到吐得昏天黑地，那天晚上倒在湖滨中学的教师休息室里不省人事。

那年夏天，我感受到了巨大的压力。我能感觉到学校对我的那份沉甸甸的信任，他们相信我有能力及时做出排课程序。还有不到一个月，我就要按计划前往华盛顿特区，利用暑期的一部分时间在国会做青年助理。（高二时，我曾在华盛顿州首府奥林匹亚的众议院里干过一段时间青年助理的活儿，很期待到美国国会去长长见识。）如果我们失败了，我就要承担起排课程序到期无法使用的责任，这种感觉让我承受不住。

幸运的是，连轴转的工作终于有了回报，保罗和我准时完成了排课程序。那年秋天，它运行得十分顺畅，我们在那个夏天写的代码在随后几年中一直被使用。学生们不用再跑到课程顾问那里大声求助了。而且，我们拿到了报酬。

我和肯特的友情给我留下了一个宝贵的遗产，那就是意识到另外一个人可以帮你变得更好。那年夏天，保罗和我铸就了一段定义我们余生的合作关系，尽管我们当时对此并无所知。合作者会将你所欠缺的东西带入这段关系，他们激励你提升自我。有了保罗这个合作者，我在应对接近自身能力极限的挑战时，感觉更自信了。有个人站在你身边，和你一道迈出冒险的第一步，会让你更大胆地迈出下一步。

保罗和我慢慢意识到，我们的工作风格是互补的。我的方式是迅速出击、直截了当，并且我对自己的信息处理速度深感自豪，换言之，我能当场想出最佳答案，但我缺乏耐心，总是临时拍脑门做决定。我还能马不停蹄、通宵达旦地工作，很少需要停下来。保罗的风格则更安静平和，他考虑事情的方方面面，深思熟虑，他喜欢倾听，独立消化处理信息。他聪明且沉得住气，总是等着正确答案自动浮现，而且很快，这个正确答案就会出现。

保罗一直对计算机硬件领域感兴趣，他会读所有他能找到的、有关实验室和计算机公司最新重要技术进展的杂志。1972年的那个夏天，他经常提起一家位于加利福尼亚州、名为"英特尔"的小公司推出的创新成果。我第一次从保罗那儿听到这家公司是1971年的秋天，他给我看了《电子新闻》杂志里的一则广告，英特尔公司在广告中宣称，该公司发明了"一台集成在单个芯片上的可编程微型计算机"。换句话说，它将一台计算机的主要功能集成到了一个硅片上。该公司将其称为"4004微处理器"。

这是一个突破。计算机之所以能够完成任务，是因为电子信号听命于一套程序逻辑指令集。在我出生的1955年，这项工作是由大型计算机内部的真空管来执行的，它们看上去就像是小号的电灯泡。这些易碎的玻璃管占用大量空间，消耗大量电力，产生大量的热。大约在同一时间，工程师发明出了硅晶体管，它执行的功能与真空管相同，却是通过蚀刻在拇指指甲大小的微芯片上的微电路来发挥作用的。英特尔更进一步，利用这些电路将计算机大多数的计算装置集成到了一个硅芯片上。

如果你是一个像保罗这样纸箱里塞满旧无线电和烙铁的电子发烧友，4004微处理器的确令人感到兴奋，但它的功能其实十分有限。英特尔是替一家日本公司开发的这个微处理器，目的是用在手持计算器上，它的算力做不了太多别的事。

当时，保罗告诉我，20 世纪 60 年代中期，英特尔公司的创始人之一、工程师戈登·摩尔做过一个预测。摩尔此前研究了半导体设计和制造工艺的进展，它们让半导体制造商可以将越来越小的电路蚀刻到芯片上。摩尔预测，层出不穷的创新将会使一个芯片上的晶体管数量每年便翻一番（后来他将自己的预测改为每两年翻一番）。

每两年就翻一番？这是一种几何级数增长。当保罗说这件事时，我构想出了图表上的一条曲线，它先是缓慢增长，随即一飞冲天，形似一个曲棍球球棍。我们感知的这个世界通常都是以线性、逐步递增的方式增长：积寸成尺，积少成多。计算机产业也没什么不同，有很长一段时间进展缓慢，受限于连接在一起、构成计算机"大脑"的许多独立组件的尺寸、发热量和功耗。摩尔的预测意味着微处理器的速度将会以几何级数提升。如果这种情况真的发生了，占据整间屋子的计算机有朝一日终将小到可以置于桌上。摩尔本人写道，这一趋势将诞生出"像家用计算机这样的奇迹"。

这样一来，即便 4004 微处理器本身功能有限，未来的微处理器能做的事情可能会多得多。当然，这是在摩尔的预测成立的情况下。截至那时，摩尔的预测都很准，当时最新款的英特尔 8008 芯片处理数据的速度是其上一代的两倍。

一台家用计算机的"大脑"就是它了吗？我看着这些规格参数，跟保罗说不可能，这个新款芯片无法驾驭任何有趣的程序，比如玩游戏或管理薪酬。我告诉保罗，我们应该等等看，直到英特尔拿出更好的产品。

保罗说，存在一种可能性，那就是肯特去世前和我一起做的那个统计交通流量的项目可以是这款芯片的完美应用。想象一下，如果我们用一台基于 8008 芯片的计算机来替代那些单调无聊的手动清点和数据输入工作，那该有多棒。我告诉他，这个问题足够简单，8008 芯片可以驾驭，使用一台磁带读取装置及软件，这台机器便能将穿孔转化为可处理的数字化数据。或许，我们可以造出一台能将纸上的穿孔迅速转化为可处理交通数据的计算机，为全美数百座乃至上千座城市所用。

需要迈出的第一步是找到可以解决硬件问题的人，我们拜访了华盛顿大学的保罗·吉尔伯特。我们还在"C 的立方"时，吉尔伯特是西雅图中学生计算机发烧友这个相对较大的圈子里的成员，尽管它依然是一个小圈子。他比我们大几岁，如今正在攻读电气工程专业。在学校的物理实验室里打一份校园工的他，有机会接触到各种各样的电子工具和设备。只听了我们对自身想法的寥寥几句描述，吉尔伯特便同意帮忙。现在的问题是，到哪儿去搞一个英特尔的芯片呢？

保罗·艾伦在 7 月给英特尔写了一份信，就该公司的多项计划提了一些问题。一位管理人员回信告诉他，英特尔打算在两年内推出一组新的芯片，或许是在 1974 年之前。从这一点便足以看出，当时整个行业规模到底有多小。保罗还问对方在哪儿能买到 8008 芯片。这位管理人员在信中说，一家名叫"汉密尔顿/安富利"的大型电子配件分销商已经与英特尔签订合同，成为其首家分销商。幸运的是，这家公司是波音的主要供应商，在西雅图设有销售处。

1972 年秋，保罗和我走进了南西雅图的一个工业区，对一个销售员说我们想买一个英特尔 8008 芯片。直到现在，一想起店里那个销售员当时有多惊讶，依然会让我忍俊不禁。他一定很纳闷，我们到底想干什么。

我掏出 360 美元现金给他，它相当于今天的 2 400 美元，这笔钱是我从编写排课程序的那份工作中赚来的。销售员递过来一个盒子，如果是在其他商店，里面装的可能会是一件颇为精致的首饰。接过来后，我的第一个念头是：这么小的一个玩意儿，怎么会这么贵？

经历了英特尔的发明所产生的巨大影响之后，回望那一时刻，真有种难以置信的感觉。集成电路中晶体管数量倍增的现象将会被冠以"摩尔定律"之名，而微处理器将会推动数字革命，为我们带来个人计算机和智能手机。微处理器的发明将成为我职业生涯中意义最重大的事件，没有之一。没有它，微软公司不会存在。

当然，这一切对一个 16 岁的技术迷和他 19 岁的嬉皮科技男搭档来说都是遥远的未来。我们兴奋地想要一睹微处理器的真容，在店里就把铝箔外包装拆开了，发现它看起来就像是一块长了 18 条金色腿的口香糖。因为担心手上的静电会烧坏这东西，我们迅速将它重新包好，走出了那家店。

第九章
一部戏和五个 9

图片来源：湖滨中学档案馆

在写给哈佛大学的入学申请书中，我将自己在计算机领域全方位的从业经历浓缩成了 600 字，然后使用我母亲的打字机，用匀称优雅的草体字打了出来。我讲述的这个精华版的《湖滨中学编程小组传奇》以与一家本地公司（"C 的立方"）"硕果累累的合作安排"开始，层层递进到薪酬管理程序、排课程序和我们的自动化交通流量计数器。至于我有限的执教经验，我坦率地承认："在我做过的所有事情中，这是最难的一个。通常班上会有一些学生对计算机非常感兴趣，并继续与之打交道……但也有学生认为，上完我的课之后，计算机比我刚进教室开讲时更难以理解了。"

假如阅读我这篇申请书的招生人员真的把它从头到尾看了一遍，他或许会为我的结论感到惊讶："使用计算机工作是一个绝佳的机会，它让我享受到许多乐趣，赚了一些钱，而且学到很多东西。然而我并不打算继续专注于这个领域，现在，我对商业或法律的兴趣更浓厚。"

事实上，我知道在计算机行业（尤其是软件行业）工作是一条可行的职业道路。如果微处理器能像保罗和我所期望的那样催生价格低廉的通用计算机，这条路或许是最行得通的一条。但在1972年秋，一切都尚属未知。这时候，为了满足我的好奇心，以及给自己留条后路，我想要探索一下新的世界。

那年夏天，我在华盛顿特区待了一个月，在国会众议院当青年助理。青年助理全部是高中生，我们住在一个家庭旅馆里，每天去国会山报道，这真是一次奇妙的体验。我在华盛顿特区的这段时间，正好赶上1972年美国总统大选民主党副总统候选人托马斯·伊格尔顿对外公布自己患有抑郁症和其他精神疾病，因而决定放弃参选。他的竞选搭档、总统候选人乔治·麦戈文曾在几周内力挺伊格尔顿，但最终还是仓促地找了一个替代人选。我被卷入了这场戏剧性的事件，见证了一部生平罕见的政治惊悚片在现实中上演。我甚至还试图从中牟利，在伊格尔顿退选之前，我和一个朋友全力抢购了许多麦戈文和伊格尔顿的竞选徽章，赌他必定会引退。在他真的这么做时，我们把徽章卖给了国会职员，以及国会大厦周围想要收藏一件与这18天的历史有关的纪念品的人。我们用一部分赚来的钱吃了几顿大餐，还和其他青年助理一起出去享受了几回夜生活。

即便是在青年助理这个最低的层级上，待在国会而不被这里的气氛裹挟也是不可能的。那个月的经历促使我更加严肃地考虑了一下从政的职业道路，而它很可能要从学习法律开始。

尽管在选校和申请这件事上，我起主导作用，但我知道我母亲对结果十分在意。盖茨家的每个孩子都要上一所好大学，这已经成为一种共识。我见识过父母对当时在华盛顿大学上大二的姐姐克里斯蒂有多满意，她在学非常实用的会计学专业，将来必然能找到一份在我母亲看来待遇优厚、受人尊敬的好工作。此外，克里斯蒂也深度参与了华盛顿大学学生会的工作，就像我母亲当年曾是这所大学学生会的积极分子一样。下一个就轮到我了，虽然她从来没有明确表示让我以哈佛大学为目标，但很明显，情况就是如此。

那年秋天，我的注意力集中在一个新角色上：一个忐忑不安的艺术家。高中三年级时选修的戏剧课意外地给了我极大的惊喜，于是我又选了这门课。我发现，表演不但没有带给我难以承受的压力，反而是一种释放。每一次剧本围读都使我越发自信。不过，我有充分的自知之明，我知道在湖滨中学，任何一个评价客观的旁观者都会对我成为演员这件事不抱什么希望。我是那个搞计算机的家伙，而我不甘于这种狭隘的分类。戏剧是我拓展自我的一种尝试，我想试点儿新的东西，看看能否成功。

我们演出的是英国剧作家彼得·谢弗的作品《黑色喜剧》(*Black Comedy*)。这是一部闹剧，围绕着一个缺乏安全感的青年艺术家布林德斯利和他的未婚妻卡萝尔展开。首次进入社交界的卡萝尔，有着一位身为退役陆军上校的严厉的父亲。在这个晚上，布林德斯利不仅与那位上校父亲首次会面，还邂逅了一个著名的艺术品收藏家——"世界上最富有的男人"。如果一切顺利，布林德斯利不仅会赢得上校的认可，还能达成一笔大交易，把一件雕塑卖给那位收藏家。可是一切进展得并不顺利，在剧中，保险丝烧断了，灯光熄灭了，各个角色在大部分时间里摸索于他们所感知的黑暗之中——虽然在现实的舞台灯光照射下，观众将他们跌跌撞撞、认错身份的滑稽模样看得一清二楚，这更加引人发笑。在我进入湖滨中学前的那个夏天，我和家人一起去纽约旅行时看过这部剧，非常喜欢它。这是一部很容易就能让人喜欢上的剧，搞笑的情节包括布林德斯利摔倒在他为给收藏家留下深刻印象而借来的天价古董家具上，以及慌忙赶走在令人尴尬的时刻现身的前女友。

让人完全意想不到的是，布林德斯利这个角色居然被分配到了我头上。和我一起出演主角的是薇姬·威克斯，她是我们高三班上最讨人喜欢的女生之一。我们这班人马每周有三个下午会在学校礼拜堂排练，试图完美把握这部剧中精准到毫厘的喜剧节奏。

虽然这部戏和我整个高中阶段热衷的那些兴趣爱好相距甚远，但它出乎意料地成为我在湖滨中学最美好的经历之一。我会走着去参加那些排练，全身心地扮演我的角色。在学校礼拜堂里小跑着搬动家具，假装在黑暗中摸索，我们纯为滑稽搞笑而开心不已，全体演职人员因此形成的凝聚力让感觉变得更好。它就像是在计算机房开始那几年的时光，但也有一个关键的不同点：这里有女生。尤其是薇姬，她的自信激发了我的自信，帮助我在表演中敢于尝试更多的挑战。我们随口开着玩笑，以剧中那些傻乎乎的昵称称呼彼此，开口闭口"亲爱的""小甜甜"。在剧中角色的掩护下，我第一次尝试了与人调情。因为太担心演砸，我回家后会关上自己的房门，一遍又一遍地练习我的台词。

我未曾想到冒险突破自己的舒适区居然会产生如此强烈的满足感，这正是我期待在大学里得到的：一个再一次定义自己的机会。如果去了像麻省理工学院这样的地方，我觉得自己可能会成为一个被一群数学呆子包围着的数学呆子，这条路听起来实在有点儿窄。（正因如此，那年夏

源代码

天，我推掉了麻省理工学院的面试，跑去玩弹球戏。）一页页地翻着大学选课目录，我看到了一份充满诱惑力的可能性"菜单"：纯粹数学、认知心理学、战争政治学、管理理论、高等化学，这些课程能够以各种各样全新的方式拓宽我的视野。在我填写申请文件时，我尝试给自己构建不同的人设。正如我在戏剧课上学到的，每个人设都是一种表演：一个演员，三个角色。

在申请普林斯顿大学时，我说我想要成为一名知道如何编写程序的工程师，我晒出了自己编写的代码样本，强调了一下数学成绩。我告诉耶鲁大学，我想要进政府部门工作，或许会学习法律，我强调了自己在华盛顿特区的工作经验，着重指出我对童子军活动的热爱和对戏剧艺术的追求。而在面向哈佛大学时，我在申请书里表达了自己对商业和法律的兴趣。

那年11月的一个晚上，我们表演了《黑色喜剧》。我在黑暗中跌跌撞撞，连滚带爬，挥舞着双臂跑来跑去。我按照剧本的要求试着亲吻了两个不同的女生，而且一句台词都没有忘。所有演员都因自然生动的表演而备受好评。

演出后，我站在舞台上，几乎可以读出我父母表情中传递的信息。他们看到了自己的儿子，曾几何时那个班上的小丑，如今被新朋友簇拥着，置身于一个新的领域，展示着他合群且自信的一面。他俩在私底下见过这样的我，但和剧场中的大多数人一样，当看到我把这一面呈现在公共场合的时候，他们大吃一惊。就我个人而言，这感觉棒极了。我为自己设定了一个不低的标准，结果不仅达到了，还超水平发挥。在我们最后一次谢幕时，我下定决心要接受一个新的挑战：在某个时候，当时机合适时，我会约薇姬出去。

圣诞节刚过，我就接到了信息科学公司高管巴德·彭布罗克的电话，他两年前曾帮湖滨中学编程小组拿下薪酬管理程序项目。他说，他在为邦纳维尔电力管理局的一个项目提供咨询服务。该联邦机构负责华盛顿州、俄勒冈州和加利福尼亚州的发电和电力分配业务，其最广为人知的职能是监管哥伦比亚河上的大古力水坝。

邦纳维尔电力管理局正在对其发电业务进行计算机化改造。由大型国防与科技承包商 TRW 主管的这项工作，要将一个主要依靠人工操作的系统改造为由一台 PDP–10 计算机负责运行，而这款计算机正是湖滨中学编程小组一直用来完成各项工作的机型。因为预算超支和工期延误，TRW 在全美四处招募会用 PDP–10 的专业人士。不知道他们怎么就找到了巴德，而巴德又把他们带到了保罗、里克和我这里。

巴德打来电话时，我刚刚到家。之前的一周，我和保罗在华盛顿州立大学忙着我们的交通流量计数器创业项目，那时我们已经给它起了个名字——Traf-O-Data。保罗·吉尔伯特组装好了一个能展现出大体轮廓的硬件模型，它是一个微波炉大小的方盒子，里面塞满了乱七八糟的电线和芯片。可当时软件还没有完成，当我们在华盛顿州立大学的计算机上奋战时，保罗告诉我，他已经厌倦上学，各门课程都没什么挑战性，无法刺激他灵活敏捷的思维和无所不包的好奇心。他在考虑暂停学业，去找一份工作。

正因如此，当我打电话告诉他邦纳维尔电力管理局的这个机会时，保罗片刻都没有犹豫，立刻答应下来。在斯坦福大学读电气工程专业的里克决定继续留校读书（他在那年夏天最终也加入了我们）。

圣诞节后，保罗和我开着他父母那辆 1964 年款克莱斯勒纽约客轿车，来到了位于华盛顿州温哥华市的邦纳维尔电力管理局的办公室。当时，这个地方还是与俄勒冈州交界处的一个相当落后的小城。那天在车里，我们插科打诨地戏仿着巴德和 TRW 的人之间可能的对话：

"嘿，巴德，你知道有什么人擅长鼓捣 PDP-10 吗？"

"嗯，盖茨和艾伦还不错。"

"他们是谁？"

"两个小屁孩。"

面试时，我俩明确表示，我们对这款计算机的里里外外都了如指掌。我们还带来了排课程序和交通流量计数器创业项目的代码打印稿。我并不确定到底是因为我们技术过硬，还是因为他们走投无路，反正我们得到了这份工作。

这看起来是个大工程，他们会按小时付给我们报酬。而且，像为"C 的立方"和信息科学公司服务时一样，我们认为自己有充裕的自由时间来完成这个副业项目。保罗立即提交了申请休学的相关文件。

我们回来后的当天晚上，我告诉父母，我们得到了一份工作，雇主是一家大公司和这个国家最有影响力的公用事业公司之一。我解释说，一个重要的项目需要依仗我们的经验，这是一个一展身手的好机会，此外我们还能拿到报酬。那你的学业怎么办？母亲问道。这是我高中的最后一年，我的毕业成绩需要相当优异，才能被好大学录取。我笃定地说，这不是问题。母亲并没有被我说服，她的儿子要抛下自己的顶尖高中母校，跑到一个离家几百英里的地方独自生活，这跟她为我做的人生规划相距甚远。

于是，那一周，母亲、父亲和我一起去见了湖滨中学素以睿智著称的校长丹·艾罗尔特。我陈述了自己的计划：第二个学期的课我不去上了——就两个月，然后回来上完该学年的课程，参加毕业典礼。我其实相当有把握，艾罗尔特校长会站在我这边，他也的确没有让我失望。这位"规矩不太多"的校长不仅认为这样做没有任何问题，甚至还建议说这段时间的工作可以作为独立研究项目，计入我的毕业成绩。

20世纪60年代中期，年幼的我是科幻剧《时间隧道》的忠实剧迷。剧中的主要角色是两位科学家，他们能够通过时光旅行去各种各样真实存在的和想象出来的地方。每周四晚上，我都会熬夜追剧，看这两个家伙想办法拯救"泰坦尼克号"免于沉没，在罗宾汉出没的舍伍德森林中弯弓搭箭，或是与喀拉喀托火山喷涌而出的岩浆赛跑。《时间隧道》的主要场景设定是一间深藏地下的巨型控制室，一群穿着白色实验室大褂的科学家操作着旋钮，在一台计算机上敲出命令，送他们的同事穿越到某个时间点处理最新的棘手问题。

当看到我的新工作地点时，我的第一反应是：这不就是《时间隧道》中的控制室嘛，而且条件更好。一块墙面大小的屏幕显示着西北地区的整个电网与每座水坝和电力设施的运行状况，房间里摆着一排排的终端机，每个终端都配有最新型的阴极射线管显示器，居然都是彩色的图形显示屏！房间的天花板特别高，工作人员攀着长梯爬上爬下，才能调整灯光与显示屏。

这间控制室是电力系统的中枢，该系统服务着整个美国西部。它的电力取自大古力水坝和遍布西北地区的其他水坝，以及像煤电厂这样的电力来源，然后再将电力输送到千家万户和大小企业。邦纳维尔电力管理局主要通过水电大坝来发电，工作的难点在于让波动的电力供应与波动的电力需求相匹配。他们一直以手动的方式来完成这项工作，工人们靠打电话沟通，发出"提高这座水坝的电力输出"或是"降低那座水坝的电力输出"的指令，随即转动旋钮进行调节。我们的任务是将这个过程计算机化。

这件事说起来简单，做起来并不容易。邦纳维尔电力管理局已经对这台 PDP-10 和它使用的 TOPS-10 操作系统进行了改造，令其能够执行精确到毫秒的高级实时任务，比如控制一个自动化车间的生产。但和 TRW 面对的挑战相比，这只能算是一项简单直接的工作。TRW 必须为计算机编写程序，让它可以过滤大量关于用电量、水坝容量及可能影响电力供应和需求的各种数据，然后不出半点儿差错地即时做出决策，实现供需平衡。

起初，我并没有立即意识到这项任务的分量。在项目早期，我们出席某次会议时，一个程序员提到了"五个 9"，我完全不知道他在说什么。听着听着，我逐渐明白了他的意思，即我们开发的那个计算机系统必须能够在 99.999% 的时间里保证电力运行，也就是所谓的"五个 9"。这也就意味着每年最多只能停电 5.26 分钟，基本上相当于电力供应从不中断。我以前参与过的项目都不曾要求过如此近乎完美的表现，我以为他们是在开玩笑。

TRW 的人跟我们解释说，在电力供应和需求出现波动时，这家公用事业公司必须仍能确保持续不断的供电。通常来说，随着人们起床后打开各种电器设备，早上的用电需求会逐渐增加，然后在下午和傍晚达到峰值，这时候，人们下班回到了家中，启动取暖器或空调，打开灯，看电视，进行各种各样的活动。即便在凌晨 2 点，也需要点亮路灯，保证医院、警察局、消防站和通宵营业的餐厅的供电。这被称为基底负荷需求,它需要发电厂源源不断地提供可靠的电力输出。

那间"时间隧道"控制室就是这种文化的力证:布满信号指示灯和屏幕的超大墙面上,展示着邦纳维尔电力管理局的电网。工作人员时刻都能看到以全彩显示的电网中电力的流动情况,以及是否出现了电力中断。

我在1月来到这里时,对自己和自身代码编写能力的信心正值历史最高点。我有四年的计算机操作经验,而且绝大部分时间使用的正是邦纳维尔电力管理局所使用的同款机器。我开发过薪酬管理程序,搞出来的学校排课程序一炮而红,我还拥有自己的公司,马上就要实现美国城市交通研究的自动化。

他们给我的第一个任务是制作错误信息文档,这意味着用简明易懂的语言编写在系统出现错误时弹出的信息。这项工作没什么创造性,很没意思,但我仍然全身心地投入其中。保罗和我每天一早就会赶到那里,埋头一干就是好几个小时。慢慢地,他们逐渐把越来越重要的工作交给我们。

我很为自己能够快速写出代码和长时间高强度地工作而自豪。我能想象,当邦纳维尔电力管理局的资深专业程序员们看到我这个从果珍瓶子里直接挖速溶饮料粉吃、把舌头都染成橙色的小屁孩夜以继日地集中火力狂敲代码,他们会作何感想。我在那年春天打破了自己连续工作的纪录,有一回,我差不多100个小时没离开那间地下的"时间隧道"控制室,这意味着我近四天没洗澡,也几乎没吃什么东西。

一天早上,我走进去后看到办公桌上有一页打印稿,上面是我前一天晚上编写的代码,上面密密麻麻地写满了蓝色的批注。有人把它核对了一遍,然后像小学老师一样改正了我的作业。事实上,还不止如此,这个人把它彻底打散重组了一遍，不仅改正了语法错误，还修订了我编写的这段代码的整体结构和设计。通常，我的第一反应会是为自己辩护，如果在湖滨中学有人试图对我的代码指指点点，我会立时回击："没可能。你错了。"但这一次，当我坐下来一边阅读批注一边研究代码时，我心里想的是：哇，这个家伙改得太对了。

这个人就是TRW派来拯救这个棘手项目的程序员约翰·诺顿。年近不惑的约翰个子很高，留着利落的黑色短发，我后来发现他以擅长编写高质量的代码和犯过一次灾难性的错误而为人所知。约翰在快30岁时曾负责开发一款软件，它被用来控制1962年发射的"水手1号"探测器的一个关键部位。这架原计划飞往金星的探测器被载入了史册，缘于美国航空航天局在它升空后的几分钟内就不得不将其摧毁，因为地面控制人员意识到它的雷达系统不起作用。问题的源头是一个小故障，很可能是因为约翰·诺顿负责的计算机代码中漏掉了一个符号"-"。有传闻说，诺顿被这个错误折磨了很久，他剪下报纸上关于"水手1号"事故的一篇报道，整整齐齐地折好放进钱包贴身携带了好几年。

在编写计算机代码这件事上，我从来没见过比他更昼警夕惕、精益求精的人。他发回给我的修改代码中，经常有我闻所未闻的神来之笔。他沉静而充满自信，总是专注于摆在面前的工作。他所做的一切不是为了个人成就，而是要把自己所知分享出去，把工作干得更好，确保项目的成功。

俗话说得好，你从失败中学到的东西比从成功中学到的更多。尽管听起来老套，但这是千真万确的事实。到那一刻为止，我花在思考代码和语法上的时间恐怕比每个同龄人都多。但诺顿将我引入了一个全新的层面，在他的严格督导下，我不仅学到了如何编写更好的代码，还习得了关于自我认知的重要一课。我记得自己当时在想："为什么我在编程这件事上这么狂傲？我怎么知道自己到底有没有那么优秀？"我开始考虑一个问题，那就是近乎完美的计算机代码看起来会是什么样的。

3月，我给家里打了个电话。接电话的是我父亲，我能感觉到他因什么事而喜不自胜。"儿子，我们收到了哈佛大学的信。"我听见他撕开信封。"威廉·亨利·盖茨业已被哈佛大学录取，特此证明。"他读道。我几乎能感觉到我母亲的自豪顺着电话线一路传过来。我之前已经被耶鲁大学录取，不出一个月，普林斯顿大学也会向我发出录取通知书。但不用说，全家所有人都知道，我会选择哈佛。

接下来的三个月，我回到西雅图完成高中最后一年的学业，同时与包括薇姬在内的剧组成员为我们的最后一次演出加紧排练。最后一次演出的剧目是由冷面笑匠、荒诞主义戏剧大师詹姆斯·瑟伯创作的系列短剧，我表演的是《床塌了的那晚》(The Night the Bed Fell)。在这部独角戏中，我需要独自在舞台上表演10分钟，将瑟伯笔下叙述者的一家人在床塌并压住了他后的各种荒诞过激的反应娓娓道来。

薇姬和我们班上的其他人决定举办一次班级舞会，这还是湖滨中学与圣尼古拉斯女校合并后的首次舞会。我们计划低调行事，只邀请班上的同学，不会大肆宣扬。对我来说，这似乎是一个开口邀约薇姬做我的女伴的好机会，就算不成功也无所谓。舞会前几天的晚上，我鼓起勇气给她打了电话。每一次拨通时，听到的都是忙音。我一次又一次地拨打着她的电话，一度甚至挑战自己用脚趾来拨号。最后，在晚上10点左右，薇姬的哥哥接起了电话，他把她从床上叫起来接听。

"喂。"

"薇姬，我是比尔，比尔·盖茨。"我记得自己补充了这一句，尽管我很确定她已经从标志性的小尖嗓中听出了我是谁。我告诉她，我整晚都在试着给她打电话，却一直接不通。我说我甚至试过用脚趾拨号，尽管这或许并不是证明自己是个潇洒迷人的约会对象的最佳方式。我拐弯抹角地问："你周六晚上有什么活动？"

"哦，我想我会去班级舞会吧。"她说。

"嗯，你想跟我一起去吗？"

"明天答复你行吗？"薇姬解释说，她希望有个男生会开口约她，如果他没约的话，她会接受我的邀请。第二天，在湖滨中学的方庭里，薇姬向我通报了最新进展：她的意中人发出邀请了。薇姬的处理方式充满善意且贴心，她把意思表达得很清楚——她只把我当普通朋友看。我花了一段时间才从被拒绝的难过中恢复过来，那之后，我有一阵子都不敢暴露自己的软肋。不过，我还是去了班级舞会，和一个很酷的高三女生玩得很开心，虽然我疑心我俩都不过是彼此的"备胎"。

美国的许多高中都有一个传统，那就是毕业班学生会在春季学期集体逃一天学，大家聚在一起放松一下，然后各奔东西。湖滨中学也不例外，按照湖滨中学 1973 年毕业班的逃学计划，我们搭乘短途渡轮去了班布里奇岛，全体在班上一个同学家的大别墅里睡了一晚。我和薇姬还有大队人马在一起待了一会儿，但最终各自散去。

高中毕业后，我回到温哥华，在那里度过了夏天。那些日子，我不是在"时间隧道"控制室跟保罗一道通宵编写代码，就是在哥伦比亚河上滑水橇。邦纳维尔电力管理局的一位工程师在那里放了一艘船。里克从斯坦福大学请了假，加入了我们。我们有时候仍自称"湖滨中学编程小组",但没有了肯特,感觉总是怪怪的。

我们仨住在温哥华一间破旧失修的公寓里。夜深的时候,我们会使用邦纳维尔电力管理局的PDP-10计算机搞副业,为我们的交通流量计数器创业项目编写软件,帮助湖滨中学更新排课程序。我疯狂加班,靠果珍和比萨维持生命。但它感觉上是我这一生中最自由、最轻松的一段时光。

TRW的工程师们对我古怪的工作习惯百般嘲笑(那年夏天,"你真是个怪咖"这句话,我听了好多遍),但他们也给了我极大的支持。他们对我的年轻和不成熟毫不在意,让我进入他们的圈子。我觉得自己完全被接纳了,好像属于其中一员,我跟他们相处的方式就和与徒步旅行的伙伴及湖滨中学计算机房里的那一小撮人在一起时一样。

我总是急切地接下这些工程师交给我的任务,这让他们很高兴。他们会分配给我一段代码,只是为了看看我到底能多快写完、写得多好或者多不好。他们知道我肯定会通宵苦干。有时候,这些工程师自己已经写好代码,因此当我完成后,我会两相比较,从他们那些思路更巧妙的子程序和算法中吸取经验。

那个夏天,关于一个人如何成为某一方面的顶尖高手这件事,我想了很多。诺顿是一个让人肃然起敬的人,他在天赋和职业素养这两方面都无与伦比。我试图理解到底是什么让他与其他程序员如此不同,要怎样才能超出其他人20%?这在多大程度上取决于与生俱来的天赋,又在多大程度上源自后天付出的努力?是不是要一直保持专注,务求做到今天的表现比前一天更好,然后日复一日、年复一年地坚持下去?

我在编程这条职业道路上发展得挺不错,以至于TRW的那些家伙试图说服我放弃读大学。何必费劲读个本科学位呢，他们说。这些人怂恿我直接跳到研究生院，学习计算机编程，然后在数字设备公司找份工作。"你属于这里，"一个程序员说，"你就该回到这里，和那帮家伙一起工作，决定下一版操作系统应该是什么样的。"

这是一个大胆的想法。那年夏天，在数字设备公司的工程师空降邦纳维尔电力管理局的那些场合，我已经看到为邦纳维尔电力管理局工作的程序员们虽然个人表现都十分突出，但对数字设备公司的那帮家伙毕恭毕敬，十分尊重他们的专业知识和高手地位。大家居然认为我有足够的天赋，可以成为其中一员，这极大地提升了我的自信。数字设备公司在我的想象世界中拥有近乎传奇般的地位。在我和肯特的职业路径研究中，我们把所能找到的关于这家公司的所有细节都牢记于心。我知道，1957年，工程师肯·奥尔森和哈伦·安德森从麻省理工学院离职，创办了数字设备公司。当时，他们的商业计划只有4页纸，拿到的投资也仅有7万美元。那时候，IBM是行业巨头，它生产的价值百万美元的计算机主机被认为是无可匹敌的存在。一家初创公司可以为自己争得一席之地的想法简直就像是痴人说梦。奥尔森和安德森从小处着手，一开始生产的不过是电子测试设备，然后在随后几年中稳步打造出了一家盈利公司，接下来才推出了数字设备公司的第一台计算机。不到10年时间，数字设备公司就已经成为美国企业界艳羡的对象，奥尔森也被誉为富有远见的创始人。数字设备公司的故事让我们觉得，我们似乎也有可能创办一家成功的公司。

保罗已经做好放手一搏的准备。那天初夏，他鼓动我放弃哈佛大学。他说，他会延长自己的休学时间，我们可以创办一家小公司，就像数字设备公司那样。先把这个还不成熟的交通流量计数器做起来，开发一个单用途计算机，然后扩大规模。我们可以成为顾问公司，为邦纳维尔电力管理局这种有意思的项目工作，同时投身英特尔公司刚刚推出的那个规模庞大的微处理器领域，为其开发软件。

我故意大唱反调，指出他的许多点子和技术设想至少在近期内不合商业逻辑，以及我为什么这么认为。我也没有被他描绘的创业计划说服，不认为这些机遇的吸引力大到足以让我放弃大学深造计划。不过，有那么很短的一段时间，我被跳过本科直接攻读研究生的建议打动了，甚至以此鼓动了一下我父母，他们不为所动。事实上，我真的很想上大学，我想趁这个机会掂一掂自己的分量，和其他来自湖滨中学以外的那个广阔天地的聪明孩子比试一番。

我当时的观点是，世界上的种种进步都源于个体的推动。在我的想象中，这是那种人们常说的孤独天才——单干式的科学家，他在自己的一亩三分地不知疲倦地辛苦耕耘，奋力向前，直至实现突破。我们在排课程序开发上取得的成功让我浅尝了那种滋味，即便在该软件交付完工几个月后，我依然能因整个项目而体会到深切的满足感。一旦被转化为计算机代码，一个数学证明就能为数百人带来福祉。从大局来看，这当然只是个小小的成就，但它满足了我对自己如何能够有所成就的想象。我想数学可能是一条路，我是否拥有足够强大的大脑，去解开一道世纪数学难题，或是想出一个可以改善生活的科学解决方案？虽然这看起来似乎遥不可及，但我还是想看看自己到底能走多远。

围绕着这个单干式科学家的世界观，我和保罗动不动就会展开一场辩论。在他看来，世界的进步是通过合作实现的，需要聪明人组成不同的团队，为共同的目标而把劲往一处使。我视爱因斯坦为楷模，保罗却认为曼哈顿计划才是典范。两种观点都过于简单化了，但随着时间的推移,他的观点最终定义了我们俩的未来。

　　几周的时间过去了,那个哲学辩论变成了与湖滨中学这份工作有关的真实辩论的背景。在我们替 TRW 干活儿的闲暇时间,我们继续进行着在下一学年开始前更新排课程序的工作。正如上一个夏天,我担心没办法及时完成。我们陷入了一个可以预见的模式:保罗想出一堆关于排课程序的点子,然后由我一一驳回,原因通常在于身为该程序的原创设计者,我比他更了解底层的数学原理和结构。我们会发生争执,然后我就会走开,按照我认为合理的方式编写代码。我俩几乎每时每刻都待在一起,这对我们之间关于排课程序的口角争执并无助益。每吃一顿饭,每看一部电影,每个工作日,我们都形影不离,相看两厌、心头火起是自然而然的事。

　　有一天晚上,我们离开"时间隧道"控制室去吃晚餐,去往停车场的途中,我们吵了起来。通常,就像参加勒芒 24 小时耐力赛的车手一样,我们会跑向各自的车(我的是从父亲那里借来的福特野马,保罗的是一辆克莱斯勒),然后疾速驶向我们之前决定要去的餐厅。像往常一样,我以最短的路线直奔车子而去,不知怎么回事,我跑到了保罗前面,偏巧那天有人用一根绳子拦住了停车场的入口。因为跑得急,又是在黑暗中,我没注意到那根绳子勒住了我的腰,在奔跑中,绳子越勒越紧,直到嗖的一声将我弹了回去。我仰面朝天地摔倒在人行道上,保罗慢悠悠地走过来,居高临下地盯着我。我们两个笑得肚子都疼了。

　　生活和工作都混在一起的压力让保罗格外受不了,有一天,他决定退出。他在我的卧室里留了一封信,里面写道:"近来,我越来越确信,我们的工作、日常讨论和朝夕相处并不令人满意,至少在我看来是这样。"他说他觉得我不尊重他的想法和智商,因此"是时候彻底斩断我们所有的联系了",无论是和湖滨中学排课程序有关的,还是涉及 Traf-O-Data 的。他以一种在我读来就像是离婚协议的措辞写道:"本人就此放弃在排课程序中的个人权益……就此放弃在交通流量计数器项目中的个人权益。所有一切(100%)全部归你所有。"这封他亲手写成的信件留有供我们签字的空白处,他还在最下方写道:"备注:我是认真的。"

我没有签名。我以为,当我们两个都冷静下来时,我们之间的关系自然会找到一个平衡状态。与此同时,我也离开了,我甚至没有耐心收拾好自己的东西打包带走,就径直驱车回到西雅图,跑到湖滨中学加班加点地工作,正好赶在最后期限前完成了排课程序。我并没有再回到邦纳维尔,里克很贴心地把我的个人物品带回了西雅图。

保罗和我之间的相处状态一直都很复杂,相亲相爱和彼此较劲混在一起,与亲兄弟之间的感觉一模一样。通常而言,我们两个在脾气秉性、行事风格和兴趣爱好上的差异都能形成良性互补,那些差异推动我们不断向前,让彼此变成更好的自己。但那年夏天是对我们合作关系的初期考验,这种关系在此之后将一直演变。我当时 17 岁,保罗 20 岁,我们俩还有很长的一条路要走。

不到两个月的时间,保罗和我就重新开始说话了。那时他已经回到华盛顿州立大学,我也在哈佛大学开始了自己第一个学年的学习。我们和解了,重新拾起 Traf-O-Data 的开发工作。我在写给里克的一封信中提到此事,并对他出面帮助缓和我们的关系表示了感谢:

> 我想你肯定知道了,保罗和我又在彼此完全平等且同样满腔热情的基础上继续向前迈进了,事实证明它将是一条漫漫长路。我由衷地感谢你,谢谢你在这段对保罗和我都极其难捱的时间里对我们

二人展现的独特情谊。我真心觉得，在某个时间点上，我们俩或许都会意识到各自的立场是多么荒谬。你能把我扔在那间公寓里的东西带回我家，实在是太贴心了。这进一步彰显了你在整个夏天所表现出来的思虑周全。我希望我也能像你那样，不过，总的来讲，这还是一个特别棒的夏天……你的朋友，老三。

第十章

不知天高地厚

图片来源：哈佛大学年鉴出版社

　　1969年某个周日的凌晨，天还没亮，一辆美国陆军卡车轰隆隆地开进了哈佛大学的校园。几个身着劳动服的男人从车上卸下一只只大板条箱，那里面装的是来自美国国防部的"馈赠"——一台数字设备公司的计算机主机拆散的组件。这台主机之前曾被安装在越南，为那里的战事效力。在哈佛大学的艾肯计算实验室，这些体积与冰箱相仿的组件被从板条箱中取出，技术人员将它们接在一起，组装成了一台PDP-10计算机。1973年秋，当我走进哈佛校园时，我已经使用同一型号的计算机编写了五年的程序。

　　这次夜间派送成功地避开了反战示威者的视线，他们之前一直在激烈反对高等院校参与国防领域的研究。高喊口号的学生们倒也并没搞错：当时，军方或许是计算机行业最大的客户，在冷战期间对苏联恐惧心理的驱动下，大量公共资金被注入高校的自动化系统研究项目，而这些自动化系统恰恰被用于为导弹制导、驾驶潜艇和探测洲际弹道导弹发射。

在我作为大一新生来到剑桥市时，政府对国防技术年复一年的大规模投资已经让波士顿地区改头换面。数字设备公司等数十家当地公司以麻省理工学院的项目起家，不断发展壮大，从事计算机构建和其他军用技术的开发。在硅谷成为美国高科技中心之前，拥有这一称号的是波士顿外围60英里长的128公路环绕的区域。

开学几周后，第一次走进哈佛大学的艾肯计算实验室时，我得以窥见这笔政府拨款带来的深远影响。我去那里是为了跟艾肯实验室的主任会面，我看到大厅里摆放着一台庞大的机器，附带的标牌上注明它是霍华德·艾肯研发的计算机原型机马克1号（Mark I），艾肯实验室便是因他而得名。曾在20世纪40年代担任海军中校的艾肯与IBM合作开发了马克1号，用来计算导弹的弹道。后来，马克1号还在曼哈顿计划中得到了应用。马克1号在当时是一项技术突破，这个由一堆齿轮和电气继电器组成的庞然大物本质上就是一个50英尺长的计算器，它能够以比人更快的速度执行加、减、乘、除运算。在我亲眼看见这台马克1号时，作为原件一部分、不再具备实际功能的它只是博物馆的一件展品。

我能看见走廊另一头的一个房间，那里面放着哈佛10号（Harv–10）——艾肯实验室为这台政府捐赠的PDP–10计算机起的名字。美国国防部高级研究计划局为艾肯实验室提供资助，让哈佛大学工程系的教师和学生使用该系统实验新的编程方法，以加快软件开发的速度，增强其可靠性，并降低开发成本。高级研究计划局还设法建立了连接线路，让哈佛10号得以接入它的网络，这个网络便是后来大名鼎鼎的阿帕网。艾肯实验室是全美仅有的十几个已经开始测试电子邮件等新型通信协议的计算机中心之一，这些工作为日后的互联网奠定了基石。

那年秋天，我对艾肯实验室与政府之间的关系一无所知。我只有两个想法：第一，哇，哈佛居然有一台 PDP-10；第二，我一定得拿到这台计算机的访问权限。我当时并没有意识到艾肯实验室基本上不对本科生开放，那里是研究生的地盘，而且绝大多数都在实验室主任汤姆·奇塔姆的指导下进行研究工作。奇塔姆教授在哈佛大学任职之前，曾在计算机业界和政府部门有过短暂的工作经历。应当如何使用哈佛 10 号，以及谁有权使用，这些都由奇塔姆教授说了算。但对我来说，我只不过需要搞到他的签名而已。

在当时的学术圈，计算机大致上还不被视为一个严肃的研究领域。在大多数高校，计算机科学专业通常隶属于历史更悠久、广受认可的院系。比如，哈佛大学的计算机科学专业便是工程与应用物理学系的一部分，该系引以为傲的专业是流体力学，一个建立在几个世纪之久的数学传统之上、为描述鸟类飞行和血液流动原理而形成的领域。计算机科学或许是研究这些现象时好用的工具之一，但无论如何都不能被等量齐观。通常而言，对计算机感兴趣的学生会选择应用数学或工程学专业。还要再过 10 年，哈佛大学才会开设计算机科学专业的本科学位课程。

出于这些原因，再加上自尊心作祟，我跟奇塔姆教授说，除了或许会考虑一下某些针对研究生的高级课程，我不打算选修任何与计算机有关的课，但我还是想要使用他掌管的计算机实验室。我们的初次见面为我在哈佛大学的那段时间里与他的关系定下了基调。面对我这个说话时简直会从椅子上跳起来的多动的毛头小子，这个手头有一堆紧要待办事项、忙得不可开交的实验室主任猛抽着一支百乐门香烟，耐心地等我把话讲完。

我滔滔不绝地说起湖滨中学编程小组的事迹，以及我自 13 岁首次学习编程以来的种种成就。我告诉他，我曾在高中最后一年休学了一段时间，在 TRW 从事与服务数百万用户的电网相关的工作。我讲起了 Traf-O-Data，展望了我们在充分利用微处理器的强大性能后必将吸引到的客户。我断言，微处理器将改变一切，我们用惯了的那些庞然大物将会变得仅有火柴盒大小，它们的造价也会随之降低！

对于一个当时依然神秘莫测的世界，我有着相当深入的了解，而我已经习惯以此令成年人对我刮目相看。即便是在"C 的立方"和 TRW 工作多年的程序员，也会被我对这个话题的热忱和不断学习的干劲逗乐。然而，奇塔姆教授似乎不为所动。我有点儿不知所措，毕竟他可是这个实验室的主任。

我后来才了解到，在学生的出入证上签名、管理实验室的日常事务这一类的行政工作是奇塔姆教授最不喜欢的一部分职责。在内心深处，他依然是一名程序员，他的转椅后面摆着一台可接入哈佛 10 号的终端机。当他不需要和国防部的高级官员开会、为实验室争取更多资金时，奇塔姆教授便会用它设计新的计算机语言。

听完了我长达 30 分钟、激情四溢的演讲后，奇塔姆教授掐灭了烟头，在我的申请表上签了字。我后来发现，奇塔姆教授素以乐于把自主权交给学生、放手让他们尝试而著称，他对新想法一贯持开放态度。我以为他对我说的内容不感兴趣，但那或许只是这种开放态度的表现，而且他当时可能迫切地想要把我这个烦人的小屁孩打发出办公室，转身继续编写软件。不管原因如何，那天结束时，虽然我对自己超凡脱俗的自我认知多少受了些打击，但我拥有了一把开启实验室大门的钥匙，以及一个编号为 4114 的个人账户。

作为大一新生，我凭借自己获得的一个学术奖项，可以自主选择同住的室友类型。我喜欢那个与形形色色的人被随机安排在一起的主意。在华盛顿特区时，听背景各异的青年助理聊他们的故事，让我觉得十分有趣。我觉得，哈佛大学应当也能提供同样的机会，于是我要求跟外国学生和非白人学生当室友。

走进威格尔斯沃思楼的 A-11 房间，我见到了萨姆·兹奈默尔和吉姆·詹金斯：萨姆来自加拿大蒙特利尔，我猜理论上他倒也能算是外国学生；吉姆则是来自田纳西州的黑人学生，他攻读工程学专业。我立即就被上了一课，意识到我的成长环境是多么优越。萨姆比其他人提前了一两周到校，因为他拿到了一份宿舍楼保洁员的学生兼职工作，需要在大队人马兴冲冲地进驻宿舍前把浴室和厕所打扫干净。萨姆必须通过工作来赚学费。后来，他跟我说起了他的家庭背景，萨姆的父母是犹太人大屠杀的幸存者，他们相遇时都是难民，因此他从小生活在一个封闭的犹太社区中。萨姆的父亲独自经营着一家童鞋店，母亲是餐馆的服务生。他和我一样，有些喜欢调皮捣蛋，我马上就跟他一见如故。自称"军二代"的吉姆小时候曾辗转于各地，但他骄傲地以南方人自居，为自己对某一类南方漫画书的熟悉和吃过一种我从未听说过的薯片而扬扬得意。他也需要工作，周末便会消失，去附近的空军基地工作。

我们三个一起去选课。为了拿到人文学科的必修学分，我选了"古希腊经典的兴起"，课程内容是研读与奥德修斯、安提戈涅等古希腊神话故事中的人物有关的作品。选这门课的一部分原因是我曾在湖滨中学上过同类课程，另一部分原因在于这门课的授课教授是哈佛大学的传奇人物，我以为它会十分轻松有趣，而且能给我留出时间应付高难度的课程。夏季翻阅课程目录时，我发现了一门工程学课程，它允许学生围绕设计和研究独立学习，你可以在自己感兴趣的任何领域选择开展任何项目，其中包括电子电路、热动力工程及最关键的计算机应用。我琢磨着这门开放式课程可以让我随心所欲地探索，于是就选了它。

在数学类科目中，我发现从解析几何和微积分导论这些 1a 类课程起步，课程编号逐渐增大。在选课表的底部，排在各种独立学习选项上方的是面向大一新生开设的编号最高的 Math 55A 和 55B——高等微积分课程。课程简介中的严正警告让我觉得很有意思："对数学没有深入探索的兴趣的学生不应选择这两门课，仅仅想对'理论'数学有所了解也不应作为选择它们的依据。"学生必须通过资格考试，才能上这门课。

我知道这个警告是为了将数学专业的学生分成两类，其中一类是搞纯数学的，这是最受尊崇的研究方向，它是最高层次的智力劳动，所需的一切不过是你的大脑、纸和笔、粉笔和黑板。从事纯数学研究的学者拥有美丽的心灵，站在学术的前沿，用"发现"一词描述自己的成就。而在应用数学这个领域进行的任何研究都被视为学术圈的外围，从业者不过是在使用那些先驱几十年甚至几个世纪前就发明出来的工具、做着一些有用但显然不够"纯粹"的工作。

在湖滨中学，我修完了几门学校开设的最具挑战性的数学课程。我在高中毕业生学术能力水平考试的数学部分取得了满分，而且在微积分高级先修课程的考试中拿到了最高分。Math 55 这门课看起来就像是通向纯数学世界的大门，只有一小部分人能开启门锁。我选了这门课，当周晚些时候又参加了测试并成功通过。

开始上课的第一个周一，上午 11 点，我走进了位于塞弗楼的 Math 55A

的教室，发现大约有 80 名学生选了这门课——远比我预想的多，而且几乎都是男生。站在黑板前的是一位长着一头卷曲红发的年轻教授，他的胡子甚至都是红色的，蓬松浓密到会蹭花刚写在黑板上的粉笔字——"有限维向量空间"。他每周都会分发用施乐复印机复印的课堂讲义，讲义第一章的标题正是"有限维向量空间"。他用粉笔在黑板上"吱吱嘎嘎"地写出一串我们即将在接下来的课堂上学到的内容：公理、域、元组、复数和虚数、向量空间、同构，诸如此类，一直到微分方程。我只对其中一些略有了解，根本不知道巴拿赫空间是什么鬼东西。尽管如此，我的这点儿见识足以让我明白，没有选修 Math 55 的数学专业学生将会花六个学期甚至更多的时间来学习我们要在两个学期内学完的东西，这将是高强度的课程。在黑板的一侧，这位一头红发的老师写下了自己的名字——约翰·马瑟。

　　班上的同学很快便纷纷谈论起马瑟的传奇故事。马瑟在 28 岁时就以破纪录的速度晋升为正教授。6 岁时，在同龄人还在识字的时候，马瑟已经在学习对数。他会坐在自家的餐桌前，一边晃荡着从椅子上垂下来的两条腿，一边跟身为普林斯顿大学电气工程学教授的父亲讨论数学。到 11 岁时，马瑟已经将从父亲的工程学教科书中学到的微积分知识烂熟于心。在高中时期，他几乎将所有的自由时间都用来埋头苦读拓扑学、抽象代数和有限维向量空间（没错，就是有限维向量空间）的相关著作。他是第一个获准在普林斯顿大学选修数学课的高中生。在哈佛大学读本科期间，他在普特南数学竞赛中位列全国前十。普特南数学竞赛每年举行一次，相当于面向大学生的数学奥林匹克运动会。一年后，他又重现了这一辉煌。马瑟在普林斯顿大学取得博士学位时仅有 24 岁，他的毕业论文阐明了一项重大发现，那就是著名的玛尔格朗日-马瑟预备定理。他接连发表了多篇论文，彻底解决了奇点理论中的一个著名难题，以至于他的一位同事后来写道，马瑟"完美地解答了这个问题，并在某种意义上终结了该研究课题，因为再也没什么好说的了"。

在马瑟教授的职业生涯中，他还将实现进一步的突破，拿到不计其数的奖项。即便在那时，基于我对这位 31 岁的任课教授的了解，很明显，异乎寻常的天赋和先发制人的努力是成为世界一流数学家必不可少的先决条件。

第二个周一的 Math 55 课上，只有一半的学生来上课，到第一个月结束时，上课的人数减少到了 25 人。我们意识到要想坚持到最后，必须团结起来。或许混在一大群里，我们就能避免被单独拎出来"宰杀"。

我就是这样认识了安迪和吉姆，他俩将成为我在哈佛大学最亲密的朋友。两人都是那种典型的坚持留在 Math 55 课堂上的学生。上小学六年级时，安迪·布雷特曼在患上肺炎卧床休息的三周时间里自学了代数。高中时，他连跳几级，比我早两年就学完了微积分。他是我们班上年纪最小的学生之一，刚满 16 岁就上了哈佛。吉姆·塞思纳的母亲是一位化学家，父亲曾就读于麻省理工学院，当时是明尼苏达大学航空航天工程系的负责人。

安迪和吉姆住在威格尔斯沃思楼 A 栋 3 层的四人套间里，正好位于我的房间上方。我们一帮选修了 Math 55 的学生开始在他们住的那个套间的起居室里碰头，一起解答每周的习题集。题都是马瑟教授自己出的，这门课根本没有专门的教科书，而且他每周分发给我们的复印讲义压根儿就帮不上什么忙。

"这里头连数字都没有！"有人尖声叫道。马瑟教授没有将问题分解成多个步骤，也没有解释这些概念在现实生活中如何应用。这份讲义仅仅指出了我们已经学过的内容——天知道是怎么学会的。我们需要自己去查找相关资料，解决可以帮助我们理解这些概念的问题。

我从来都没见识过这种阵仗，尽管逃过了被单独拎出来"宰杀"的命运，我却不知道自己在这个群体里处于何种位置。

艾肯实验室的核心是哈佛 10 号，它占据了实验室的很大一块地方，五六个巨大的箱体沿墙摆放，与十几台终端机连在一起。实验室的大多数用户都是冲着这台 PDP-10 来的，奇塔姆教授指导的研究生用它来开发编译程序和汇编程序，他们还以其为工具打造了一种名为"ECL"的实验性编程语言。

一些与 E. J. 科里教授合作的化学专业博士后研究员当时在使用一款名为"LHASA"的人工智能软件。软件是他们自己开发的，能够帮助合成新型药物分子、塑料分子及针对其他工业应用的分子。（科里教授在该领域取得的进展最终为他赢得了诺贝尔化学奖和美国国家科学奖。）我被计算机图形迷住了，在一个个原子逐步构建分子的过程中，这个程序居然可以实时绘出其形状。

在实验室的第一天，我就注意到远处的角落里放着另外一台计算机，它看起来仿佛是某次太空发射的指挥中心。那时候，大多数计算机都没有自带的屏幕，但这台计算机连着四个圆形的 CRT 显示器，在一个 L 形的桌面上排成一排。桌上放着一个兰德公司开发的图形输入板和一支手写笔，这是最早一批能将手写文字和手绘图形转换为图像并显示在计算机屏幕上的工具之一。价值 18 000 美元的它是几十年后数字艺术家人手一份的绘图板的前辈。

这台设备最引人注目的部分是一台数字设备公司的 PDP-1 计算机。

我对 PDP–1 略知一二，它是数字设备公司销售的第一款计算机，但我从来没有用过它。PDP–1 是最早的"互动式"计算机，意味着用户可以直接操作机器，而这是那些锁在房间里、位于数英里外的计算机主机无法提供的操作选项。数字设备公司为这台计算机设定的价格是 12 万美元，仅仅是当时造价高达 200 万美元的计算机主机的零头。数字设备公司生产 PDP–1 的时间前后只有 10 年，仅售出了 50 多台。如果将当时的 PDP–10 比作 20 世纪 60 年代末以大马力著称的"肌肉车"，PDP–1 就是一辆 1957 年款的雪佛兰——古老、跑不快但格调十足。

  PDP–1 在 20 世纪 60 年代初进入实验室后立刻受到黑客们的追捧，对他们来说，能够随心所欲地直接摆弄一台计算机简直就是人间至乐。数字设备公司捐给麻省理工学院的一台 PDP–1 成为传奇，因为它帮助孕育了一代影响力巨大的黑客。这些人学习黑客技术的方式就是开发一些在当时看来无足轻重但颇为炫酷的程序，比如播放狂欢节管风琴的旋律，或在屏幕上没完没了地显示雪花图案。我知道这台 PDP–1，主要是通过《太空大战》这款游戏。我们在"C 的立方"见过计算机传奇人物史蒂夫·拉塞尔，他曾经跟保罗和我讲过，他是如何使用麻省理工学院的 PDP–1 一点一点地开发出了这款开拓性的视频游戏。

  尽管那时艾肯实验室的这台 PDP–1 已经过时，它的显示器和输入装置却令其成为显示计算机图形并与其互动的利器。在我最初某次进入实验室时，应用数学专业的研究生埃里克·罗伯茨向我介绍了它的使用近况。看到那些从计算机机架后面垂下来的凌乱的电线了吗？那是伊万·萨瑟兰用来连接他的头戴式虚拟现实设备的，几十年后问世的那些精工细作的头戴式虚拟现实设备都得叫它一声"老前辈"。那时，萨瑟兰已经因开发了 Sketchpad（机器人绘图员）程序而成名，这款程序是日后成为所有计算机标配的图形用户界面的前身。15 年后，萨瑟兰将因 Sketchpad 而赢得图灵奖（计算机科学领域的诺贝尔奖），并成为公认的计算机图形奠基者之一。

埃里克指向了这台 PDP-1 前方桌面上的一个操纵杆，他说，该设备加上几个开关和按钮，便是萨瑟兰的学生丹尼·科恩在 1967 年开发的新型飞行模拟器的控制装置。据我所知，正是它首次证明了复杂的模拟程序也能在一台功能有限的通用计算机上运行。

埃里克解释说，几年后，当时已经成为哈佛大学教授的科恩与两名研究生合作，对这个飞行模拟器进行了升级。他们的想法在当时十分激进：通过阿帕网实现三台计算机的联网，充分利用它们的合力。PDP-1 的长处是显示图形，而且拥有品质一流的显示屏和操纵杆，但它的运行速度很慢，无法提供逼真的飞行体验。埃里克告诉我，一个名叫埃德·塔夫脱的研究生设计出了一款软件，让这台老旧的计算机可以将繁重的处理任务转到算力更强大的哈佛 10 号和几英里外麻省理工学院的另一台计算机上。这是一项突破性的实验，它证明 3D（三维）图形和程序可以在阿帕网的联网计算机之间运行，这就是互联网的原型。

科恩当时刚刚离开哈佛大学去了南加利福尼亚大学，塔夫脱和鲍勃·梅特卡夫这两位研究生则开始在施乐公司负责创新研究的帕洛阿尔托研究中心工作。（科恩及其同事未来将以在软件和网络互联方面做出的重大贡献而闻名天下。塔夫脱则加入了 Adobe 公司，促成了 PostScript 和 PDF 的诞生。梅特卡夫与合作者共同发明了以太网互联技术，创办了 3Com 公司。）

听到这些实验后，我有了一个关于自己独立学习项目的想法。我觉得，把拥有图形处理能力的 PDP-1 和位于房间另一边的性能更强大的机器连起来，这个主意很不错。但我设想的不是从飞机驾驶舱中看到的景象，而是一个 3D 的棒球场，在计算机的每台显示器上，都能看到不同角度的摄像机实时监控的画面。玩家可以使用游戏操纵杆和其他的 PDP-1 控制装置投球、击球和接球，计算机通过阿帕网发送数据，让 PDP-10 计算出与球速、运行轨迹和跑垒员绕垒过程相关的复杂物理机制。这将是一个很难写的程序，需要开展大量的工作来模拟一场真实球赛中的各种复杂状况。如何训练计算机才能让它以动画形式表现出球员迅速弯腰拾起地滚球或跃身接过高飞球的动作？当左外野手打出一垒安打、跑垒员分别在一垒和三垒时，游击手在做什么？

我写了一份关于"三维、三摄像头互动式图形系统"（即一个计算机版棒球游戏）的研究提案，提交给了汤姆·奇塔姆教授。我问他愿不愿意当这个项目的导师，他似乎对我的这个想法很感兴趣并在提案上签了字。

棒球模拟程序是个野心勃勃的方案，也是我有意为之，因为我想向奇塔姆教授证明我的编程能力。我多少有些想要向他证明，我配得上自己吹过的牛。图形和联网是当时计算机领域最热门的两个方向，二者都仍处于起步状态，存在大量的创新空间，让一个人有很多机会留下自己的印记。或许我可以追随其他图形技术先驱的脚步，最不济，我觉得自己也能搞出来一个我和朋友们能玩的酷游戏。

艾肯实验室本来应该有一位学术导师，也就是一个职位仅次于奇塔姆教授的副主任，但这个位子空了很长一段时间。和那时候许多高校的计算机实验室一样，艾肯实验室实际上采取了用户群体共同管理的模式，20 多位研究生、研究人员和随机出现的黑客形成了一个类似于自治合作社的组织，这些人知道实验室里的计算机都有哪些"怪癖"，在出现故障时也知道如何解决。一个人知道如何恢复文件，另一个人能在系统崩溃时将其重启，不管谁有什么问题，大家都很愿意出手相助。假如说这个群体中有个实际上的领导者的话，那他就是埃里克·罗伯茨。埃里克对编程简直上瘾，而我对这一点再清楚不过了。对埃里克来说，感恩节假期意味着周三晚上来到艾肯实验室，埋头编写代码，直到在终端机前撑不住睡过去。他会跳过周四的火鸡大餐，一直待到周日晚上，只靠自动售货机里的糖果和从食堂买来的一两个油腻腻的汉堡充饥。不做自己的项目时，埃里克会编写用户手册，修理 DECtape 驱动器，或是充当随时听命的 PDP-1 故障排除者。每当这台老掉牙的计算机罢工时，埃里克便会带着一台示波器及时出现，换上取自附近某台机器的零部件，让它起死回生。

我很快就融入了实验室轻松自在且民主平等的文化氛围。这里没有多余的规矩，只有一条常识：不要去打扰那些正在埋头研究或赶着为论文收尾的人。除了这一点，你可以一天 24 小时随意使用这个实验室。正因如此，在大一学年的秋天，我很快便赢得了"重艾肯，轻朋友"的口碑。我会在艾肯实验室待到深夜，尝试为我的虚拟棒球手们排好场上阵型。

吉姆和安迪位于威格尔斯沃思楼三层的套间成了我们的小天地，当宿舍里其他人痛饮 ZaRex 无酒精鸡尾酒和伏特加、聚会狂欢时，我们在一道一道地解数学题，对坐闲聊，通过辩论和提问来比拼思维技巧和冷门知识：保加利亚和捷克斯洛伐克哪个国家的国土面积大？全美有多少座加油站？这个套间有一个额外的好处，那就是吉姆和安迪的室友拥有一套当时不多见的立体声音响设备。我买了两张黑胶唱片：一张是吉米·亨德里克斯的《你体验过吗？》，因为保罗成功地向我灌输了这张唱片很酷且拥有它会让我变酷的观点；另一张是我最常播放的《多诺万精选集》，这位苏格兰歌手轻柔的嗓音和歌曲《温暖的黄色》（Mellow Yellow）的旋律让我倍感放松，这是非常适合坐下来思考时聆听的音乐。（我对多诺万的迷恋尽人皆知，以至于20多年后，安迪送了我一张该专辑的光盘作为恶搞婚礼礼物。）

我们在那时的友情相当纯粹，如今的我要比当时更能体会到它的珍贵。朋友们在那个年纪一起做的那些当时只道是寻常的小事，却逐步加深了对彼此的了解，关系也随着时间的流逝日渐紧密。萨姆·兹奈默尔、吉姆·詹金斯、吉姆·塞思纳、安迪·布雷特曼和我，我们这帮人同进同出，一起去食堂吃饭，一起去威格尔斯沃思楼A栋的地下室连玩几个小时的弹球戏，也一起去新生联合会看新闻。

就在这一年，"罗诉韦德案"保障了堕胎权，尼克松发表了"我不是骗子"的著名演说。美国开始缓慢地从越南撤军，强制征兵被暂停了。这些新闻头条是1973年的时代背景。但我和我的朋友关注的绝大多数事项都局限于一个相当狭窄的范围内，我们讨论数学、物理、历史、美食，偶尔还会聊起女生，尽管我们都没怎么跟女生打过交道，除了Math 55班上的几名女同学。

当时，哈佛大学会举办一些联谊会，邀请其他学校的女生来喝点儿东西、跳跳舞，受邀者通常来自松堡学院这种附近的女校。为了这些千载难逢的场合，我给自己买了一件昂贵的棕色皮夹克，再搭配上一条蓝色天鹅绒的喇叭裤。在我看来，这身装扮简直让我站在了20世纪70年代的潮流巅峰。我们这帮住在威格尔斯沃思楼A栋的家伙从来没在这些舞会上有过艳遇，而在我们认识的人里，有人回来后会就此夸夸其谈，几乎所有在场者都会结结巴巴地问："那你是怎么搞定的呢？"

Math 55这门课的习题集需要在每周一上午做完。每周日晚上，我们这群人都会聚集在安迪和吉姆的套间里。我们一起琢磨马瑟教授提出的抽象问题，勾勒出它们的大致轮廓，然后一点一点地把具体的正确答案塞进去。这从来都不是一件易事，一道典型的习题会给出一些定义或公理，随后陈述一个从这些事实推导出的定理（却对推导过程只字不提），然后要求你证明这个定理为真。每个证明都包含多个步骤，如果你第一步的方向错了，那就再也没办法回到正确的解题思路上来。因此，每个问题都迫使你苦思冥想出正确的解题方法，一旦找到方法，余下的基本上就能迎刃而解。但是要做到这一点，我们五个臭皮匠必须凑在一起开动脑筋，才能想明白马瑟教授到底想考什么，然后我们才会分头行动，力争成为第一个想出行之有效的解题方法的人。最后，总会有人大喊一声"我知道怎么做了！"，之后在剩下的人仍毫无头绪时解释其思路。

随着夜色渐深，这个小组的成员会陆续离开，回到各自的房间睡觉。通常而言，吉姆、安迪和我会一直奋战到午夜之后。这时，我们会起身前往哈佛广场一家名叫"匹诺曹"的比萨店。幸运的话，我们进店时，他们刚好要打烊，我们就能用很低廉的价格买到卖剩的比萨，虽然饼皮上的奶酪都已经凝结。我们会一直坚持到凌晨两三点，有时甚至会熬到4点，然后囫囵睡上几个小时，便起身赶去上11点的课，提交答案。

大学生活的最初几个月，我就像是一个进了糖果店的小孩，面对看似无穷无尽的跟行家里手打交道和接受智力刺激的机会，只觉目眩神迷。在我大一选修的人文学科课程"古希腊经典的兴起"上，教授这门课的约翰·芬利将荷马、希罗多德和阿里斯托芬的作品与现代生活和现代文学融汇在一起，让我们仿佛置身影院。我喜欢独立学习赋予我的自由，让我可以突破自身编程能力的局限。此外，在 Math 55 这门课上，大家一起钻研马瑟教授的讲义，相互鞭策，共同提高，由此形成的情谊也为我注入了能量。

然而，在第一学期的后半段，我却变得迷茫起来。我从一个小学校来到哈佛大学，我所在的那个高中毕业班甚至不足 90 人。在湖滨中学，一旦我找到方向站稳脚跟，很容易就能出类拔萃，得到认可。此外，教师、教务管理人员和支持我的父母形成了一个紧密团结的社群，也为我提供了很大的帮助。他们知道我是一个异类、一个脑子聪明但手脚笨拙的小孩，需要被人时不时地推一把（比尔，选修戏剧课）或是开个后门（没问题，你可以休学一个学期去工作）。在哈佛大学，我就只有我自己，在一个大得多的池子里孤独地游来游去。每个人高中时都是班级里的尖子生，每个人都知道怎么脱颖而出，而且每个人都奋力要成为最优秀的学生。

当我身处有机化学课的课堂时，这种感觉最为强烈。我发现自己置身于几百名学生之中，其中绝大多数人都是下定决心要在班级里名列前茅的医学预科生。对他们来说，这是成为医生的漫长道路中必须越过的一道坎。而我之所以选这门课，只是因为喜欢莫里森博士教的高中化学，有机化学似乎是顺理成章的下一步，尽管我并没有进入医学院深造的打算。在那间巨大的教室里，同学们聚精会神地听前方教授侃侃而谈，大部头的教科书摊在大腿上，同时灵活地用课件中的彩色小球和连接棒拼装分子结构模型。这景象实在有些恐怖。

开学几周后，我就不再去上课了。按照我的理性分析，既然总成绩是基于期末考试得分来计算的，那我只需在学期结束前把所有东西都学会就行了。此外，鉴于有机化学的大课会被录像，可以在科学中心借阅，那我光是看这些录像便足够了，没必要到场听课。哈佛大学有一个非常棒的传统叫"阅读期"，它给学生将近20天的复习时间，专门用于备战期末考试。我想赌一把，如果自己在阅读期振作起来拼一下，把功课温习一遍，把录像看完，像我这样一个擅长考前突击复习的高手，应该也能考得不错。毕竟我这人最厉害的一个本事就是切换到高度专注、疯狂自学的模式。

我全身心地投入了一种对我很管用，但在朋友眼中显得过于极端的日常生活节奏。在读书学习和编写程序的交替循环中，我有时可以不眠不休地连轴转36个小时。每当精疲力竭时，我就会回到威格尔斯沃思楼的A–11房间，一连睡上12个小时或更久。这时候，我经常连衣服都不脱，鞋子有时也穿在脚上，然后永远用一张黄色电热毯蒙住头，遮挡阳光。醒来后，我会和室友吉姆·詹金斯或萨姆·兹奈默尔很快地找点儿东西吃，或是去楼上的套间里看一眼安迪·布雷特曼和吉姆·塞思纳，然后前往教室、图书馆或回到艾肯实验室。连续几个月，我重复着这种作息模式，只有些许变化。

刚开学的时候，我办了一项每周更换床上用品的服务。这是经济宽裕的学生专属的奢侈享受。每周，你都可以把用脏的床单被罩交上去，换回一套干净的。拿到了第一套干净的床品后，因为忙着其他事情，第一周就忘了把它们送洗。两周过去了，三周过去了，接着是第四周……大约在第六周，我自己再也无法忍受了，它们泛着黄，上面满是墨水渍和泥脚印。

洗衣房的人在清单上核对了我的名字，发现我已经用这套床品至少一个半月了。"老兄，你破纪录了！"我把脏兮兮的床品递给他时，他大笑着说道。离开时，我心里想着，嘿，这也算是一项成就了。至少在一

第十章　不知天高地厚

件事上，我是哈佛最厉害的！

那个学期即将结束时，我走进了录像室，震惊地发现里面坐满了有机化学课的同学，他们重看着自己整学期一节不落的大课录像，教科书平摊在大腿上，分子结构模型在手。这些录像很难看得进去，有时候音频会突然中断，有时候屏幕会一片空白，在没有视觉辅助的情况下，教授的话听起来就像天书。在看教学录像的过程中，某些时候，我的同学们会整齐划一地将白色的氢原子球和黑色的碳原子球拼在一起，然后开始讨论这样东西到底是等距对称的，还是对称等距的。天哪，我想，我玩儿砸了。

那门课我得了个C，这是我在大学拿到的最低分。我没有继续选修春季学期的后半段有机化学课。

作为大一新生，我被分配了一位学术顾问，他的任务是帮我规划学习路径，以确定主修专业。大二时，学生必须就此做出申报。在秋季学期里，我一直没找到机会与我的学术顾问见面。春季学期开始时，我接到了他从办公室打来的电话，约我面谈。

他已经听说了我坚持要跳级选修和计算机科学有关的研究生课程。在第一学期，经过一番花言巧语后，我得以旁听了一门代号为AMATH 251a的操作系统架构课程。我想获得在春季学期正式选修这门课的批准。但与此同时，我选的其他课程并没有清晰地指向某个主修专业。我再次挑战自己，选了Math 55的后半段课程，还报名登记了一门主要研究"作为生物机器的有机体的各种行为"的生理心理学课。

我的学术顾问是一位化学系的教授，后来，我和他之间建立起了一段非常棒的关系。他给予我极大的支持，在我梳理各种可能的专业选择时施以引导。但那第一次会面把我搞得有些措手不及。我不记得自己到底说了些什么，只记得进入了一种当时十分典型的脑洞大开、思如泉涌的状态。我滔滔不绝地谈论着未来的计算机，描述它们与当日人们所知的那种积满灰尘的老旧机器有多么大的不同，我解释说，我之所以选修心理学课程，是因为有朝一日计算机的算力会与人的大脑并驾齐驱。听着这一连串的奇谈怪论，我的学术顾问说："你可真是个不知天高地厚的早熟的孩子！"

直到那一刻，除了我母亲，我从来没听过其他人这么评价我。而她在这样说的时候，也绝对不是在夸奖我。"你这个不知天高地厚的早熟的孩子！"当我顶撞她或因某些事情而挑战她的权威时，她总会这样说。因为只在这种情境中听到过，所以我把它视为一种冒犯，就好像被人狠狠地打了一记耳光。结束会面离开时，我沮丧万分，为这位学术顾问居然对我有如此负面的看法而震惊。

他在针对我：我又成了那个调皮捣蛋的五年级学生。"你敢信吗？那个家伙说我'不知天高地厚'！"回到宿舍，我跟朋友们说，想要在我的学术顾问行为实属逾矩的这个问题上寻求共鸣。没有人搭话。"早熟？这么说我也太过分了！"

"但是比尔，你就是早熟啊。"安迪说。现在我越发沮丧了，就连我的朋友都觉得我不知天高地厚。安迪对我说，我其实没明白这个词的意思。去查一下词典，有人说。我真的去查了："过早发育的……在年幼时便表现出成熟的品质。"

我是那种跟成年人聊天比跟同龄人相处更自在的孩子，对我心目中所谓的成人知识了如指掌。这是我扮演的一个角色：盖茨家那个一目十行、擅长数学、脑瓜灵活的"老三"，能够就股票和专利、小型计算机的出现和尼龙的发明侃侃而谈的小孩。在这层人设的包裹下，是我对自己在智力上英勇无畏、对一切充满好奇、随时准备接受他人教诲的自信。

定义早熟的年龄限制是什么？在某个时间点上，你会变成一个成年人，也将被以成年人的标准衡量，你不再只是一个对任何事物都好奇的小屁孩。

在我学生时代的大部分时间里，数学都被我视为最纯粹的智力范畴。但很明显，如今在哈佛这个大池子里，我意识到尽管自己有点儿天赋，但有人远比我厉害，而且其中两个人是我最好的朋友。

在我们的 Math 55 小圈子自学的时间里，尽管大家相互帮助，但也会暗中较劲儿。在满是数学呆子的大群里，情况也是如此。每个人都知道其他人在做些什么，比方说，住在威格尔斯沃思楼 B 栋的劳埃德在 Math 21a 这门课上考了第一，彼得或其他人在马瑟教授的讲义里发现了一个错误。我们都能飞速察觉出，某一天我们中的哪个人反应更快，脑袋更灵光，哪个人第一个"弄懂了"，然后能将其他人引向正确的答案。每一天，你都要力争上游。到第一学期结束时，我意识到自己在这个层级中的排名并没有我期望的那么高。Math 55 这门课成绩前两名的位置是属于安迪和吉姆的。

按照大部分标准来看，我的表现其实还不错。我在第一学期拿到了 B+ 的成绩，在那个班上算是小有所成。然而，坦率地讲，我认为这个标准衡量的不是我知道些什么，而是不知道些什么。A 和 B+ 之间的差距就是班上的一流学生与滥竽充数者之间的分水岭。据我严肃认真地观察，班上的每个人都自认为是自己所认识的人里数学最棒的——直到那时为止。我们在高中毕业生学术能力水平考试的数学部分都拿了满分，我们走进大学校园时都以为自己是最优秀的，而当我们不再是最优秀的学生时，我们就成了自欺欺人的受害者、我眼中的冒牌货。

无法在那门课上取得更好的成绩，这一事实迫使我重新思考对自己的定位。我一直深信自己就是最聪明的、最优秀的学生，卓尔不群的地位是一个铠甲，藏起了我的不安全感。直到那时，只有在极少数的情况下，我才会觉得有人在我认为重要的智力活动中比我明显棋高一筹，而在这种情况发生时，我会如饥似渴地向他们求教学习。这次完全不同了，我意识到尽管我拥有出色的数学头脑，却欠缺那种让杰出的数学家脱颖而出的洞察力。我有天赋，但没能力呈现根本性的发现。我能看见自己10年后可能的样子：在一所大学里教书，但不足以做出突破性的贡献，我不会成为另一个约翰·马瑟，不可能在触及宇宙深层奥秘的数学领域内工作。

有这种想法的不止我一个。那年冬天，在安迪和吉姆的套间里闲聊时，他们向我吐露说自己也感到迷茫，也处于某种精神危机之中。二人都视马瑟教授为自己坚持走纯数学道路的楷模。马瑟教授极其优秀，但似乎生活在个人的小天地里，远离一切具体事务。尽管我们当时无法预知，但不到一年的时间，安迪就对纯数学丧失了热情，大三时休学了一个学期，最后以应用数学专业毕业。（他后来拿到了法学学位，成为华尔街的税务专家。）吉姆毕业时拿到了物理学学位（他最终成为康奈尔大学一名成就斐然的物理学教授）。彼得·加利森是我们 Math 55 学习小组中的另一个伙伴，他也经历了同样的梦醒时分。对他来说，纯数学就像是最极致的艺术，他能欣赏米开朗琪罗的经典作品《大卫》，但他永远都不可能创造出如此近乎完美的作品。要成为一名纯数学家，意味着你必须相信自己可以成为米开朗琪罗。（彼得日后成为一位相当有影响力的科学史教授，就执教于哈佛大学。）

我能干点儿什么呢？我父母对我有着一些不言而喻的期望。在那年 2 月写给里克的一封信中，我说："上周我跟父母去了纽约，看剧，去高档餐厅吃饭，诸如此类。他们更倾向于让我学习商业或法律，尽管并未明言。"我忘记了在纽约到底发生了些什么，但我必定察觉出了他们对这些可能性的偏好。"我还完全没下定决心。"

事实上，在潜意识里，我已经在逐步靠近那个答案。我在哈佛的许多朋友都认为，我一门心思要学数学很奇怪。我清楚地记得，后来成了数学家的劳埃德·特雷费森一针见血地向我指出了那个显而易见的结论："你在那些跟计算机有关的东西上真的很厉害，为什么不干那个呢？"其他人也曾建议我选这条路，但劳埃德会反反复复地向我灌输这个想法。

保罗和我整天都在通电话，我们的交谈将彼此指向了同一个方向。在华盛顿州立大学读大三的他日渐颓废消沉，那些课程对他来说缺乏挑战性。他感觉自己在学业上停滞不前，更想出去工作，造出些炫酷的东西。在我的脑海中，也反复回响着 TRW 的工程师们鼓励的话语，我想或许我能在数字设备公司找份工作。那年冬天，我们决定撰写我们的第一份简历，是打印出来的那种，而不是几年前在信息科学公司草草写成的那样。我在简历上列出了自己操作过的每种计算机和编写过的每个大程序，我还注明自己正在"与保罗·G. 艾伦合作"创办一家交通流量分析公司。我当时并没有那么认真地想要找份工作，但觉得尝试一下，说不定就会有一些有趣的事发生。我找到了一个专门从事计算机行业招聘的猎头，发出了一批简历，但并没把这事告诉我父母。

随着我逐渐接受以计算机为职业的这个想法，我坚信保罗和我应当一起工作。我们的通话加深了彼此的感觉，那就是英特尔的芯片和其他微处理器将颠覆计算机产业,尽管跟我们聊过的人似乎都不同意或不关心这一点。保罗对我们可以创办的公司类型有些想法,我觉得如果我们能住得近一点儿的话,讨论起来会容易得多。

"你为什么不请假休学一段时间搬来这边呢?这样我们就可以一起好好想想该做点儿什么。"那年春季的某一天,我对他说。我之前曾几次试探性地跟他提起这个想法,我们可以一起在波士顿工作,当程序员或系统管理员。这些工作能让我们接触到计算机,获得收入,还有时间开展副业项目。但离开学校、投身就业市场的前景充满变数,保罗不工作的话就没办法养活自己,他需要十拿九稳才肯下注。

与此同时,事实证明,我的棒球游戏项目远比自己预想的复杂得多。几个月的时间里,我全力投入这个程序的开发,却仍未能折腾出一款游戏,只是能让一些关键的程序片段顺利运行,汤姆·奇塔姆教授手下留情,给这个项目打了 A,我很确定是埃里克·罗伯茨替我说了好话。但一想到我曾向奇塔姆教授吹嘘自己的能力,结果却未能尽如所愿,我就会感到百爪挠心。

春季学期开始时,我获得了正式选修操作系统研究生班第二段课程的批准。教这门课的两位教授既在哈佛大学执教,也在大型企业集团霍尼韦尔的计算机部门担任工程师。事实上,他们的计算机行业工作经历在我来看是个加分项,让他们更值得信赖。二人中较为年轻的杰弗里·丰前(Jeffrey Buzen)已经在优化领域小有成就,那也是这门课的重点。

开课的第二天,丰前教授向我们介绍了排队论这个概念。为了形象地说明,他比较了两种算法,向我们解释为什么其中一种比另一种效率更高。听着他深入浅出的讲解,我心里想:天哪,这个家伙不靠谱啊。

没错，他是研究该课题的世界级专家，但我觉得我比他懂的多。

"你搞错了！"我脱口而出。在我看来，他的方法存在明显的漏洞，理应予以驳斥。他神色慌张，试图解释。我才不会给他这个机会呢，我反唇相讥，说他用来衡量效率的标准很蠢，然后滔滔不绝地发表了一大堆批评意见。

他开始重新解释。"不对，你完全搞错了。"我重复道。我从座位上跳起来，昂首阔步地走出教室。在接下来的这堂课上，那些研究生会怎么看这个兴风作浪的大一新生？我只能猜测，但我敢肯定他们对我的印象不会太好。

我在外面转着圈子走来走去，脑海中回想着这件事。大约 15 分钟后，我的笃定自信变成了深深的恐惧。我意识到，事实上，我才是搞错了的那个人，错得彻头彻尾，没有辩解的余地。我刚刚干了些什么？我怎么这么蠢？让一切更无可救药的是，丰前教授是我见过的最温文尔雅的教授，此外，他还好心地允许我这个本科生选修了他的课。

待下课所有学生散去后，我回去跟他道歉。丰前教授对整件事表现出了最大的善意，我们最终化干戈为玉帛。丰前教授花了很多精力为我讲解他正在研究的霍尼韦尔操作系统的门道，这次丢人现眼的经历也让我意识到自己需要倾听和学习。如今，想起自己当初的粗鲁无礼，我依然会惭愧得无地自容。换成我母亲的话，她肯定会脱口痛斥我这个"早熟的孩子"。

那年春天的一天，我接到了一通来电，内容与我之前提交的一份求职申请有关。前一年夏天，我在邦纳维尔电力管理局认识了几位数字设备公司的工程师，他们帮我联系上了位于波士顿附近的该公司总部，于是我得到了一次面试机会。

在我使用其计算机的这五年中,数字设备公司已经成为马萨诸塞州大型用人单位之一。1974年春,该公司买下了总部大楼周围的所有建筑,并在该地区大兴土木建造新楼。数字设备公司的分支机构如今已遍布东马萨诸塞州。随着公司规模的扩大,创始人肯·奥尔森组建了一支直升机队,这样一来,该公司的工程师们就能在公司各个办公地之间快速往返。

据我猜测,求职者也能享受这种待遇。我惊讶地接到数字设备公司的通知,让我乘火车前往布拉德利机场,一架等候在那里的直升机专机会将我接到其总部。在那座江湖传说中的老纺织厂,就在南北战争期间用来织造军用毛毯的车间里,数字设备公司打造出了一家改变世界的计算机公司。我之前从来没坐过直升机。就算得不到那份工作,光是这次体验就很酷了。

在这座纺织厂中穿行,和工程师们见面,对那个年纪的我来说,不啻朝圣之旅。数字设备公司清晰地展示了技术的迅猛发展如何为新想法、新公司和计算机的全新应用创造机遇。也正是对该公司的研究(肯特通过订阅《财富》杂志,保罗借助他的计算机杂志)给了我们信心,让我们觉得只要有正确的想法,就能创办自己的公司。即便我依然坚持孤军奋战型天才的世界观,却越来越强烈地感觉到保罗和我应该合作,创建一家公司并做大做强。我坚信,有朝一日我们真的决定自己做点儿什么的时候,肯定能水到渠成。

在数字设备公司,我见到了TOPS-10操作系统的开发者们。TOPS正是我之前在"C的立方"用惯了的系统,保罗、里克和我还曾在邦纳维尔电力管理局根据用户需求对其进行了定制。我对它可谓熟极而流,得心应手。我在那里见到的每个人都让我敬佩得五体投地，而我具备的那些长期打磨出来的技能在那里也备受重视，这种感觉让我颇为飘飘然。他们给了我那个职位。

我简直受宠若惊，光是能被数字设备公司的人纳入考虑范围这一点，就已经很值得感激了。然而，我并没有接受这份工作。我感觉很糟糕，我想我当时只不过是需要提升一点儿自信。有那么一个下午，我回到了一个我全方位了解的世界，和一群跟我说着同一种语言的人待在一起，而他们肯定了我的价值，让我相信自己能有所作为。那年春天，我还收到了几份录用通知，其中包括一个在肯塔基州的通用电气家电工厂当程序员的机会。我全都回绝了。

这在某种程度上是个测试，测试我能否找到工作，虽然我并不需要那份实际的工作。这些录用通知让我可以跟朋友吹嘘炫耀，就好像我能向整个世界证明，即便没有那份我们拼尽全力去谋取的高学历，我也是有价值的。

我从来没跟父母提起过这些面试和录用通知，他们不会明白的。事实上，他们或许会为我有可能不走哈佛这条阳关大道而担惊受怕。

那年春天将尽的时候，我经历了剧烈的胃痛，严重到被送进急诊室，急诊医生做出了溃疡性结肠炎的诊断。我在医院住了两周，体温一度飙升至41.1摄氏度，就这样结束了我在大学里的第一学年。我对这个诊断多少有些犯嘀咕，因为后来再也没出现过这种问题。我会忍不住好奇，是不是压力、疲劳、不健康的饮食习惯及对自己生活状态的焦虑不安加在一起，成了那个春天击倒了我的罪魁祸首。

入夏时，我收到了来自霍尼韦尔公司的消息。之前，我向霍尼韦尔位于沃尔瑟姆的分公司总部提交了一份求职申请，工作地点离哈佛大学只有几英里。面试时，我在介绍以往工作经验时强调曾"与保罗·G.艾伦合作"，并明确表示保罗和我希望能够成为同事。我请求霍尼韦尔同时考虑我们两个人的申请，他们随后对保罗进行了电话面试。在霍尼韦尔向我俩发出录用通知时，我知道我会回去上学，保罗接受了这份工作。

8月，保罗跟他父亲借了辆普利茅斯汽车，和女朋友丽塔一道，穿越美国大陆来到波士顿，就此开启了一段新生活。

第十一章

百搭卡

图片来源：尼克·德沃尔夫

我经常会做一个梦，即便是现在，它也能让我惊醒。这个梦直奔主题，可以归结为"恐慌"两个字：我身在哈佛，学期将尽，却依然没能搞清楚上课地点在哪里，也不知道要用到哪本教材，我像是鬼打墙一样兜兜转转着找寻上课或举行期末考试的教室，内心充满恐惧；我没时间了，脑子里混乱不堪，完全没法调整好状态，都怪之前拖着不肯用功，我肯定不及格了。

我能追溯到这种焦虑情绪的源头，正是我从大二那年起对待所有课程的总体思路。尽管在有机化学那门课上，我采取的临时抱佛脚的战术并未取得预期的效果，还让我承受了巨大的压力，但在接下来的那个学年，我对各门课程的统筹规划依然延续了这一开局。我会逃掉大课，寄希望于将整个学期的学习任务都在疯狂备考的那几周内搞定。在本应上课的时候，我会坐在其他课堂里，听那些我感兴趣的内容。我下定决心要最大限度地探索和体验哈佛所能提供的各种可能性，我的小算盘是：上课的数量加倍，就意味着学到的东西也加倍。

我将应用数学申报为主修专业。在上一学年和我的对话中，我的新生学术顾问解释说，鉴于数学可以被应用于普天之下的一切事物，而且哈佛大学选课目录上的每门课基本上都会涉及数学应用，我完全可以借此自由探索。在他的帮助下，我发现应用数学专业其实就是一张百搭卡，它是一个让我可以单纯基于兴趣而选修一大堆课程的专业。在我就读于哈佛的那些日子，我将反复打出这张百搭卡，证明我为什么必须上语言学、刑事司法、经济学及英国历史课。对一个杂学旁收、贪多嚼不烂的家伙来说，这是一个完美的专业。

对于自己在学术道路上的这种作死玩法，我故意要搞得尽人皆知。我会逃掉本专业的组合数学课，整个学期都在一门超级有趣的心理学课的课堂里旁听。到了两门课要期末考试的时候，它们居然在同一个礼堂中同时进行，我在心理学课上交的那些朋友看见我坐在一群数学呆子中间，还以为我犯了致命的错误："你坐错地方啦！"

我必须承认，这是在演戏，部分原因在于我一直有种证明自己的需求：我希望在别人的眼中，我是聪明且与众不同的。还记得我在湖滨中学买了两套教科书那件事吗？这是同一种心理在作祟，这样看起来就好像我并没有真的付出努力，尽管在大家看不见的时候，我真的非常努力。我又回到了用装作若无其事来掩饰不安全感的老路上。

尽管我对自己临时抱佛脚的能力相当有把握，但这还是会让我在学期将尽时感到压力重重。在期末考试前，我不得不让自己沉浸在怀德纳图书馆里，几乎把那里当成家，直到完成复习。我喜欢这种高度紧张的状态，而且总是能蒙混过关。毫无疑问，它也导致我一生中都会不断地被寻找教室的噩梦困扰。

升入大二前，我的铁哥们——萨姆、安迪和两个吉姆——把我们的名字一起登记到了宿舍分配抽签系统中，希望能够在柯里尔楼搞到一个套间。这栋本科生宿舍楼有两个吸引我们的地方：(1) 它是一个数学和科学爱好者如鱼得水的自然栖息地；(2) 这栋楼是男女生混住的。第二点对我来说格外有吸引力，虽然我还是会和第一群人整日厮混。

我们并没有得到想要的套间。我和安迪成了室友，我俩合得来的原因有很多，其中之一就是我俩都是十足的邋遢鬼。

我养成了一个习惯，那就是定期与柯里尔楼的一帮人玩扑克牌。一周里总有几个晚上，我们会聚在地下室一个逼仄的房间里，围着一张长会议桌打牌至夜深。这帮家伙里有些人几乎把扑克牌当成自己的第二专业。常来打牌的人大多数是数学和科学专业的学生，随时随地都在琢磨概率论和博弈论。此外，有几个人有办法迅速将赌注提高。

尽管有段时间没怎么玩扑克牌了，但开始时我仍认为自己的牌技在这帮人里是高于平均水平的。不过这种情况并没有持续多久，接下来发生的一切和 Math 55 那门课上的经历颇为相似：玩得不好的人逐渐不再现身，这样一来，即便我的水平有所提高，和整个一群人比起来，牌技却呈现相对下滑趋势。但我仍咬牙坚持，与这些超级聪明的牌手斗智斗勇让我变得越来越厉害。那种感觉让人上瘾，即便我一度因输了太多钱而不得不求保罗拿走我的支票簿。我又变成了那个和外祖母坐在餐桌上玩牌的 8 岁男孩，一直在输，但每玩一手牌，牌技都有所提升。只不过，这一次我们玩的是真金白银。

我们的赌注越来越大，打牌的地方也从柯里尔楼转移到了校外乌烟瘴

第十一章　百搭卡

气的学生公寓。我手风最顺的一个晚上,是某次在校外玩七张牌高低梭哈时。我一直在赢,每一轮结束都要把钞票塞进自己的卡其裤口袋,因为摊在桌上实在太露富。我也希望赢来的钱落袋为安后,自己能抵御越赌越大的诱惑。那天晚上,我赢走了大约1 800美元,这是一笔巨款。但第二天晚上,在同一个房间,对手是同一群人,我几乎输掉了所有斩获。

这种滋味并不好受,而这也将是我最后的几次玩牌经历之一。我意识到我的牌技并没有好到遥遥领先的程度,因为只有最好的玩家才会留在牌桌上。

8月,保罗和他的女朋友丽塔来到了波士顿,在离哈佛大学40分钟车程的郊区租了一间公寓。秋天到来时,保罗逐渐适应了在霍尼韦尔领一份薪水、为大程序编写小模块的打工人生活。此前,我的大学朋友们已经从我的讲述中听说了保罗富有传奇色彩的个性,如今,这个神秘的保罗就活生生地出现在了眼前。一个大学生选择休学,从西海岸跑到东海岸来当程序员,这在那时是很不寻常的事。留着大胡子、搂着女朋友、拥有高超吉他技艺和渊博知识的保罗是个不折不扣的酷小伙儿。一如既往,他是驱使我前进的赶牛棒——偶尔也是撺掇我胡作非为的"教唆犯"。

不用上班的时候,保罗就活在他的杂志世界中。在他的公寓里,《大众电子》(*Popular Electronics*)、《自动化数据处理》(*Datamation*)和《无线电电子学》(*Radio-Electronics*)的过刊扔得到处都是,各种计算机及其零部件的参数表也散落一地。在位于哈佛广场中心位置的那座地标性报刊亭"外埠新闻"里,他随随便便就能待上一个小时,东翻西找各种信息。那年秋天,保罗向我兜售的许多创业点子都来自他那些越堆越高的文章和出版物。

这些文章和出版物绝大多数都以微处理器为中心。有一段时间，保罗打定主意，要以数字设备公司为榜样打造一家计算机公司。数字设备公司充分利用各项新技术的潜能，不但降低了计算机的价格，还极大地拓展了其应用。我们是不是也能利用廉价的微处理器做同样的事？或许我们还可以串联起多个芯片，以极其低廉的成本造出一台功能超级强大的计算机？开展针对消费者的分时业务这个主意怎么样？或许人们可以拨号联入我们的计算机，获取新闻和其他有用的信息（比如食谱）？

我们通常会一边吃比萨一边对这些点子权衡利弊，讨论有时也会发生在波利尼西亚风格的 Aku Aku 餐厅。我会一边啜饮着"秀兰·邓波儿"无酒精鸡尾酒，一边滔滔不绝地聊上好几个小时。（19 岁的我已经达到法定饮酒年龄，但和酒精饮料相比，我还是更喜欢这款面向未成年人的无酒精鸡尾酒。）因为保罗对计算机硬件情有独钟，他的点子通常都围绕着建造某种创新型计算机而展开。他想出来一个很棒的主意，即用某种技术将计算能力不那么强的廉价芯片串联为一个强大的、被他称为"位片计算机"的处理器。但他的问题是，我们能用这种位片技术跟 IBM 抢生意吗？数字设备公司 10 年前这么做过，当时，一台业界领先的 IBM System/360 计算机主机的价格可能高达数十万美元甚至更多。我花了些工夫研究这台 IBM 计算机的细节，以及保罗的"位片计算机"概念。第二天晚上出去时，我告诉他，我觉得这个想法能成。我们或许可以仅用 2 万美元就造出一台与 IBM System/360 性能相当的计算机。

不过，他很清楚，我对制造硬件这个想法越来越不感兴趣。计算机制造这门生意在我看来风险太大，我们必须购买零部件，花钱请人组装机器，还要寻找大量的储存陈列空间。再说，从现实的角度来看，我们怎么可能竞争得过 IBM 这样的大公司及飞速崛起的日本电子产品制造商呢？

我之所以会有这种观点，是受到了 Traf-O-Data 在硬件方面接连遇挫的影响。在长达 18 个月的时间里，远在西雅图的合伙人保罗·吉尔伯特一直没能让我们发明的计数器正常运行。这台机器需要所有的电子脉冲信号协调配合、精确同步，它们必须在同一时刻到达计数器的每一个存储芯片。发生 1 微秒的延迟，一切都会就此卡住。某根电线只要稍长一丝一毫，或是产生一丁点儿的辐射，就可能扰乱电子脉冲信号，而且这种情况在现实中反复出现。无休止的小故障让我忧心忡忡，这会让我们陷入令人生厌的问题解决模式。在这种模式中，一切似乎都是在碰大运，并非完全由我们掌控。

吉尔伯特自称完美主义者，这个痴迷于数学的工程师会就一个问题死磕不放，直到解决为止。"我不喜欢被打败。我一定会把它搞定，不惜一切代价。"他总是这样说。（吉尔伯特的女朋友在那年跟他分手了，因为他在 Traf-O-Data 上花了太多时间。）

我编写了内存测试软件，然后两个保罗就一头扎了进去，他们耐心地盯着示波器做出诊断："数据写入 7 号芯片线路时出现故障。"就像那些有机化学模型一样，这些硬件问题的混乱无序让我灰心丧气。我的紧张情绪肯定也带来了额外的压力，我总是急三火四地想要看看有什么能改进或增加的东西，力求加快进度。

在我上大学一年级的那个春天，吉尔伯特终于能让硬件正常运行了。那年夏天，我在我父母家中约见了来自西雅图金县的潜在客户。那天早上，我将一切都准备就绪，但在我现场演示时，机器的磁带读取器坏了。我求我母亲告诉那些人，的的确确，就在前一天晚上，这台设备的表现还无可挑剔。客人们礼貌地喝完咖啡，告辞离开。那之后，我们花大价钱购入了一台劳斯莱斯级别的磁带读取器。我们投入了这么多的心力和财力，仅仅是为了一台简单的计算机，而它只能干一件事，那就是将纸带上的穿孔转化为图表。

一次又一次，我和保罗共进晚餐时的谈话会转移到软件问题上。软件与硬件不同，没有线路，也无须工厂。编写软件所需的只不过是脑力和时间，而这正好是我们知道怎么去做、让我们独一无二的东西。在这个领域，我们有优势，我们甚至可以引领方向。

我们首先需要一台计算机。当时，已经有几家公司在销售推广以英特尔的创新技术为核心的小型计算机。在法国，一款手提行李箱大小的迷克拉尔（Micral）计算机已经用上了英特尔8008，也就是我们的交通流量计数器所使用的同款芯片。迷克拉尔计算机专门针对单一用途的应用场景，比如自动化收费站。另外一款计算机马克8号（Mark–8）不过是一个业余爱好者自己动手完成的项目。你可以花几美元购买组装说明书，然后从不同的供应商那里购买零部件，寄希望于把它们全部焊接起来之后，计算机可以正常运行。我知道，英特尔当年早些时候发布的最新芯片已经取得相当大的技术进步，其运算能力足以支持一台发挥实际功能的通用计算机，这便是8080处理器。作为我们的硬件百事通，保罗将会密切关注芯片的相关动态。

"如果有人搞出了一台使用8080处理器的计算机，一定要让我知道。"我对保罗说。

与此同时，我接受了从哈佛大学获取帮忙的提议。我在选课目录中寻找重点关注计算机架构的课程，找到了"数字计算机导论"这门课。我不认识这门课的授课教授，但我估计他在业界有些人脉。我预约了与他面谈的时间，陈述了我的想法。我说，我对微处理器领域的进展十分感兴趣，想要试着为其编写软件。我还问他能不能帮我联系一下英特尔和其他公司，看看他们是否愿意捐赠一些芯片用于研究。这位教授问我想要做的这些是否与某门特定的课程相关。我给出了否定的答案，表示这只是一个让我特别感兴趣的领域。他回答说，那他恐怕爱莫能助。

几天后，我又尝试了一次，我再次走进这位教授的办公室，把一份详尽的硬件规划方案和一封请求捐赠的信件模板呈交给他。我希望他能在信上签名，这样我们就可以将其寄给多家硬件制造商。后来我才知道他根本没看那份方案，还对我的高年级辅导员说他"既没时间也没兴趣提供帮助，因为这件事和课程无关"。

那时候，我跟很多人提起过这款神奇的芯片，大多数人听到后都报以怀疑的态度。如今，假如我试着跟他们换位思考的话，我倒也能理解其中原因。当时在高校中从事计算机科学研究的专业人士，以及大部分计算机行业的从业者，满心满脑想的都是计算机主机和小型计算机。和二者比起来，微型计算机不过是势单力薄的远房小弟——不入流的小玩意儿。美国国防部向哈佛大学注入巨资，可不是让这所学校研究小玩意儿的。毕竟，1974年，没有任何一台微型计算机会被用于为导弹制导和驾驶潜艇。但在那时，我对形势的判断远没有如今宽容，我认为这帮人对未来蕴含的可能性缺乏想象力。

11月底，保罗的女朋友丽塔回西雅图了。保罗那时已经住进位于剑桥市的政府补贴廉租房，从我这儿坐火车一会儿就能到。这个新开发的小区叫林奇大厦，保罗给它起了个绰号叫"鬼林奇"，这个词充分捕捉到了这栋铁门紧锁、蟑螂横行的公寓楼的阴郁气质。它和保罗当时的情绪也很合拍，他的一生挚爱已经回到西海岸，和他天各一方。保罗很孤独，也厌倦了自己的工作。每周数个夜晚，加上大部分周末，我们都会混在一起讨论我们的计划，要么是他来柯里尔楼，要么是我去"鬼林奇"。

1974年12月初，我俩当时的情况就是如此。一个飘着雪的下午，我坐在宿舍房间里看书。接下来几周的日程已经确定，我会去参加普特南数学竞赛，上完这一年的课程，然后坐飞机回西雅图过圣诞和新年假期。我敢打赌母亲会像我大一那年一样，把我的假期安排得满满的。我将出席各种节日派对和晚宴，准备送给家人和朋友的节日礼物。她已经打听过我想要什么圣诞节礼物：《披头士乐队1967—1970年精选集》、桑塔纳乐队的专辑《欢迎》，以及一本保罗推荐的科幻书。假期结束后，我计划赶回学校，在1月6日开始的阅读期内疯狂复习，为期末考试做准备。

就在这时候，保罗冲进了我的房间。他是从"外埠新闻"一路跑过来的，跑得上气不接下气，靴子上满是雪和污泥。

"还记得你跟我说过什么吗？"他说。

"什么？"

"你说'如果有人搞出了一台使用8080处理器的计算机，一定要让我知道'，看，这就是！赶快读一下！"他说着，把一本杂志塞到我手中。这是1975年1月号的《大众电子》，封面上有一行大字："项目突破！世界上首个可与商用系列相媲美的小型计算机套件。"

我坐回椅子，翻到了那篇文章的正文。文章的标题是"迄今为止功能最强大的小型计算机项目——造价低于400美元"，标题下方的表格里列出了一些引人注目的规格参数：一个8位英特尔8080处理器，高达64K的内存，78条机器指令。其性能几乎是我们用于Traf-O-Data系统的8008芯片的两倍。

当我聚精会神地读着这6页杂志报道及其附带的电路图时，保罗就站在那里，静静地看着我。我能感觉到自己在晃动。

这个东西很小，还没有我面前的打字机大，看起来就像是一台带有拨动式开关和指示灯的立体声收音机。它不带键盘，没有显示屏，甚至没有接入电传打字机的端口。该文章表示，它是可拓展的，这意味着它能连接外部设备，变成一台功能完备的计算机。文章的第一段总结道："一个家家户户都拥有计算机的时代向来是科幻作家的热门话题，如今它已到来！让这一切成为可能的是这台《大众电子》与微型仪器和遥测系统公司（MITS）联手推出的牛郎星8800（Altair 8800）计算机，一台可以与当今市场上那些精细复杂的小型计算机相抗衡的成熟计算机。而且，它不会让你花上好几千美元。"

文章的作者指出，低于400美元的售价与购买一台彩色电视机的花费差不多。

在三年的时间里，保罗和我一直在讨论着充分利用芯片性能指数级提升的新型计算机将如何改变一切。我抬头看向保罗。"这事儿正在发生，可和我们没什么关系。"他说。

家家户户都拥有计算机的时代？这是真的吗？

这台售价397美元的牛郎星计算机是一个未经组装的产品，你买到手的是一个包含数百个零部件的套装，在你将它们焊接起来、把螺丝一一拧好后，你只能寄希望于它能正常运行。从本质上讲，计算机执行各种计算都要应用到二进制数学——一个个1和0。即便是如今的智能手机和超级计算机，它们内部那些功能超级强大的处理器的工作原理依然如此。但是，一层又一层精密复杂的软件让你无须与二进制运算这一根本性的运行机制直接打交道。你在编写软件时不用想着1和0，运行软件的时候就更没这种必要。

然而，牛郎星计算机在使用二进制这一点上可谓一览无遗。如果不接上一台电传打字机，或是采用其他方式向其加载程序，无论你想输入什么，都必须使用它正面的 16 个拨动式开关（共有 25 个这样的开关）。每个拨动式开关都有两个挡位：上面的挡位代表 1，下面的挡位代表 0。每个 1 或 0 都代表着一个二进制位。8080 处理器是一个 8 位处理器，它能将 8 个二进制位串联在一起，构成一个存储信息的字节。

要想将一个字节输入牛郎星计算机，你必须至少拨动 9 个开关。哪怕是输入最简单的程序，比如 2+2，也需要拨动开关数十次。任何一个有实用功能的程序，不管其复杂程度如何，都至少需要拨动上百次开关。这台计算机还使用二进制来回传计算结果，通过一排排红色发光二极管灯来显示。

就算完成组装，牛郎星计算机也绝对不是一台适用于家家户户的计算机。

不过，我敢肯定，除了保罗和我，还会有很多人想要来上一台。毕竟，只需花上购买一枚英特尔 8080 处理器的价钱，就能得到整台计算机的套件。对狂热的计算机爱好者社群来说，这不啻梦寐以求的圣杯。更重要的是，保罗和我感觉到，会有正式的商业和工程应用因此出现，因为即便需要额外购置外部设备，它的价格依然十分低廉。

《大众电子》上的报道对软件几乎只字未提。为了实现无须拨动开关便可轻松地将程序写入牛郎星计算机的目的，大家必然需要一台电传打字机终端，以及一种像 BASIC 或 FORTRAN 这样专门为 8080 处理器量身定制的编程语言，但是文章的作者并未言及是否已经有一种可供应用的语言。

我们打赌还没有这样的语言。

不过，有一件事牵制了我们，那就是我们手头还没有牛郎星计算机，我们甚至拿不到相当于这台新型计算机大脑的英特尔 8080 处理器。我们怎么测试自己的代码？

保罗已经考虑过这个问题，圣诞节假期时，他打电话来向我报喜。前一年，他曾想出一个用 PDP-10 计算机模拟英特尔 8008 芯片、让我们得以为 Traf-O-Data 编写程序的方法，这相当于让那台价值 50 万美元的计算机主机假装自己是个 360 美元的微处理器。在仔细研究过 PDP-10 的说明书后，保罗决定故技重施，让它来模拟计算功能更加强大的英特尔 8080 处理器。这个模拟器程序可以让我们把哈佛大学的 PDP-10 当成一台牛郎星计算机来使用。

实现了该突破后，我们随即制定了一个方案。我们要搞到英特尔 8080 处理器的参考手册，学习其指令集。我再借助 8080 处理器的指令，以汇编语言来设计和编写牛郎星计算机的 BASIC 语言。BASIC 语言从一开始就是为了让初学者更易掌握编程技术而打造出来的，和 FORTRAN 这种更高级的语言相比，它会对牛郎星计算机面向的计算机爱好者市场更有吸引力。我对自己可以很快地搞出一套管用的 BASIC 语言很有信心，或许这不是最终的 BASIC 版本，但足够投入实际应用了。此外，尽管我没有完成在湖滨中学时开始编写的针对 PDP-8 的 BASIC 语言，那个项目却让我在这一回抢占了先机。与此同时，保罗将开发一个模拟器程序，让 PDP-10 表现得像 8080 处理器，从而运行我的代码。他还会琢磨出一些能在 PDP 上运行的软件工具，对 8080 处理器代码的运行状况进行监控，在出现故障时予以排除。

我们从来没听说过牛郎星计算机的制造商，全然不知这个生产模型火箭电子器件和计算器的微型仪器和遥测系统公司是何方神圣。《大众电子》上的报道列出了一个位于新墨西哥州阿尔伯克基的地址和一个电话号码。1月初，保罗给微型仪器和遥测系统公司写了一封信，声称我们手头就有一版适用于这款英特尔 8080 处理器的 BASIC 语言。保罗在信中表示，我们可以收取每份 50 美元的费用，建议该公司以 75~100 美元的价格将其转售给计算机爱好者。保罗用 Traf-O-Data 的抬头信纸打印了这封信，署名为"保罗·G. 艾伦，公司总裁"。

几周过去了，我们并没有收到回复，于是决定打个电话。

我们担心，如果有人知道我们只是一个大学生和霍尼韦尔的一名低级程序员，就不会把我们当回事。正因如此，保罗才会在那封信中信誓旦旦地说，我们手头就有一版马上可以投入应用的 BASIC 语言。我想让保罗出面谈判，他年长一些，嗓音也更低沉，因此，无论我们创办哪种公司，他或许都是最佳形象代言人。此外，在 1 月发出的那封信上签名的也是他。但保罗认为我应该打这通电话，我的思维更敏捷，在谈生意方面也更有经验。

我们终于达成一致，2 月的一个傍晚，我在宿舍房间里拨打了《大众电子》的那篇报道中列出的电话号码。

当接听电话的那位女士将我的来电转接到微型仪器和遥测系统公司总裁爱德华·罗伯茨的座机时，我心里想：如果我打个电话就能找到总裁的话，这家公司能有多大呢？

我自称保罗·艾伦，表示我是从波士顿的 Traf-O-Data 公司打来的。我解释说，我们马上就要编写完成一个针对牛郎星计算机的 BASIC 语言版本，想要给他们看一下。

罗伯茨告诉我，他已经接到很多人打来的电话，宣称拥有同样的软件。他说，谁能搞出第一个实际可用的版本，谁就能拿到这笔生意。他还补充说牛郎星计算机尚未准备就绪，可能还需要一个月左右的时间，这台计算机才能运行我们开发出的任何版本的 BASIC 语言。几个月内，我们便会了解到，尽管在第一篇杂志报道中夸下了海口，当时的牛郎星计算机只不过是一个十分粗糙的原型机，只此一台，而且甚至并未完工。

这就是个人计算机革命的开端。我们都不过是在虚张声势地奋力前行。

和大多数 BASIC 语言版本一样，我们为牛郎星计算机编写的这一版是一种被称为解释器的特殊编程语言。它的作用机制就像是站在美国总统和中国国家主席身边的口译员，每次翻译一方的某个想法。BASIC 解释器每次也能将一行代码转换为计算机可以理解的指令。它的一个优点在于占用的内存比其他类型的程序少，当时的计算机内存十分宝贵，因为其价格极其高昂。尽管牛郎星计算机的拥有者可以通过将机箱里塞满额外的存储卡来增加随机存储器，甚至达到 64K 的最大值，这些存储卡却贵得吓人：4K 的扩展卡每张售价高达 338 美元。

因此，我知道最大的挑战将会是想方设法地压缩 BASIC 解释器的容量，使其尽可能占用最少的内存，否则余下的内存就不足以用来编写 BASIC 程序及存储这些程序所使用的数据了。

我做的第一件事就是回想起三年半前的那次徒步旅行。当时，我一边艰难地走过大雪覆盖的奥林匹克山，一边在脑海中编写着计算机代码。我能将那段代码写得短小精悍，这足以证明我们也能让整个 BASIC 编程语言占用不到 4K 的内存，甚至还有余量。我在徒步中构思的那部分——表达式计算——正是关键。我如今只需将它从自己的大脑中下载就行了，我立即动手将这个程序写在黄色拍纸本上——它小而紧凑。要是我能把余下的程序也写成这个样子，我们这事儿就能成。

我们最大的担心是时间不够。按照我们的估计，只有几周时间来完成程序并提交给微型仪器和遥测系统公司，否则别人就会赶在我们前面。有太多的工作要做，而我们只有两个人，一个有一份全职工作，另一个功课已经满负荷。我们尤其担心程序中"浮点运算"那一部分，它要处理非常大的数字（"某个数字的某次方"）、非常小的数字（十进制小数）和表示量的数字（比如 π——3.14159）。编写代码本身并不难，难的是需要进行大量单调烦琐的工作。我们可以把这部分搁置，这样就能赶在我们为自己设定的最后期限前完成。但我们的 BASIC 解释器的功能将会因此严重受限。不借助浮点数运算，是没办法开发出一个像样的登月游戏的。

2月初的一个晚上，保罗和我一边在柯里尔楼的食堂里吃饭，一边讨论着我们的浮点运算难题。餐桌那边的一个学生插嘴道："这事儿，我干过。"显然，我们的整个对话都被他听见了。他是数学专业的大一新生蒙特·达维多夫。我问了他几个问题，想考考他是否真的知道自己在说些什么。他的确知道，而且表现得相当自信。我问他是否愿意晚些时候到我的房间里继续这次谈话，结果那天晚上，我们聊了好几个小时。蒙特告诉我，他在威斯康星州读高中时就对计算机产生了浓厚的兴趣，他拥有使用多种编程语言和不同计算机的丰富经验，甚至曾经被一家大型汽车电池制造商聘去编写程序。对我们急需的浮点算法，蒙特也想出了几个好主意。因此，我向他介绍了我们这个编写 BASIC 解释器项目的来龙去脉，他很乐意参与其中。

从2月的第二周起，我开始在两种模式中切换：要么瘫坐在我的红色座椅里，在黄色拍纸本上手写代码；要么耗在艾肯实验室，试图让这段代码正常运行。我白天睡觉，逃课不去，黄昏时跟蒙特在我的房间里碰头，一起前往艾肯实验室。保罗下班后会直接赶去。蒙特和保罗使用我的 4114 号个人账户登录，我们每人霸占一台终端机，通宵编写代码。

我继续负责程序的主要部分，蒙特开始编写处理加、减、乘、除和指数运算的代码，保罗对他开发的 8080 模拟器进行了微调（这个代码让我们能使用 PDP-10 的各种工具，就像是在使用一台基于 8080 处理器的计算机）。随着模拟器的优化，我们编程的速度也在提高。我可以将手写的代码输入 PDP-10，这台计算机主机就会做出和牛郎星计算机一模一样的反应。当我编写的牛郎星计算机程序崩溃时，我便会使用 PDP-10 强大的排错工具迅速找出犯错的地方。我们敢肯定从来没有其他人这么玩弄过这台 PDP-10，我们也敢肯定这让我们比其他打算为牛郎星计算机编写软件的人都更有优势。

在艾肯实验室的权势等级体系中，奇塔姆教授的博士生和从事严肃研究工作的人可以优先使用终端机。我不想妨碍任何人，于是我们绝大部分的工作都是在晚上进行的，那时候 PDP-10 通常处于闲置状态，实验室里空无一人，我们可以有大把时间霸占那台计算机。除了到食堂吃个饭，出去看一两回电影，我们大部分的清醒时间都花在了艾肯实验室。那里的室温保持在 10 摄氏度以下，这是帮助 PDP-10 散热的完美温度，但如果你在终端机前一坐就是几个小时，便会感到很冷。我穿着冬装，写代码写到累为止，然后要么趴在终端机前睡一觉，要么在地上缩成一团，靠近计算机的散热口打个盹。

有了保罗的模拟器和他的开发工具，这项工作进展得很快。我可以写出代码，传到 PDP-10 上测试，在发现问题时立即停止程序运行。然后我会试着把问题解决掉，继续推进。我把相当多的时间投入了那个奇怪的、几乎拥有魔力的反馈循环：写入—运行—修改。处于这种专注状态时，时间似乎都停止了。我会在晚饭后一屁股坐在终端机前，等到再次抬起头来的时候，发现已经是凌晨 2 点。

在这个过程中，我意识到我们并没有足够的信息来编写将电传打字机接入牛郎星计算机的代码，而必须完成这一设置，人们才能够用 BASIC 语言为其编程。我再次致电微型仪器和遥测系统公司，跟设计牛郎星计算机的工程师通了话。我猜，我对计算机如何输入和输出字符的追根究底必定给他留下了深刻的印象。"说真的，你们还是头一拨问到这个问题的家伙。"他好像是这么说的。除了他提供的信息，这番对话还向我表明，在为牛郎星计算机编写 BASIC 解释器这件事上，我们必定比其他人领先一步。

3 月，在疯狂编写了六周代码后，我们的 BASIC 解释器终于可以顺利运行了。在我们看来，这已经足够拿得出手向微型仪器和遥测系统公司展示。我们列出了一长串有待补充的功能和需要改进的部分，它们全都可以稍后再处理。

保罗给微型仪器和遥测系统公司打了电话，跟爱德华·罗伯茨聊了一会儿，安排了一次会面。爱德华并没有对保罗的嗓音比第一次打来时低沉这一点表示疑问。我给保罗买了张机票。

保罗临行前的那个晚上，我突然想到我们对 8080 处理器说明书中的一处理解有误，而这可能会搞砸一切。我们只在 PDP–10 上通过保罗的模拟器运行过该程序，却从来没在牛郎星计算机上实际运行过，一切都只是模拟的。倘若保罗的模拟器有一丁点儿不对头，我们的演示就会彻底失败。保罗睡着后，我用了一整晚的时间对着模拟器逐一查验英特尔 8080 处理器说明书中的每一个指令，寻找错误。完成查验后，我把程序存到了纸带上，急匆匆地递给保罗。我看着他将那卷纸带塞进了手提行李。

事实证明，我们的确忘了些东西。在飞机上，保罗意识到我们漏写了一小段代码，即所谓的引导装入程序，它的作用是指示牛郎星计算机将我们的程序载入内存后启动运行。保罗掏出了一个笔记本，疯狂地补写出那几行代码。

第二天，在微型仪器和遥测系统公司，对方准备好了一台 6K 内存的计算机和一个纸带阅读器。保罗输入了他的引导装入程序代码，这花了点儿时间：每输入一个字节，都必须拨动 8 个数据开关。他随即启动了纸带阅读器，我们的 BASIC 程序用了大约 7 分钟才被导入计算机。最后，纸带到头了，计算机开始运行程序……什么都没发生，它没有运行。

微型仪器和遥测系统公司的人又试了一次。这一回，终端机上显示出下列字样：

MEMORY SIZE?（内存大小？）

保罗输入了几个 BASIC 命令，以此展示我们的"传世杰作"。

PRINT 2+2

4

OK

伴随着这行代码的出现，为第一台个人计算机编写的第一个软件就此诞生。

第十二章

堂堂正正

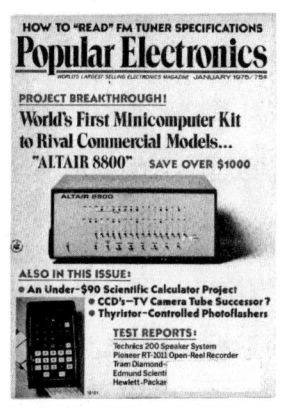

图片来源:《大众电子》

"我都不知道我和他们谁更吃惊一点儿!"在 Aku Aku 餐厅举行的庆功宴上,保罗一边啜饮着他的无酒精鸡尾酒,一边说道。他绘声绘色地描述着当时的场景,我们的软件在微型仪器和遥测系统公司的计算机上完成了 2+2 的壮举后,该公司总裁目瞪口呆,随后大喊:"天哪,它得出了 4!"

我们的这个小程序居然首次亮相就完美运行,这让保罗很震惊。与此同时,爱德华·罗伯茨和微型仪器和遥测系统公司的总工程师比尔·耶茨发现他们的计算机居然真的有用,这让他们当即愣住了。

在简单的加法测试后,保罗希望炫一下技,亲眼看看我们的程序到底能做些什么。耶茨递给他一本《101 个 BASIC 计算机游戏》,保罗从里面选了一版登月游戏,输入计算机。在湖滨中学时,我们学过为这个简单的基于文本的游戏编程，它模拟了一艘阿波罗月球着陆器反推火箭的控制装置。玩家需要在月球着陆器自由下降时为其减速，从而在燃料耗尽前平稳地实现月球软着陆。那天，在那台牛郎星计算机上，它第一次就运行成功了。

爱德华·罗伯茨欣喜若狂，他把保罗请进了他的办公室，开始商讨业务。

看到那篇关于牛郎星计算机的文章前，我们从未听说过微型仪器和遥测系统公司。从爱德华那里，保罗获得了更多有关这家公司的信息。20世纪60年代末，爱德华创办了微型仪器和遥测系统公司，它最开始以制造模型飞机遥控信号发射器为主营业务，后来转为制造电子计算器套件。随着芯片的计算能力不断增强、成本不断下降，以该公司为代表的一大批公司闯进了可编程计算器套件市场。爱德华投下重注，通过借贷来投资旗下的计算器业务，然而由于市场竞争激烈和美国经济衰退，结果损失惨重。1974年春，当英特尔公司发布8080处理器时，微型仪器和遥测系统公司正处于危机重重的境地。在公司濒临破产的情况下，爱德华将这款芯片视为救星，他凭直觉判断廉价的多用途计算机套件会有市场。于是，他追加了贷款金额，启动了这项牛郎星计算机业务。

在这个故事中，我们能从这种放手一搏中学到一些东西。爱德华听说《大众电子》正在为1月刊寻找当期特别推介的计算机，虽然他当时还拿不出原型机，甚至连一张详尽的示意图都没有，但他还是向杂志社毛遂自荐，并对编辑保证文章刊出时肯定能造出一台廉价的计算机。杂志社的编辑同意了。爱德华手头的确有一样东西，那就是跟英特尔公司签订的一份协议。协议规定，假如微型仪器和遥测系统公司买进一定数量的芯片，英特尔就会提供大幅度的折扣。折扣后的单个芯片价格约为

75 美元，而当时的市场零售价高达 375 美元。正因如此，微型仪器和遥测系统公司才能够以如此低的价格销售牛郎星计算机，而普通人光是购买作为这台计算机大脑的芯片，就要支付差不多的费用。

微型仪器和遥测系统公司造好了一台原型机，然后将其打包托运到纽约的《大众电子》杂志社，但是没有寄到，而且再也没能找到它。在杂志 1 月刊的图片中亮相的那台牛郎星计算机只不过是个空壳子，是微型仪器和遥测系统公司临时拼凑起来供摆拍用的冒牌货。如果我没记错的话，这台计算机的前面板是用纸壳箱做的。

报道刊出三个月后，几百人寄来了面值 400 美元的支票，希望购买一台牛郎星计算机。面对洪水般涌来的订单，微型仪器和遥测系统公司根本无力招架。保罗说，这家公司的办公室已经变成组装流水线，员工们把牛郎星计算机的所有零部件塞满包装箱，然后封包交寄。显然，销售量将远超爱德华最初预测的几百台。同样显而易见的是爱德华赌对了：他的公司将成功翻身，重获新生。

在爱德华的办公室里，他告诉保罗，他想要马上获得这款 BASIC 解释器的软件授权。我们的软件可以让牛郎星计算机变成一款有实际用途的计算机。爱德华知道，这将有助于进一步刺激需求。"他说我们可以随后再商讨合同细节。"保罗对我说。

晚餐桌上，我们详细讨论了应当写入合同的条款和应当收取的费用。

我们需要给我们的合伙公司起个名字。直到那时，保罗和我一直自称为 Traf-O-Data 公司，寄出的每封业务信函，我们都会使用这家公司的抬头信纸。但我们想把交通流量计数器的业务和与微型计算机相关的新业务区分开。"艾伦与盖茨咨询公司"听起来顺理成章，但我觉得我俩有可能被误认为是律师。而且这个名字听起来不够大气、像个小作坊，我们想要一个更正式的名字，就像我们的榜样数字设备公司那样，数字设备公司这个名字一听起来就有种巨头的气势。给公司起一个那样的名字，人们或许更容易把我们当回事。毕竟，对两个仍在摸索前行的年轻人来说，能被人严肃对待似乎就已经是个野心勃勃的目标了。保罗想出了一个新点子：既然我们为"微"型计算机编写"软"件，何不将这两个词合起来呢？我表示赞同，于是我们便有了自己的名字——微-软（Micro-Soft）。

在那前后，我在艾肯实验室跟埃里克·罗伯茨见了一面（他跟爱德华·罗伯茨并无关系）。我跟埃里克讲了保罗的微型仪器和遥测系统公司之旅，还提到我们或许有机会卖出刚写完的软件。一向慢声细语的埃里克向我提供了善意的建议：立即停止使用哈佛大学的PDP-10。他解释说，鉴于哈佛大学的这台计算机是国防部高级研究计划局资助、专门用于研究目的的，它不应被用于开发商用产品。那时，我已经听说了这台计算机被装在陆军卡车中、在夜幕掩护下运至校园的故事，也明白是政府在支付它的一应费用，但我不知道任何与其使用相关的规则条款。我告诉埃里克，我会停止使用，并将我们的程序从实验室的计算机中移除。埃里克用一种令人颇感大事不妙的语气补充道，实验室新上任的一位行政管理人员已经知道我重度使用这台计算机的事了。他很不高兴，埃里克说道。

那年早些时候，校方找到人选，补上了那个空了很长时间的实验室副主任的职位。这份工作的职责是管理艾肯实验室的日常运作，以及监督国防部高级研究计划局提供的经费的使用情况。汤姆·奇塔姆依然是实验室主任，新来的人要向他汇报，但实验室里的每个人心里都很清楚，管控将会变严，规矩将会变多。（后来，奇塔姆教授将额外设置的这一层监管称作"数豆子的家伙"。）

埃里克建议我停止使用哈佛10号的几天后，我开着保罗的车去了趟波士顿郊区，在经营分时业务的第一数据公司（First Data）开设了一个账户，把我们的程序安装在了该公司的PDP-10计算机上。从那一刻起，我就不再使用艾肯实验室的计算机来从事与我们的项目相关的任何工作。再见到埃里克时，我问他，我是否需要去跟新上任的实验室副主任聊一聊，解释一下这个情况。他告诉我别担心，他会把我已经停用的消息转告给他。

在和微型仪器和遥测系统公司反复沟通我们这版BASIC改进事宜的过程中，爱德华邀请保罗为他工作。这对我们来说十分完美，我们觉得两个人中有一个直接任职于微型仪器和遥测系统公司，负责为BASIC提供支持服务和开发新版本，想来应该很不错。到4月时，保罗已经辞去霍尼韦尔的工作，打点好行装准备奔赴新墨西哥。随后，他就成了微型仪器和遥测系统公司唯一一个懂软件的人，拥有了"软件开发主管"这个听起来高大上的头衔。

随着牛郎星计算机的订单源源不断地涌来，微型仪器和遥测系统公司推出了一份名为《计算机快讯》（Computer Notes）的简报，与其规模尚小却不断增长的用户群体分享窍门和信息。当第一期《计算机快讯》于4月第2周问世时，保罗给我打了个电话。他把头条新闻——"蓄势待发的牛郎星BASIC"——读给我听。蓄势待发？从严格意义上讲，这倒也没错，但我们的软件距离可以被大规模分销的程度还差着十万八千里。这篇文章列出了一个只有9行的简单程序，其功能是计算一笔本金为650美元、年利率6.5%、期限18个月的贷款需要支付的利息总额、每月还款额和应付总金额为多少。"这场新的计算机革命有两个关键，"报道接下来指出，"一个关键是计算机必须价格低廉，另一个关键是计算机必须易于理解。有了这台牛郎星计算机和牛郎星 BASIC，两个条件均已满足。"

阅读这篇文章的人不会知道，我们手头拥有的不过是这款软件初具雏形的 4K 版本，还需要几个月的时间来完成测试。我们还没签合同，刚刚才找到一位律师，开始讨论协议条款。在那篇文章发表前，只有屈指可数的几个人知道我们的 BASIC。如今成千上万的人都知道了。

"明天上午 10 点，你来一趟我的办公室。我在 20 号房间。"我在宿舍接起电话，是艾肯实验室副主任打来的。此时正值阅读期，确切地说，是 5 月 14 日，我正在复习功课，准备迎接期末考试。我立即就明白了，我之所以被传唤到艾肯实验室，是因为要交代我的计算机使用情况。

第二天上午，没有任何多余的铺垫，这位副主任劈头盖脸地甩出了一连串问题。为什么我在艾肯实验室花了那么多时间？我在搞些什么？我都把谁带进了实验室？

我告诉他，我和保罗、蒙特一起为一台微型计算机编写了一版 BASIC。我跟他说了保罗的微型仪器和遥测系统公司之旅，以及我们正在商讨的合同。对任何一个经常使用艾肯实验室的人来说，我讲的这些都不是什么新鲜事。对于实验室中的每个人，我总是会把我们在做的事情坦诚相告。

他似乎已经知道自己提出的许多问题的答案，艾肯实验室最近引入了一个账户使用情况统计程序，它可以追踪每个人使用的计算机机时。他把一张纸摊在我面前，上面显示着 4114 号用户——我的个人账号——的统计结果。我在 2 月累计用掉了 711 个机时，3 月又用了 674 个机时。鉴于整月都没那么多个小时，这在他看来多得有些不像话。他算了一笔账，然后惊呆了。711个机时意味着比尔·盖茨和他口中的"合伙人"（也就是蒙特和保罗）在2月的28天里，平均每人每天使用艾肯实验室的时间达到了8个半小时。这怎么可能？我不确定他是否明白，当计算机吭哧吭哧地执行运算时，操作者从终端机前走开，让它处于无人值守的状态，这是常见的做法。有时候，我们会同时使用两三台终端机，因此我敢肯定，那些机时是我们在艾肯实验室实际使用时间的两倍，甚至三倍。

或许这并不重要，我将保罗和蒙特这两个未获访问权限的人带进实验室，而且我们从事的是一个商业项目，这才是真正的争议所在，而不单纯是计算机机时的问题。这位副主任解释说，在国防部高级研究计划局的合同项目中进行商业活动是会引起政府关注的。

当他隔着自己的办公桌打量我时，我敢打赌，在他眼中，我是一个之前被不明智地赋予了实验室访问权限的全无组织纪律性的本科生，我还偷偷地将两个同党带进了哈佛大学戒备森严的艾肯实验室，三个人趁着夜深人静、无人注意时大搞特搞某种神秘产品。按照这种剧情设计，倘若国防部的将军们发现了这件事，他们别无选择，只能立即终止对哈佛大学艾肯计算实验室的慷慨资助。

这个预判后果在我看来过于牵强，我猜我的表情一定泄露了内心的想法。事到临头，我却依然不知悔改，这一点似乎让他很烦恼。最近，我在自己的哈佛档案记录中发现了几行评语，这位副主任写道："他不明白自己的所作所为产生的后果，在我对他晓之以理的时候，他似乎完全无动于衷。"在其他档案文件中，他对我的评价是"一个自作聪明的家伙"。

或许我的确是个自作聪明的家伙。那时候，我对自己本能反应的过滤能力还有待磨炼提升。这位副主任此刻负责的实验室，之前缺乏严格的管控，许多用户都在这里从事自己的副业项目，有个人甚至用计算机为同学代写论文，以此牟利。我们对计算机的使用并没有妨碍任何人，而且如果我们不用的话，这台机器也只会闲置在那里。我们也没有受雇于微型仪器和遥测系统公司为他们开发这款软件，我们是抱着试试看的想法来完成这个项目，只不过想赌一下，如果我们能写出来，这家公司或许就会买下来。

我并不确定，假如我当时表现出深切的悔改之意，会不会真的有所助益。一切似乎都已成定局。

"我想要提醒你，你正当着一位目击证人的面发言。"这位副主任在谈话进行到某一刻时指出，他的行政助理就坐在旁边的办公桌前。目击证人？我是犯了什么法吗？我想着。我说，我愿意向艾肯实验室支付自己使用的计算机机时费，并且补充说，我会将在哈佛大学编写的这一版BASIC开放给公众，让所有人都能免费获取使用。

这位副主任让我交还自己手上的那把艾肯实验室的钥匙，然后当着我的面停掉了我的账户。他说，他会马上将此事通报给校务委员会。

校务委员会？这意味着教务长、教务委员会和教学人员都将听取关于此事的汇报。两天后，我终于知道了这件事闹得到底有多大。我的高年级辅导员告诉我，最糟糕的情况是校务委员会可能将我从哈佛大学开除，如果他们认为我的行为特别恶劣，校方或许会抹去我的所有档案记录，这意味着将我曾经上过这所大学的事实一笔勾销。我的天！

那时候，我不经常给父母打电话——大概每三周通一次话，我跟他们也很少提起我和保罗做的事，以及BASIC项目。

现在，在一通电话的时间里，他们知道了一切。

一如既往地，我父亲直奔关键问题：实验室的规章制度以书面形式写下来并传达给你了吗？校方如何区分你对计算机的使用情况与那些利用大学资源从事商业活动的教授的行为？你能看到其他人的证词吗？随后，他给校方打了个电话，提出了同样的问题。我父亲并不是那种习惯于扮演狠角色的人，但他行事分寸得当、条理分明，说话简明扼要且不好闲谈，这种气度让他不怒自威。我能确定不管他的谈话对象是谁，对方都会就此留下深刻的影响，知道他正密切关注此事。无论是否曾经明确地表达出来，我想他的意思已经很明显：不管最终裁定是什么，你们的处理过程最好是公平公正的。

事情过去了这么多年，我已经不记得父母介入这场艾肯实验室风波的细节。我记得父亲飞到波士顿来见我，同时评估了事态的严峻性。我知道他担心哈佛大学或许会对我"痛下杀手"，我还知道我可能被开除这件事让我母亲深感忧虑——她为我发愁。

我毫不怀疑她也在为我们家在街坊四邻中的声誉发愁。那时候，她已经取得自己多年来孜孜以求的那种成功：她是第一个在华盛顿州某大型银行当上主管的女性，也是金县联合劝募协会的首位女性会长（她后来还当选为国际联合劝募协会的首位女性主席）。那一年，她也被提名进入华盛顿大学校务委员会。身兼这些职责的同时，她还是儿童医院和西雅图基金会的董事会成员。克里斯蒂已经开始从事会计工作，走上了一条一代人之前还不对像我母亲这样的女性开放的职业道路。克里斯蒂在德勤找到工作的那一天，大家都替她骄傲。那时已经10岁的莉比在三项体育运动中都表现突出（我母亲终于有了一个和她一样热爱运动的孩子）。再加上有个儿子在哈佛大学读书，学业成绩优异。母亲梦寐以求了20多年——甚至可能更久——的那幅成功家庭的画面终于显现。

但倘若这个儿子中途退学，必定会引人震惊。要是他被学校开除，那就更糟了。

当我坐在打字机前、用一整晚的时间写信给校务委员会时，我能体会到这一切带给我的沉重压力。

我至今仍留有一份这个"集各种功能于一身"的文档的副本，它既是针对我种种做法的辩护状，也是一封道歉信，它对艾肯实验室做出相关评论，也详细讲述了我们的项目，此外，它还是一个正处于革命边缘的行业的缩影。我写道，截至 1974 年，微处理器的进步已经让计算机在突然之间可以被"造得比火柴盒还小"。我指出，"保罗·艾伦坚信微型计算机是未来潮流"，并表达了我们想要投身于这一潮流的意愿。

我对蒙特也被牵连进来感到难过。校务委员会当时也在考虑对他做出纪律处分。蒙特是大一新生，刚刚开始大学生活，这个项目已经拖累了他的成绩。在我的信中，我强调说我是整个项目的负责人，是我把蒙特带进了实验室，这都是我的错。我强烈认为他不应对此负任何责任。

写完信后，我将整整 10 页内容在电话里对我父母念了一遍。父亲提示我应当更努力寻求谅解。按照他的建议，我在信的结尾写道："我为自己犯下的错误道歉。我想在销售这款 BASIC 产品的问题上，我表现出了严重的判断失误。我相信自己可以继续为哈佛大学这个社群做出贡献。恳请校方不要给我留下可能会影响我未来事业追求的污点记录。"

5 月 19 日，我又坐到了打字机前，给保罗写信。"今天晚上我一直在反复思考关于微-软的事，我想我最好还是把一些想法付诸文字，寄给你看。"我列出了与微型仪器和遥测系统公司谈判的要点，以及新产品的技术细节。透过这封长达 3 页的信，能够窥见一个新创业的老板盘算着各种琐碎事务的内心世界：我们该如何分配盈利？怎么管理开支？考虑到需要向律师付费，支付一间公寓的租金，并且负担我们两个和一名湖滨中学校友员工的生活开销，我们要怎样才能避免现金短缺？我还想到了，在万一我和保罗中有一个人"以足以影响大局的方式淡出公司业务（重返校园）"的情况下，我们将如何分配未来合同的收入。"我不觉得这会是个问题……到那时我们都已经是身价以10万美元计的人了。"我预测道。

一周后，我正在宿舍里专心复习，准备期末考试，我的高年级辅导员打来电话说，校务委员会刚刚就我的这起事件开完会，大家投票通过决议，对于我未经许可且不当使用艾肯实验室的行为予以"警告"。这是什么意思？他解释说，我逃过了一劫，比他预想中还要轻松——没有任何惩罚。

对于引发关注的三大问题，即计算机使用时间、开发商业产品，以及将未获访问权限的人带进实验室，校务委员会认定我只违反了第三项，我应当在把保罗和蒙特带进艾肯实验室之前征得同意。谢天谢地，他们还决定"不追究"针对蒙特的指控，在哈佛大学的语汇中，这意味着蒙特将不必对此事负任何责任。

我很幸运，因为校务委员会意识到艾肯实验室的日常管理一直都很松懈，事实上并没有任何成文的规定。对于这一点，因为这起事件接受约谈的每个人都已确认，但我敢肯定我在艾肯实验室的精神导师埃里克·罗伯茨帮了很大的忙。在他提交给校务委员会的情况介绍中，他写道，尽管他对我们的工作后来转化为商业产品这一点持反对意见，但"我觉得，在评价比尔的所作所为时，必须考虑到艾肯实验室一贯的自由放任态度，此外，艾肯实验室必须为从未制定任何关于计算机使用的规则承担一部分责任"。埃里克日后在韦尔斯利学院开设了第一个计算机科学系，未来还将在斯坦福大学和其他院校教授成千上万名学生。

我不太记得清父母在我经历这场艾肯实验室风波时的牵挂忧虑，我自己也不知道这是为什么。我当时非常独立，而且对其他人的情绪状态不像如今这么敏感。我只知道，我那时觉得既然是我自己惹出的麻烦，那就应该自己解决。这一时期留下的一个记录是圣诞节时外祖母寄给我的一封信，正如我所料，她以一种刚正不阿、铁面无私的态度看待我闯下的这个祸。我十分确定，她的想法折射出了我父母的心声。

我相信你已经意识到自己拥有惊人的天赋，而且我们都为你的创造力和对每个想法孜孜以求的勤勉态度深感自豪。但请你务必坚守最高的伦理道德准则。一定要反躬自问，从各个角度和各个层面审视你为之奋斗的事业。我之所以担心，或许只是因为我感觉到诱惑是如此擅长见缝插针、乘虚而入，让我们忘乎所以，全然不知自己的总体目标正面临威胁。尽管你侥幸免受责罚，但你在哈佛大学经历的那些事依然是一个警告，提醒你在采取每一步行动时都应光明正大。我曾见过太多人毁了自己的一生，只因其相信为达目的可以不择手段。这足以让我们战战兢兢、如履薄冰。我希望你保持警醒，让你的工作堂堂正正，从各个角度都无可指摘。你是一个前途无量的年轻人，我永远站在你这一边，我爱你。期待早日见面！

姥姥

50年后，在我的哈佛档案中，我发现了校务委员会调查这一事件时约谈汤姆·奇塔姆的谈话记录。他是把自己管理的实验室向我开放的那个人，而且在我大二时成了我的学术顾问。不到一年后，我还会再次选修他的课，但我并不知道他在这件事中的立场。

在我们的 BASIC 项目开始时，我曾见过奇塔姆教授，我告诉他，自己将会从事工具开发，还试图编写一个解释器。奇塔姆教授在忙碌之余对此表现出了热情，我们并未深入讨论，这是我们屈指可数的几次互动之一。那时，我感觉他已经厌倦在会面时听我对自己思考的各种技术夸夸其谈，也没兴趣听取我关于艾肯实验室应当开展哪些项目的建议。我们达成了一种心照不宣的默契，如果我需要他在某份文件上签字，那就直接丢给他的助理，在他签好后取回即可。当我意识到自己在艾肯实验室中进行的与 BASIC 相关的工作可能有问题时，我约见了奇塔姆教授，他并未露面。我们在那时的关系不过如此，和他交谈时，我总是感觉很紧张，此外，我们两个或许都觉得不见面反而更自在。这对我来说是一种不常见的互动状态，我发现哈佛大学的大多数教授都和蔼可亲，在与这些人长时间交谈有关数学和编程的问题后，我都能和他们建立起不错的关系。有些人甚至直接影响了我，让我认为未来计算机产业会不断发展。

在关于艾肯实验室的这次争端发生时，我以为奇塔姆教授和我不是一个阵营的，但哈佛的档案记录表明他当时站在了我这边。他告诉校务委员会，如果我被迫从哈佛退学的话，这将是"对正义的践踏"，而且他"很乐意批准比尔·盖茨下一年在该实验室使用计算机"。他似乎对我当时的心态一清二楚，档案记录显示，他说整件事的起因是"比尔·盖茨开始表现出他的厌倦，这是一个已经厌倦研究生课程的大二学生"，于是便投身于微型计算机来找点儿好玩的事情干。所有这些自然都是真的。回首往事，他对我的支持是显而易见的，我对此心存感激。我只是想，我们当时要是建立起更紧密的关系，那该多好。汤姆·奇塔姆教授在哈佛大学一直工作到 20 世纪 90 年代末，他不断研究着各种各样的方式，让编程从一种小众文化最终演变为一个工程学的专业领域。我多年后阅读自己的哈佛档案文件时，才知道奇塔姆教授已经于 2001 年去世。

关于我使用艾肯实验室的这起争端，其根源在于对计算机的定位直到那时都是一种稀缺的、受保护的资源。在 20 世纪 40 年代霍华德·艾肯打造他的那台马克 1 号巨型机械计算器时，放眼全世界，计算机的数量屈指可数。自那时起，很多情况都发生了改变。到数字设备公司售出第一台 PDP–10 的 1966 年，整个世界已经拥有数千台计算机。1975 年，在牛郎星 8800 问世时，计算机的数量更多了。但是，计算机依然价格高昂，而且需要某些特殊关系或特别资质才能接触到，比如说一把计算机房的钥匙，或是幸运地就读于某所拥有思想开明的教师的高中。

当时还没有人能完全领会那种稀缺性即将被充裕所取代，计算机很快就能够被数百万人拥有。我们编写的那个惹出了一场麻烦的 BASIC 程序，将和成千上万人的工作成果一道，在这场变革中发挥关键作用。一个青少年也能在计算机上创造出某些有价值的东西，这种想法将会在突然之间从天方夜谭变为司空见惯。此外，计算的成本也将迅速降低，很快就会变得几乎免费。

第十三章

微-软

图片来源：戴维·H. 阿尔

　　我在1975年夏天来到阿尔伯克基时，那间前身为三明治店的商铺已经被微型仪器和遥测系统公司当成总部，并变身为一个临时上马的计算机工厂，里面摆满了用截面为2英寸×4英寸的木材和胶合板简单拼装起来的长桌。每天，你都能看到十几个人在用最快的速度将电子零部件塞进包装箱，然后打包寄送。但是，对那些想要尽快拿到价值400美元的全新计算机套件的客户来说，速度还是不够快。真正狂热的爱好者会驱车数百乃至数千英里亲自到微型仪器和遥测系统公司提走他们的牛郎星计算机。早上来上班的路上，不时就能看到在林恩大街和加利福尼亚街的街角过夜的房车，像是等待外卖比萨一样等待着自己的牛郎星计算机。一场颠覆性的个人计算机革命即将到来，而它的引爆中心便是那间藏身于年久失修的购物中心内，与支票兑换店、洗衣店和按摩店为邻的办公室。

让这一切成为现实的爱德华·罗伯茨的思路虽然是对的，但他严重低估了这款计算机的受欢迎程度。按照他之前的预测，公司每年或许能找到大约 800 名客户，愿意掏钱体验一下拥有个人计算机的新鲜感，但在最初的几个月就有数以千计的订单接踵而至。牛郎星计算机的购买者似乎并不在意这台计算机组装好之后，除了拨动开关，让指示灯闪动起来，根本拿它干不了什么。这些购买者主要是工程师、医生、小企业主、学生和其他一些爱好者，他们有随心所欲地购买电子产品的经济实力，也有捣鼓这些小玩意儿的自由时间。

在加利福尼亚州门洛帕克，一个由 32 名爱好者组成的小团体曾在 1975 年 3 月聚集在一间车库里，交换关于牛郎星计算机的信息。在这场聚会前，一名成员驱车从加利福尼亚州来到阿尔伯克基，只是为了看一眼这家提供邮购计算机服务的公司是否真的存在。他见到了爱德华·罗伯茨，了解到微型仪器和遥测系统公司收到的计算机订单已经远远超出其交付能力。在小团体下次聚会时，成员们第一次亲眼见到了一台牛郎星计算机。它的拥有者是一个名叫史蒂夫·东皮耶的木匠，他拨动开关，向没有配套软件、键盘及显示器的计算机输入了一个简单的程序。当他拨下最后一个开关时，这台计算机出人意料地通过一台调幅收音机断断续续地播放了一段披头士乐队的《山丘上的傻瓜》。(他接着又播放了"黛西，黛西"[1]，在场的每个人或许都知道，这是 1957 年在计算机上播放的第一首歌曲，也是电影《2001 太空漫游》中计算机 HAL 9000 慢慢"死去"时哼唱的旋律。)

没过多久，这个小团体便会自称"家酿计算机俱乐部"。不到几个月

---

[1] "黛西，黛西"("Daisy, Daisy")是歌曲《黛西·贝尔》(Daisy Bell) 的歌词。——编者注

的时间，其成员数量便激增至数百人。与家酿计算机俱乐部类似的组织在全美蓬勃兴起。和我一样，那些早期的个人计算机爱好者从小到大一直习惯性地认为，购买一台计算机要花上几十万美元。如今以不到 1 000 美元的价格，任何人都能拥有一台，即便它的功能十分有限。

为了推动这个规模尚小却热情洋溢的市场，爱德华·罗伯茨将几台牛郎星计算机装进自己的蓝色道奇露营房车，雇用了一位大学生前往美国各大城市开展短暂而快速的巡回推广活动。这辆后来被称为"蓝鹅"的房车每到一地，便会在当地的假日酒店与爱好者见面，微型仪器和遥测系统公司的员工现场展示运行着我们编写的 BASIC 的牛郎星计算机，然后再急匆匆地赶往下一个城市。

6 月，我飞到旧金山，与微型仪器和遥测系统公司的一群员工和"蓝鹅"同行数日，并拜访了家酿计算机俱乐部和其他计算机爱好者团体。我还是第一次身处硅谷，"硅谷"这个名字几年前才随着仙童和英特尔这些半导体公司的迅猛发展而被人们广泛使用。此行让我获益匪浅，我见到的许多爱好者，他们都是以一种反正统文化的角度来看待牛郎星计算机及个人计算机这个整体概念的。廉价或免费的计算机正符合 20 世纪 60 年代和 70 年代初的嬉皮士时代精神，这种个人计算机象征着大众的胜利，一直将计算权限掌控在自己手中的垄断性大公司和建制派势力也因此遇到了挑战。即便一些工程师任职于洛克希德公司这样的国防承包商或惠普等大型电子公司，他们对技术的热情依然在很大程度上源自倡导社会变革和思想自由流动的意识形态。在我见过的团体中，有一家人民计算机公司，与其说它是一家公司，倒不如说是一个乐队组合，而这个名字的灵感正是来自摇滚女歌手贾尼斯·乔普林和她的乐队老大哥和控股公司。人民计算机公司就像是一个俱乐部，其主要参与者是中小学生，他们只需支付很低的费用便可以使用计算机，还能参加免费的计算机课程。人民计算机公司办了一份简报，并在其发刊词中宣告了他们的使命：

如今的计算机主要被用来

与人民为敌，而不是为人民服务

用来控制人民，而不是解放人民

是时候改变这一切了……

我们此行的一站是在帕洛阿尔托的里基凯悦嘉寓酒店进行展示，当天注定将被许多人铭记于心。就在几个月前，保罗、蒙特和我还在哈佛大学的计算机上编写着我们的这版 BASIC。这个 4K 版 BASIC 十分简陋，只不过是一个仅能凑合使用的原型，我们原计划在当年暑期再精心打磨一下，但这是微型仪器和遥测系统公司提供的适用于牛郎星计算机的唯一一种编程语言，因此，在早期的演示活动中，它简直成了秀场明星。有了这版编程语言，牛郎星计算机的爱好者便能用这个价值 400 美元的机器匣子做点儿实事。

25 年后，一名记者将会把在凯悦嘉寓酒店度过的这一晚上形容为"某人偷走比尔·盖茨的软件的一天"。当时，酒店的会议厅里挤进了大约 200 人，其中包括家酿计算机俱乐部的许多成员。在微型仪器和遥测系统公司的一名员工展示牛郎星计算机时，有人把手伸进一个纸箱，拿走了一卷 4K 版 BASIC 的备用纸带。我几乎不记得那天晚上发生了些什么，更别提是否注意到代码丢失了——甚至几个月后才知道。这卷纸带最终落到了一名家酿计算机俱乐部成员的手中，此人迅速制作出 70 多份软件纸带拷贝，在俱乐部的聚会上分发，并鼓励大家制作更多的拷贝。几周内，数十份——也有可能是数百份——4K 版 BASIC 拷贝便散布得到处都是，比我们完成原计划销售的版本还早了几周。

秉承新生的个人计算机世界的嬉皮士精神特质，当时人们普遍认为软件应当是免费的。软件应当是可以从朋友那里拷贝得来的，可以公开共享，甚至偷也无妨。在很大程度上，这就像当时音乐界的情况。有多少布鲁斯·斯普林斯廷的歌迷在那年夏天买了《生为奔跑》那张专辑，就有多少人从朋友那里借来将其转录在磁带上而不用花一分钱。

硬件就不同了，它是看得见、摸得着的，它就摆在你的桌子上，你能听见散热器转动时发出的嗡嗡声；把手放在机箱上，你能感觉到电源释放的热量；把机箱盖打开，你能看到那些微小的零件，整整齐齐地和微处理器焊接在一起。这是一个神奇的、极其敏感的设备，必须在无尘车间里制造完成。与之相对，软件是虚的，不过是一些谁也看不见的以比特计的信息，存储在磁带上，或是以难于索解的记号形式存在于一卷纸带上。需要充分发挥想象力，才能看到某个人曾花费了数千个小时来进行设计、编写和调试，付出了最大的努力令其得以正常运行。而且，既然软件一直都是免费的，为什么不能拿来转送他人呢？

但是保罗和我想要构建一种商业模式，在许多次深夜畅谈之后，我们坚信随着个人计算机变得越来越便宜、走入大小企业和千家万户，对高质量软件近乎无穷无尽的需求将随之产生。即便是在为微型仪器和遥测系统公司开发第一版 BASIC 时，保罗和我也在探讨人们可能会需要的其他种类的个人计算机软件。我们可以打造一些编程工具，比如代码编辑器，再比如 FORTRAN 和 COBOL 这些常用语言的版本。数字设备公司的 PDP–8 小型计算机和牛郎星计算机一样内存有限，在研究了前者运行的操作系统后，我很确定我们也能为个人计算机开发出一整套操作系统。有朝一日，如果一切如我们所愿，微-软将成为一家"软件工厂"。我们会提供多种多样的产品，它们会被视为行业中的佼佼者。而且如果事情的进展真的特别顺利的话,我想或许我们可以拥有一支大规模团队,有一批技术高超的程序员为我们工作。

那时候,如果有人问我们目标是什么,我或许会详尽描述这个软件工厂的愿景,也可能只是简单地说上一句:我们希望让自己的软件运行于全球每一台个人计算机上。我得到的不是白眼,就是忍俊不禁的表情。

继英特尔之后,一大堆芯片制造商迅速采取行动,奋起直追。摩托罗拉、仙童、通用仪器、西格尼蒂克、英特矽尔、美国无线电公司、罗克韦尔、西部数据、国家半导体、MOS 科技、德州仪器等公司都在制造和英特尔 8080 相似的 8 位微处理器。这些芯片中的任何一个,都有可能成为个人计算机的大脑。每当有新款芯片发布,保罗都会找一篇附带其规格参数的技术类文章,然后我们会就此展开讨论,决定是否值得花时间为其编写软件。

我们举目四望,看到的是一个行业的种子正在遍地萌发。4 月,家酿计算机俱乐部的一名成员和他的朋友在加利福尼亚州伯克利创办了处理器技术公司,这家公司最初的业务是销售适用于牛郎星计算机的扩展存储卡,不到一年时间,他们就开始销售自有品牌的计算机 Sol–20。斯坦福大学教授罗杰·梅伦 1974 年年底拜访《大众电子》的纽约办公室时,碰巧看到了那台即将发布的牛郎星计算机仿真机,他大受震撼,改签了返程的飞机航班,中途在阿尔伯克基转机,只为见爱德华·罗伯茨一面。很快,梅伦和斯坦福大学的一位朋友便开发出了牛郎星计算机的多种附加装置,比如数字摄像机和操纵杆。不久后,他们还推出了一款名为 Z–1 的微型计算机。(他们公司的名字 Cromemco 是从斯坦福大学一栋宿舍楼的名字"克罗瑟斯纪念大楼"变化而来的。)

受到牛郎星计算机及其使用的英特尔 8080 处理器的启发,惠普公司的工程师史蒂夫·沃兹尼亚克购入了一个 MOS 6502 处理器。使用这个他能找到的最便宜的微处理器，沃兹尼亚克很快就自行造出了一台计算机原型机。和许多家酿计算机俱乐部的成员一样，沃兹尼亚克的动力来自工程设计所带来的刺激，以及能够造出某些可以与俱乐部分享的作品的自豪感。但当他的朋友史蒂夫·乔布斯看到这台原型机后，情况便发生了变化。乔布斯刚刚回到美国，那之前，他在印度旅居了七个月，据其后来所述，此行的目的是寻找自我。不到一年时间，乔布斯就脱掉了橘黄色的禅修长袍，重新蓄起头发，并且说服沃兹尼亚克，其在计算机方面的爱好可以变成一桩生意。没过多久，他们就为自己创办的公司起名为苹果，并且开始销售旗下的第一款计算机——苹果Ⅰ。

我父母原本期望我能在西雅图度过夏天，像前一年夏天那样，在华盛顿大学选修一两门课。我却跑到了新墨西哥。此外，我很快便会告诉他们，我打算休学一个学期，留在阿尔伯克基。我父母颇感忧虑，但在我的记忆中，他们并未大力阻挠。或许在校务委员会给予我"警告"后，他们觉得暂时休学对我有好处。到冬天时，他们或许已经做出判断，认为我对软件行业的初步尝试有可能戛然而止，但也有可能转化为一项副业，当我重返校园、继续读完学位课程时还会接着干下去。

我父亲会用"井然有序"这个词来形容那种一切尽在掌控的人。如果你"井然有序"，那就意味着你深思熟虑后胸有成竹——谋定后动。我想要向他和母亲表明，我是"井然有序"的，对于微-软这个初创项目，我知道自己在做些什么，即便它有可能会失败。

我一直记着自己不得不向父亲请求援助的经历：第一次是肯特和我跟信息科学公司因薪酬管理程序而发生纠纷时，第二次是我与哈佛大学校务委员会的那起风波。当我着手创建微-软时，我希望自己不会再回头找他帮忙,尤其是我已经向父母宣称自己能兼顾公司事务和大学学业。

当时世界上并不存在软件公司,至少保罗和我想要创建的这种软件公司并不存在。此外,在我们的潜在客户看来,我们的产品原本就应该是免费的。但我们已经有一个客户,而且我们有信心在此基础上发展壮大。

我们在阿尔伯克基的第一个住处是流浪汉汽车旅馆的一个双人间,这里离微型仪器和遥测系统公司只有一两个街区。之后,保罗和我在离办公室车程很近的波特尔斯小区租下了一套房号为 114 的两居室。波特尔斯小区的房租不高,还配有一个游泳池,尽管我不觉得我们俩谁能有那个闲工夫去游泳。保罗和我各住一个房间,蒙特·达维多夫在暑期来帮忙编写代码时,会在长绒地毯上用沙发靠枕搭个床铺。我在湖滨中学结交的朋友克里斯·拉森当时在帮忙管理我们的 Traf-O-Data 业务,他在 8 月过来时会和蒙特共用那间起居室兼卧室,这个安排倒也可行,因为蒙特喜欢一个人整晚编写代码,在克里斯早上起床后才一头栽在沙发靠枕上。

我们所谓的总部是微型仪器和遥测系统公司的一部分,位于办公楼一侧的某个区域。我们拥有几台终端机,可以用来拨号接入城对面阿尔伯克基学院区的一台 PDP–10。保罗谈成了一笔租用这台计算机机时的交易,但这意味着我们通常只能在晚上工作,以免影响该区用户的使用。我们没有打印机,于是在每天结束时,一个人要开车前往几英里外的学院区,整捆整捆地取回包含有我们秘密代码的穿孔计算机纸。

作为微型仪器和遥测系统公司的软件开发主管,保罗每天的大部分时间不是用来将我们的软件导入牛郎星计算机,就是在应付那些试图搞清楚如何操作自己的新计算机却无从下手的客户打来的电话。保罗协助微-软公司设定了技术研发方向,他还是我们的开发工具大管家。他为开发那个用于 PDP-10 的模拟器及相关工具所投入的工作将带来持续多年的回报,这个模拟器和相关工具不仅让我们在手头没有牛郎星计算机(或英特尔 8080 处理器)的情况下打造出了自己的第一个 BASIC,随着时间的推移,保罗还慢慢地改进那些工具,我们得以为不同的处理器编写不同版本的语言和其他软件。他的工作帮助我们在这一领域占得先机,并且在很长一段时间里都保持着巨大的优势。

与此同时,我再次投身于 BASIC 的编写。除了修改 4K 版的程序错误,我们还计划再推出 8K 版本和被我们称为"扩展版 BASIC"的 12K 版本。如果把我们比作小说作家,那么 4K 版 BASIC 就是我们的故事大纲,仅对整个故事进行了概要介绍。8K 版加入了更多层次的内容,有更激动人心的动作场面,人物形象也更加饱满。扩展版则是小说的完整草稿,在计算机领域,这意味着它拥有 ELSE 语句和双精度 64 位变量,这些都是编写更高级的程序所需的功能。

我们在 7 月末与微型仪器和遥测系统公司签订了合同,在爱德华的坚持下,我们屈服了,将 8080 处理器所有 BASIC 版本的全球独占权授予了微型仪器和遥测系统公司。我们从这笔交易中拿到了 3 000 美元的预付款,从牛郎星计算机绑定销售的每份 8080 BASIC 中,我们还能获得 10~60 美元的特许使用费,金额取决于它是 4K 版、8K 版还是扩展版。来自销售额的特许使用费上限被设定为 18 万美元。这笔交易还授予了微型仪器和遥测系统公司独家转售软件许可的权利,任何想要在自家产品中使用 8080 BASIC 的公司都需要通过微型仪器和遥测系统公司——而不是微-软——来获取源代码,即 BASIC 的脚本。微型仪器和遥测系统公司同意与我们平分转售软件许可获得的收益,假如有大量的公司在其产品中使用英特尔 8080 处理器，这将意味着一笔大生意。但在 1975 年 7 月，一切都尚属未知。

在牛郎星计算机大获成功之后，爱德华计划推出使用摩托罗拉 6800 处理器的廉价款牛郎星 680。他需要一版适用于摩托罗拉芯片的 BASIC，我们同意编写。此外，这时候，软盘逐渐成为纸带存储的可靠替代品，爱德华希望销售针对牛郎星计算机的驱动盘。这就意味着需要另一版 BASIC，我们也同意接下这个任务。

有如此多的工作需要做，我于是给远在西雅图、住在父母家中的里克打了个电话，想看看他是否愿意推迟他在斯坦福大学的最后一个学期。我告诉他，我们需要为摩托罗拉 6800 处理器编写一版 BASIC。还问他，秋天来阿尔伯克基小住一阵，赚点儿外快怎么样？9 月底，里克搬进了波特尔斯小区 114 号，跟保罗和我住在一起。因为克里斯·拉森返回了湖滨中学，蒙特也回到哈佛大学读大二，里克占据了沙发。

在我们三人中，里克是最没主意的一个，他似乎总是在思前想后，不仅为到底应当读法学院还是商学院举棋不定，还老是苦思冥想着关于自我定位的深奥问题。两年前，我们在 TRW 一起编写代码的那个夏天，保罗、里克和我曾经在南华盛顿合住一间公寓。那个夏天，在不同的时间，里克曾分别把保罗和我叫到一边，坦白说他是同性恋。保罗和我都跟他说，这对我们来说没什么分别，大家还是朋友。这让里克如释重负。保罗和我开玩笑说，我们差不多早就知道了，毕竟，里克是我们中间唯一一个在公寓中收藏《花花女郎》杂志的人。

那时候，我或许并没有完全意识到，里克需要多大的勇气才会坦白自己的性取向。在 20 世纪 70 年代初，同性恋依然遭到普遍的污名化，男同性恋权利运动刚刚兴起，表示支持的人并不太多。此外，我们这个小团体也不是那种待在一起时会相互袒露内心情绪的类型。我们是关系亲密的朋友，也是一个小试牛刀的创业项目的合伙人。我们一起四处瞎胡闹，高谈阔论科技话题，搭伴儿下馆子、看电影，但我们并不经常透露自己心底深处的情感与脆弱，甚至根本就不会这样做。从某种意义上讲，我们依然是那帮在湖滨中学计算机房初次见面的少年。

我们这个团队的动态关系也并未因此改变。保罗继续对所有最新的技术新闻和数据兼容并收，然后将其处理消化为或许有益于微-软发展壮大的点子。里克的长处在于全力以赴地攻关一项任务，有条不紊地搞定每一步，直到最终大功告成。在编写代码的问题上，这正是我们所需要的。我是那个规划战略和前景的人，总是担心我们的动作不够快，或是工作得不够努力。自打我们在高中一起开发薪酬管理系统那时起，情况就一直如此。在湖滨中学，这种安排给保罗留出了空间，让他可以干自己喜欢且最擅长的事，剩下的就交给我。如今，在微-软的起步阶段，我们自然而然地接过了这些角色：保罗专注于技术创新，比如他开发的模拟器和工具；我专注于编写新的软件，处理绝大多数的业务往来。最近，我一直在负责与爱德华·罗伯茨的合同谈判。当我身在波士顿时，保罗曾试图让爱德华在合同上签字，但他没能做到。这种面对面的讨价还价或许是我们这个新的创业项目中保罗最不喜欢的部分。

我们靠着一两通长途电话和一张飞往阿尔伯克基、价值240美元的机票，就搞定了2 000英里外的微型仪器和遥测系统公司。但是要寻找下一个和下下一个客户，我们必须通过写信、参加行业展会、拜访公司的方式推销自己和自己的产品。我们有一大堆问题需要解决：我们应当收取多少费用？如何进行市场营销？怎么雇用员工？谁来处理薪酬和税务这一整套流程？对保罗来说，这些都是无聊且琐碎的工作。如果一切进展如我们所愿，它们只会有增无减且日益复杂。

在与微型仪器和遥测系统公司签字达成交易几天后，我用打字机在一张寄给保罗的便笺上敲出了自己的感想："微-软之所以能表现出色，是因为它有能力设计和编写出好的软件，还因为它有能力吸纳人才，比如蒙特……指导他们，为他们选择一个项目，给他们提供资源，对他们进行管理。与此相关的财务、法律和管理决策是非常困难的，我想你对此亦有所知。我觉得，我在这些工作上的贡献让我有资格得到 50% 以上的公司所有权。"

我坚持认为我们应当按 60% 和 40% 的比例分配公司所有权，我认为这样才算公平。"我对我们的合作前景极其乐观。如果一切顺利，我打算休学一年。"我在结尾写道。保罗同意了这个分配比例。

在我开始尝试将我们关于软件的想法转变为可行的业务时，我心目中的榜样是数字设备公司的肯·奥尔森。他边干边学，随着时间的推移，终于成为所在商业领域的行家里手。我想，作为工程师的他，必定数学能力超强，而鉴于数学需要逻辑思维和当机立断的问题解决能力，我认为他能——我也能——灵活掌握所需的技能和知识。线性代数、拓扑学和 Math 55 这门课余下的内容挑战了我的极限，与之相对照，无论是薪酬管理、筹措资金，还是招聘员工、市场营销，乃至于经营一家公司的各种运作，这一切都尽在我的把握。多年后，我将会幡然醒悟，这是一种过于简单化的观点，但拜托，我当时只有 19 岁，我就是这么看问题的。

那年秋天，我的生活主要是在纷乱中度过的。我会一连好几天编写代码，只有在撑不住时才睡一觉，而且常常是随处倒头就睡。有时我会在终端机前打个盹，有时索性爬到终端机旁边的地板上躺下。保罗结束了白天在微型仪器和遥测系统公司的工作后，会走到我们的这部分办公空间，花几个小时处理一下微-软的业务，然后回家小睡片刻，再在凌晨 2 点返回，常常看到我仍坐在终端机前。微型仪器和遥测系统公司的员工早晨陆续到岗上班时，保罗和我会前往丹尼餐厅吃个早饭，然后我回波特尔斯 114 号睡上一整天。那时，我们已经在起居室里也放置了一台终端机，可以借助电话线将它连到学院区的计算机上。大多数日子里，里克从沙发上起身后，便会一直坐在终端机前，敲打着 6800 处理器的 BASIC 代码。写有我们的 8080 处理器 BASIC 代码、供他参考的纸页散落一地。

我们从来不在住处做饭，除了一罐克里斯买来当恶作剧的腌猪蹄，冰箱里空空荡荡。我们每顿饭都在外面吃，经常光顾一家本地的小型连锁餐厅弗家食堂。我在那里第一次尝试了炸牛排，那之后，出于习惯，我每次去几乎都会点这道菜。我记得我们吃了很多墨西哥餐，干掉了一桶又一桶的玉米片蘸奶酪辣酱，还比拼过谁能招架得住一种恨不得把嘴辣起泡的绿辣椒酱。

保罗那年春天离开波士顿的时候，把他那辆快要报废的普利茅斯汽车留给了我。两个月后，我乘飞机西行，把这辆车丢在了停车场，我知道它早晚会被拖走，扔到某个报废厂。在阿尔伯克基度过的第一个夏天，保罗把每个月从微型仪器和遥测系统公司领到的工资的很大一部分都用于偿还自己首辆新车的车贷，这是一辆天蓝色的 1975 年款雪佛兰科鲁泽。保罗以前总是说，有朝一日，他希望能赚到足够多的钱，可以买得起劳斯莱斯当座驾。但那时，他只能先凑合着开一辆双门掀背车。这辆科鲁泽是我们非正式的公司用车，我们开着它从学院区取回打印输出的程序，开着它去吃一顿又一顿的炸牛排，它曾载着我们在向西延伸的看不到尽头的平坦公路上自在漫游，也曾在通往东部、蜿蜒曲折的桑迪亚山穿山公路上绕来绕去。这辆车自重很轻，却是拥有 V8 发动机的后轮驱动车型，因此，不小心的话，很容易失控甩尾。保罗提车后没多久，克里斯和我开着它兜风，我转弯时速度太快，车头撞上了铁丝网围栏。这或许是我唯一一次看到保罗快要哭出来的样子，我付钱为车重新喷了漆，但一直对此心怀愧疚。保罗喜欢那辆车，那时还给它起了一个绰号——"死亡陷阱"。不到一年时间，我便因超速驾驶"死亡陷阱"而被捕。对于我嬉皮笑脸的态度，警察选择无视，直接把我关了一晚。我打电话通知了保罗，第二天一早，他拿着散落在我房间梳妆台上的硬币和钞票，把我保释了出来。

　　有一个周五，保罗和我跟微型仪器和遥测系统公司的员工一起前往中央大街上的一家小酒吧。因为法定最低饮酒年龄是 20 岁，酒吧工作人员不允许我进入，但当同事们把啤酒拿到外面的餐桌上时，酒吧的侍者选择睁一只眼、闭一只眼。下班后小酌怡情的欢乐时光文化，对我来说还是件新鲜事。直到那天，我都很天真地以为，所有公司均处于高效的管理之下，所有员工都充满动力，热爱自己的本职工作，与管理层劲儿往一处使。我从来不曾想过，一家公司是一个人性化的组织，伴随着各种各样的人性弱点与不足。这个周五，以及接下来的许多个周五，转变了我的那种简单化的看法。随着一杯杯啤酒下肚，抱怨脱口而出。微型仪器和遥测系统公司正处于一个蓬勃发展的新兴产业的中心，然而在它身上也能看到一连串让人不知所措的行动、各种急功近利的战略、朝令夕改的计划，以及有时候怒气冲冲的客户。即便是那些资深员工，也对老板爱德华·罗伯茨颇多指责。而且他们对其中原因直言不讳：每个人都不敢提出自己的疑虑。

　　爱德华是个大块头，整个人又高又壮，当他想要把某件事赶快办好时，他洪亮的声音会像打雷般响彻整个办公室。人们把这种指挥与控制式的管理风格归因于爱德华在美国空军的服役经历，他曾在一家武器实验室从事与激光相关的工作。在爱德华说话时，他期待你俯首听命；他让员工胆战心惊，而且对此心知肚明。我毫不怀疑这种意志力是让他成为连续创业者的部分原因，爱德华这种人可以将周围的世界塑造成他想要的样子。保罗对爱德华唯命是从，我觉得这正中爱德华的下怀。但我不是这样，我会更多地以一种平等的姿态与他打交道，就像我自己童年时期惯常与成年人打交道时的姿态一样。一开始，他似乎觉得这挺有意思。他天生擅长讲故事，对各种各样的话题都能侃侃而谈，我会听着，然后提出不同的观点。对于我的这种绞尽脑汁、用尽全力一定要把事情探究出个结果的个性，他总是表现得忍俊不禁。我们聊得很深入，我跟他学到了不少东西。然而，与此同时，在他眼中，保罗和我依然是小屁孩，而且他是在帮我们的忙，因此爱德华才会时常叫我"小子"。他当时三十五六岁，有五个孩子，一手打造出了一台爆款计算机，而且是一家前途无量的热门公司的总裁。我记得自己那会儿想过，对爱德华和微型仪器和遥测系统公司来说，我们不过是小角色。当他把我们的合同一压就是几个月时，我飞回了西雅图，保持观望，等待时机，直到他签字为止。在他看来，我的行为简直就是犯上作乱。

　　签完合同后，我立即切换到跃跃欲试、全面出击的模式。保罗和我与那辆"蓝鹅"一起巡回旅行，并开始在《计算机快讯》上撰写关于软件的文章。这份微型仪器和遥测系统公司发行的简报会分享一些编程小窍门，而且每月定期举办有奖竞赛，为能编写出脱颖而出的软件的牛郎星计算机用户颁发奖品。在一家对软件几乎一无所知的公司，保罗和我是那种精力旺盛、点子超多的异类。保罗喜欢在深夜编程，爱听亨德里克斯震耳欲聋的高音独奏，而我总是处于高度亢奋的状态，这些越发加深了我们给他人留下的与众不同的印象。保罗喜欢讲一个故事，爱德华·罗伯茨曾给微型仪器和遥测系统公司的员工下命令，尽量不要把客户带到后面的软件办公区，保罗对此给出的解释是，这是因为我们既不刮胡子也不洗澡。有一次，爱德华走进我们的办公间时，差点儿被睡在地上的我绊倒。

  在睡觉、编写代码或写信兜揽生意以外的时间，我的全部心思都放在了思考下一步行动上，琢磨着需要招聘的人、亟待达成的交易及应当吸引的新客户。当我进入状态后，无论脑子里在想些什么，都会主动地向愿意倾听的人和盘托出。与保罗及微型仪器和遥测系统公司的人共进晚餐时，我一边在椅子上晃来晃去，一边啜饮着自己的"秀兰·邓波儿"无酒精鸡尾酒，然后一连说上一个小时。我会幻想如何将我们的软件装进每一台个人计算机，解释为什么摩托罗拉 6800 处理器比 MOS 6502 处理器好，以及为什么小公司会购买 Sphere 1 计算机，而不选择牛郎星计算机。我的大脑需要为我所听到的一切、我吸收的每一条新信息整理排序，我会一直说啊说，然后注意到其他人都已经吃完饭。往往在离开餐厅时，我的食物根本连动都没动。"或许我几个小时后再去趟丹尼餐厅？要不就算了，你可以一整天不吃东西，不是吗？"

  在下班后的欢乐时光一起喝酒的那帮人怂恿我去向爱德华建言，促使他推行员工们觉得公司需要做出的改变。"嘿，比尔，为什么你不去跟爱德华说，我们的摊子铺得太大，应当更专注于某个领域。嘿，比尔，你应该去跟爱德华说，我们应当放弃他关于推出新型牛郎星计算机的主意。"在湖滨中学计算机房的那些日子里，保罗是最早意识到拿我当枪使是一件多么容易的事的人。和那时比，我已经有些长进，但程度有限。

  微型仪器和遥测系统公司在 9 月举行的新墨西哥州展览会上订了一

个展位。我们站在摆着一台 50 磅重计算机的展位前，等着有人放下手中的棉花糖，接受关于 BASIC 编程语言的第一课。这种感觉很奇怪，但是我们很乐观。的确有几个人在展位前停了下来，但经常就在我们刚刚开始展示时，计算机便崩溃了。

牛郎星计算机自带的内存极其有限，随机存储器只有 256 字节的空间，这就像是开着一辆油箱只有易拉罐大小的汽车。这个限制催生了几家专门销售内存板的公司，客户可以单独从他们那里购买内存板插入自己的牛郎星计算机。

爱德华·罗伯茨痛恨这些内存板销售商，他说那些公司是"寄生虫"，蚕食着本来应当合法归他所有的业务。部分症结在于微型仪器和遥测系统公司从销售牛郎星计算机本身赚到的钱非常少，这给爱德华增加了压力，迫使他不得不推出各种可以出售获利的外部设备和附加产品——内存板是他的首个尝试。但微型仪器和遥测系统公司的内存板存在缺陷，部分原因在于公司购入的存储芯片有缺陷。这导致了我们在新墨西哥州展览会上的演示失败，也因此突然间冒出了一大堆投诉牛郎星计算机的用户。这些有缺陷的内存板是公司员工们聚在一起喝酒时主要谈论的话题，显然，微型仪器和遥测系统公司应当停止销售它们。你应该告诉爱德华，他们说。

我编写的软件对这一问题做出了诊断，它是由两方面因素共同造成的：一是存储卡的设计缺陷，二是某些存储芯片的电荷泄漏太快。我把诊断结果拿给爱德华看，告诉他应该停止销售这些内存板，直到能够解决问题为止。爱德华告诉我，他做不到。"你不明白，那些银行简直压得我们喘不过气来！"他大声吼道。我并未屈服，冲着他喊了回去："停止销售这些内存板！我们会把这问题解决的！停止销售这些内存板，直到我们解决了问题为止。"

然而，爱德华继续发货，而它们迅速地被退了回来，以至于公司的客服根本无力应付层出不穷的投诉和更换请求。在《计算机快讯》中，爱德华对存储卡失灵的问题表示道歉，他说微型仪器和遥测系统公司正在努力培训客服人员加快速度。"请多多担待。我们正在努力！"他写道。

我逐渐认识到爱德华是一个完美的创业者，也是一个对方方面面都感兴趣的博学家。他选择搁置细枝末节，只为全力追寻宏大的理念，但这种具有非凡创意的人通常都不是将创意转化为生意的最佳人选。

在我认识他的那段时间里，爱德华总会找到各种新的兴趣点，然后满怀热情地投入其中。牛郎星计算机的销售收入为微型仪器和遥测系统公司带来了可观的现金流，1975 年 9 月，他用这笔钱买了一架塞斯纳 310 飞机。两个月后，我置身于这架双发动机的飞机中，就坐在爱德华的身后。我们要从阿尔伯克基飞往密苏里州堪萨斯城，前去参加一场会议，几家从事个人计算机相关业务的公司将在会上制定计算机在磁带上存储数据的标准。

会议进行得很顺利。我得到了一个锻炼推销能力的机会，与其他公司当面洽谈，解答关于微-软和 BASIC 的问题。此外，我们还敲定了一个标准，尽管随着软盘取代磁带，该标准最终被时代抛弃。

会后返回阿尔伯克基的那段旅程永远地刻在了我的记忆中。我们是在会议结束后的周六下午起飞的，在到达 7 000 英尺的高度时，爱德华突然说左发动机正在流失机油，他必须将其关闭，依靠单发动机维持飞行。爱德华奋力保持着飞机不向左倾斜，飞回机场寻求紧急着陆，在这一切发生时，我在后面眼瞅着汗水沿着他的脸颊涔涔而下。那一天，我终于知道了"哀号"这个词是什么意思。我不是那种容易被吓到的人,我喜欢开快车,喜欢在过山车上寻求刺激,但看着爱德华满头大汗、挣扎着让飞机保持航向的样子,我吓坏了。我记得自己当时想:"爱德华驾驶飞机的技术到底行不行啊?我本该提前打听一下的。"当我们终于安全着陆时,我敢发誓,我能看到一股如释重负的感觉涌遍了他的全身。

我们在堪萨斯城又待了一晚,航空机械师检查了飞机,说他没发现任何故障。第二天早上,我们再次起飞,随后在 7 000 英尺的高空再次经历了那惊险的一幕:左发动机再次流失机油,爱德华被迫在两天的时间里进行自己的第二次紧急着陆。尽管我喜欢冒险,这也未免有些过头。我撇下了爱德华和他的飞机,搭乘商业航班飞回了阿尔伯克基。

我经常在夜里离开我们的公寓,走去柯特兰空军基地周围平坦笔直的街道上,长时间地散步。这里在夜间十分安静,是散步和思考的完美地点。有时候我会琢磨代码编写的问题,但通常都是在考虑我们关于微-软的各项计划。1975 年 12 月,在飞回西雅图和家人过圣诞节前,我一边走一边回想创办微-软以来这八个月的时光。我们取得了长足的进展,成千上万的人正在使用我们开发出来的软件,这让我产生了一种不可思议的感觉。但是,我担心我们过于依赖向微型仪器和遥测系统公司收取的特许使用费,也担心太多人选择使用旧的、从别人那里拷贝的 BASIC 版本,而不是花钱向我们购买最新版本。微型仪器和遥测系统公司每售出的 100 台牛郎星计算机中,只有 10 台包含我们的软件,而这都拜猖獗的盗版所赐。一个评估我们当时现状的数字很能说明问题:那一年,微-软的应税收入只有 16 005 美元,其中还包括微型仪器和遥测系统公司付给我们的 3 000 美元预付款。至于未来的业务,我们的确建立了大量人脉，也达成了一些有希望的销售意向，却未能谈成任何交易。

还有不到一个月的时间，我就该返回哈佛大学了。按照计划，我只不过是在秋季学期暂时休学，以帮助微-软起步，从第二年2月初开始，我就必须努力兼顾微-软的工作和满负荷的课业要求。保罗已经在平衡作为微型仪器和遥测系统公司全职员工和微-软创始人的双重需求。与此同时，里克也会重返校园，完成最后一学期的大学学业。对于是否要继续跟我们绑在一起，以及接下来要做点儿什么，里克还没有决定。这就意味着没有人全职思考公司的业务。

然而，在那一刻，我不觉得我们会错过良机。我极其乐观，或许有些过于乐观，我对个人计算机业务的发展轨迹充满信心。我觉得我们很快就能谈妥几笔交易，而且我们到那时为止还没有一个值得一提的竞争对手。硅谷的人民计算机公司刚刚推出一个名为"Tiny BASIC"的免费版语言，但它跟我们的软件没法儿比。

在那次散步的途中，我说服自己，完全可以在经营一家公司的同时当一名全日制学生。我曾经投入在编写棒球模拟程序上的那些时间，如今全都可以放在微-软上。我还觉得我在哈佛大学学到的一切都在奠定我日后个人发展的基础，尤其是我已经与几位计算机科学教授建立起融洽的关系，我认为我可以从他们那里学到更多的东西，获取有助于微-软的知识。此外，我也喜欢大学，喜欢那种疯狂的学习节奏，喜欢与比我见识多的人深夜长谈。尽管我在大一时度过了一段艰难的适应期，但到第二年，我已经找到节奏。时至今日，在知晓微-软这个故事接下来的剧情发展后，似乎显而易见的事实是，我在那个时候就应该退学。但我还没做好准备，我父母当然也没做好准备。我回到家过圣诞节，迎接我的是盖茨家那些一如既往的传统仪式，其中就包括我母亲的自制贺卡。在卡片上,她以打油诗的形式表达了对我的担忧:"老三这个秋天在老阿尔伯克基逍遥;他自己张罗的软件生意嘛,我们只盼着不要搞得一团糟。(至于盈利与否,那是谁也不知道。)"

圣诞和新年假期结束回到阿尔伯克基时,我接到了父母的来电,得知父亲成为某个联邦法官职位的头号人选。我们那个地方的美国联邦地区法院首席法官在打网球时猝死,福特政府把我父亲列在了替补名单的第一位。这是一个令人振奋的好消息,然而我父亲向我吐露说,再三权衡后,他拒绝了提名。父亲的律师事务所正在经历一段艰难时期,他觉得时机并不适宜——选择离开对这家律所来说将是一个沉重的打击。

在我父亲的世界里,出任法官等于登上人生巅峰,是一个人所能得到的声誉最卓著的位置。但他觉得为了同事,他必须留下来。此外,作为法官夫人,我母亲就必须在她的事业蒸蒸日上时减少自身的各项活动。

这通电话打来时,距离我按原计划飞往波士顿还有不到一周时间。我住进了四季汽车旅馆,在那里完成软盘版 BASIC 的代码编写工作。我一直太忙,无暇处理此事,如今已经到了最后关头。连续四天,我每天工作 16 个小时,在黄色拍纸本上草草写下代码,靠外卖充饥。在编写代码的间隙,我给父亲写了一封信。

那时候,我很少给父母写信,我们会时不时地在周日晚上通电话,没什么是不能在电话里说清楚的。然而,此时此刻,要跟父亲交流我对他这个决定的感想,写信似乎是最佳方式。挂断电话后,关于父亲的决定,我思考了良久。父亲视法官为职业生涯的最高目标,有很长一段时间,他都盼望着有朝一日能有机会出任法官。但在离这个目标只有一步之遥时,出于对自己效力的律师事务所的忠诚,以及对我母亲的承诺,他让这个机会擦肩而过。坦白地说，我很惊讶。我写道："您说您对自己正在做的事情十分满足，即便有一个期盼已久的机会出现在眼前。您做出这样的决定真是令人钦佩。自从我知道您打算当个法官那时起，我就一直觉得您会是一个卓越的法官。但不得不割舍这么多您此刻享受的事物，的确是太糟糕了——鱼与熊掌就是不能兼得。"在结尾处，我表达了对自己可能也是一个制约因素的担忧："我真心希望因为我的教育费用而产生的财务压力没有影响到您的决定，因为我很乐意也有能力支付自己的学费。爱你的，老三。"

如今再读这封信，我会不由自主地因信中的语气而微笑，那感觉就好像是我变成了父亲，表达着对自己的儿子所做决定的理解。按照感人肺腑的书信的通行标准来衡量，我的这封信并不算饱含深情。我与父亲之间的关系不是那样的，我们并不经常向彼此表露内心深处的情感。正因如此，这封信才不同寻常。我从来没有评价过父亲的职业选择，因为我从来不觉得自己有资格妄加评论，也不认为自己已经足够成熟到可以发表意见。此外，父亲总是一切尽在掌控，事事"井然有序"，他似乎并不需要别人的建议。

透过字里行间，父亲想必领会到了，我已经足够成熟，可以理解他为了某些更重要的事而舍弃尊荣显耀的决定。但我也想告诉他，我的心思足够缜密，可以理解他这一决定微妙复杂的深层含义。我想要让他知道，我如今已经长大，可以自己照顾自己。在信中，我讲到了自己正在努力工作，闭关编写软盘版的代码，而这项工作"极其复杂，需要绝对的心无旁骛，所以我离群索居，好把这事搞定"。

几天之后，父亲回信了，他说支付我的教育费用与他的决定无关。"你在信中表露出了对我决定拒绝这个法官职位的关心，这让我真的很高兴。正如你所说，我对自己正在做的事心里有数，而且十分满足，贸然做出重大改变是不明智的。"他写道，"你对此事的关注，以及你愿意自食其力的想法，让你母亲和我十分感动。"

他在信的结尾写道："希望你的一切正在变得井然有序。爱你的，爸爸。"

回到波士顿，我重新住进柯里尔楼，重又拾起扑克牌游戏，再度解起了应用数学题，回归这种校园生活节奏是一件很容易的事。然而，我几乎马上就收到了微-软的召唤——我们找到了一家大客户。

作为当时最大的计算机制造商之一，国家收银机公司（NCR）是与IBM竞争的"七个小矮人"公司中的一员。除了大型计算机主机，国家收银机公司还制造一款名为7200的组合产品，其中包括了一个键盘、一个9英寸显示屏和一台盒式记录器。那时候，有一类被称为"哑巴终端机"的设备，我们在湖滨中学使用的终端机（以及用来接入阿尔伯克基学院区计算机的那台终端机）就在此列。它们基本上就是带有显示器的键盘或打印机，可以存取在大型计算机上运行的程序。随着英特尔8080这一类廉价处理器的问世，国家收银机公司等企业增加了它们生产的终端机所能执行的任务数量，从而打造出了一个"智能"终端机的新产品类别。

那年春天，我们已经签下一笔交易，对8080 BASIC进行修改，使其适应国家收银机公司的7200计算机。合同的成交价格为15万美元，这在当时是一笔巨款。因为微型仪器和遥测系统公司拥有将我们这款软件再授权给第三方的独家权利，我们必须跟它平分这笔收入。

与国家收银机公司展开谈判时恰逢学校开学，这意味着我们需要找个人来管理与该公司对接的工作。我给里克写了一封信,在信中,我预估这项工作将花费一个人两个半月的时间,工作内容涉及重新编写代码,以及为了让 BASIC 适用于国家收银机公司的终端机而必须添加的内容。我告诉他,这个时间是以"盖茨月"为单位计算的。之所以拿我自己来打比方,是为了清楚地向他表明这意味着全天候地卖力工作,不能有任何干扰分心。里克回信告诉我,他很可能会在春季毕业后攻读硕士学位或上法学院。我必须另请高明。

尽管微型仪器和遥测系统公司的计算机销量依然喜人,但只有很少一部分客户付费购买 BASIC。那年秋天,在《计算机快讯》上,爱德华·罗伯茨在个人专栏里委婉地向客户提出了批评,提醒他们应当为软件掏钱。我不觉得他的措辞足够严厉。那年冬天的一个晚上,在宿舍里,我用打字机在一页纸上敲下了我的想法,然后把它寄给了之前下班后一起喝酒的微型仪器和遥测系统公司员工戴夫·邦内尔,他是公司里的笔杆子、《计算机快讯》的编辑。戴夫把这封信的副本寄给了几家计算机杂志社和家酿计算机俱乐部的简报编辑部,然后在 1976 年 2 月号的《计算机快讯》上刊发了它。

致计算机爱好者的一封公开信

在我看来,如今计算机爱好者市场上最关键的一个问题,就是缺乏优质的软件教程、图书和软件本身。没有优质的软件和懂得编程的所有者,面向计算机爱好者的计算机无异于浪费。未来会有面向计算机爱好者市场编写的高质量软件吗?

差不多一年前,预判计算机爱好者市场将会扩张的保罗·艾伦和我,聘用了蒙特·达维多夫,并开发出了牛郎星 BASIC。尽管初期工作只花了两个月,我们仨去年的大部分时间却都用在了为 BASIC 制作文档、改进和添加功能上。如今，我们拥有了 4K 版、8K 版、扩展版、ROM 版和软盘版的 BASIC。我们用掉的计算机机时价值超过 4 万美元。

我们从数百名 BASIC 使用者那里得到的反馈全都是正面评价。然而，有两件显而易见的事情让人感到惊讶：（1）大多数"用户"从未购买过 BASIC（不到 10% 的牛郎星计算机用户曾购买 BASIC）；（2）以我们从面向计算机爱好者的销售收入中获得的特许使用费来计算，我们花在开发牛郎星 BASIC 上的时间，每小时的价值还不到 2 美元。

为什么会这样？大部分计算机爱好者必定心知肚明——因为大多数人的软件是偷来的。硬件是必须花钱购买的，但软件就可以互相分享。至于从事软件开发的人能不能拿到报酬，谁在乎呢？

这公平吗？你或许对微型仪器和遥测系统公司心怀不满，但窃取软件并不能达到你报复这家公司的目的。特许使用费是用来支付我们的报酬和说明书、磁带及其他间接费用的，正是这笔钱让此项业务刚好达到收支平衡。你们的窃取行为只会阻挠优质软件的开发。从事专业工作却得不到任何回报，这种奢侈，谁能负担得起？什么样的计算机爱好者能够在编写程序、寻找程序错误、撰写产品文档上投入三个人一年的工作量，然后将其免费发行？事实上，除了我们，没有人曾在面向计算机爱好者的软件上投入大量金钱。我们已经编写了 6800 处理器的 BASIC 语言，而且正在编写 8080 处理器和 6800 处理器的 APL 语言，但我们缺乏将这一软件提供给计算机爱好者使用的动力。直截了当地说，你们就是在偷窃。

那些转手销售牛郎星 BASIC 的人，难道他们不是在借助面向计算机爱好者的软件牟利吗？是的，那些被举报到我们这里的人终将受到处罚。他们玷污了计算机爱好者的名声，若他们出现在俱乐部聚会上，应当被立即扫地出门。

任何人想要偿付软件费用，或提出意见或建议，欢迎给我来信。通信地址为新墨西哥州阿尔伯克基市东南区阿尔瓦拉多街1180号114号房间，邮政编码87108。倘若有一天，我有能力聘用10位程序员，将大量优质软件推向计算机爱好者市场，我将无比欣喜。

比尔·盖茨

微-软公司普通合伙人

这封信打响的第一枪传到了世界各地的计算机俱乐部和爱好者的耳中。在这封信发表前，就算有哪个牛郎星计算机的用户知道微-软公司，听说过比尔·盖茨，他们或许也所知不多——我们还是无名之辈。如今，微-软突然向火爆的关于软件未来的意识形态辩论上添了一把柴。免费，还是付费？少数读者向我表示支持，他们响应我的观点，认为在缺乏金钱激励的情况下，没有几个人愿意编写人人都想要的软件。东华盛顿州立大学心理系的一名计算机技术人员来信赞扬我"站出来说话的决定"，信中写道："我已经深切体会到优质软件的价值，并且真心欣赏那些耗费大量时间从事软件开发和调试工作的男性和女性。没有程序员，计算机将只是一大堆（或一小堆）硅片和金属。"

其他人则对我大加抨击。"要解决比尔·盖茨在他那封怒气冲冲的信中提出的问题，"一份新发行的计算机杂志的编辑写道，"只要软件免费，或是价格低到付费购买比复制拷贝更划算的程度，那就不存在'偷'这回事了。"

爱德华·罗伯茨勃然大怒。尽管爱德华认同应当付费购买软件的观点，但在他眼中，我攻击其用户的行为无疑越界了。在这封信刊出大约一周后，我回到了阿尔伯克基，爱德华冲着我尖声咒骂。"你甚至都不是我们公司的员工！"他喊道。我对让他陷入如此尴尬的处境深感抱歉，而且很后悔在信中的措辞不够圆滑。鉴于我的这篇个人作品刊发于公司内刊上，对爱德华——或许还有其他人——来说，它看起来就像是微型仪器和遥测系统公司把自己的用户称为窃贼。爱德华对我说，我得跟公司的一个员工合作撰写另一封信——必须在信中道歉。他还说，那将是我最后一次发表公开信。

几天后，1976 年 3 月 27 日，我紧张地走上了世界牛郎星计算机大会的讲台。这次从名字上看声势浩大、气派非凡的会议是在阿尔伯克基的一家机场酒店内举行的。策划该场内部交流活动的人是戴夫·邦内尔，他想借此进一步扩大牛郎星计算机的影响力。超过 700 人出席了此次会议，这让爱德华·罗伯茨深感震惊。因为那封公开信，我已经威名远扬。这是我第一次在正式场合发表演讲，我精心准备了自己的发言，通报了作为软件未来的 BASIC 的进展。我系着自己最好的领带，穿着唯一一件休闲西装，针对"软件为什么是计算机最重要的一部分"这一问题侃侃而谈。这在如今似乎显而易见，在当时却需要一些想象力，才能看到这些机器将在未来如何演进。关于这次发言，我只大概记得，结束时，一大群人将我团团围住，争相提问。我之前从来没有过被陌生人包围、置身于众目睽睽之下的体验。我一边说话一边摇晃身体，开启了脑子里的节拍器，投入地解释着软件的各项技术细节和我们打算建立的商业模式。我不记得花了多长时间来讨论自己对人们不肯为软件付费的忧虑，但我确信自己巧妙地回答了大量与此相关的问题。

在我离开阿尔伯克基之前，爱德华勒令我写完那封后续的公开信，戴夫·邦内尔将它刊发在4月号的《计算机快讯》上，并转发给了其他几家计算机杂志社。这封信的标题是"第二封，也是最后一封信"，与其说它是爱德华想要的道歉信，倒不如说是对商业软件的声辩。试图圆滑地解决这一问题的我写道，诚然，不是所有的计算机爱好者都是窃贼："相反，我发现大部分计算机爱好者都是聪明且诚实的，他们和我一样，关心软件开发的未来。"与此同时，个人计算机的未来取决于能否编写出优质的软件，而这意味着编写软件的人需要获得报酬。"一台计算机可以是供多年使用的神奇教育工具，也可以是让人在兴头上着迷几个月、随即搁置在角落里的神秘玩意儿，导致不同结局的关键正是软件。"我写道。

我们希望拥有了付费用户之后就能雇人编写代码，这在那年春天变成了现实。与国家收银机公司和其他几个客户达成的交易，给我们带来了每月大约2万美元的收入，这让微-软公司可以雇用自己的第一名员工。4月，我给比我小1岁的湖滨中学校友马克·麦克唐纳打了个电话。他是常泡在湖滨中学计算机房里的那伙人中的一员，如今在华盛顿大学计算机科学专业读大二。马克说，课程设置并不令人满意，于是他花了很多时间在健康科学学院的一台PDP-10上从事编程工作。马克或许是我们公司最不费力就招来的一名员工：我给他开出了8.5美元的时薪，马克同意了，几日后，他就开车来到阿尔伯克基，占据了波特尔斯小区114号公寓的沙发。几天后，我收到了一封里克写来的信，他改了主意，不再想继续深造，打算重新加入微-软。他建议我们采取合伙制。"我真心希望倾尽一己之力，让微-软发挥其全部潜力。"他写道。他愿意在很长的一段时间里与公司合作，"当然，只要我能看到可观的经济收益和其他利益"。

在接下来的那个周末，保罗、里克和我在电话中敲定了细节。我们将建立一个三方合伙公司，从而兼顾我身在校园而保罗至少要在微型仪器和遥测系统公司再工作六个月的需求。里克会在下一周动身前往阿尔伯克基，搞定微-软公司的名片、抬头信纸和邮政专用信箱，然后向潜在客户展开邮件轰炸，推销我们的软件和咨询服务。为防订单蜂拥而至，我们甚至还可能需要付费开通电话应答服务。

如果我留在哈佛大学，就要兼职工作，一方面处理法律和融资等管理问题，另一方面根据需要编写程序。我在学校的时候，里克将管理公司，担任总裁。保罗在继续为微型仪器和遥测系统公司工作的同时，将负责为微-软寻找新的技术机会，维护我们与现有客户的关系。这些客户包括微型仪器和遥测系统公司、国家收银机公司和我们刚刚谈下来的另一家智能终端机制造商数据终端公司（Data Terminal Corporation）。

我在 7 页复印纸上写下了我们的商业计划，我的指导原则是不要操之过急和深陷成本压力，这意味着我们每个人都能拿到 9 美元的时薪。"对合伙人来说，9 美元这个数字足以让他们过上不错的日子，而且不会因为成功与否、个人努力程度和个人运气好坏而改变。改变这个数字的唯一依据便是因微-软公司无力负担而必须降薪。"

我写道，我们有两个主要目标：一是扩大规模和知名度，二是赚钱。这封信标志着我们齐心协力打造一家独立公司的行动进入了下一个阶段。我们一致同意，至少在未来两年内，会将微-软作为我们的头等大事。

第十四章

源代码

图片来源：西和彦

"微型计算机正在快速流行。"

1976年夏，差不多在我们与微型仪器和遥测系统公司签订合同的一年后，我买到的某期《商业周刊》的标题如是写道。我喜欢这篇报道，因为它不是刊发在那种对计算机产业细枝末节的动向都如数家珍的传统出版物上，比如行业报刊或计算机爱好者简报。我心里的小算盘是，《商业周刊》的读者是投资人和公司高管，其中大多数人尚未拥有一台自己的计算机，但随着计算机变得更易于使用，他们或许不介意买来一试。

我用蓝色圆珠笔划出了在我看来十分关键的那段文字："如今，家用计算机产业的版图已经慢慢类似于计算机主机业务的微缩版——最后的结果将是某个竞争者一家独大。微型仪器和遥测系统公司——家用计算机领域的IBM——正是七年前由工程师H.爱德华·罗伯茨在新墨西哥州阿尔伯克基的自家车库里创立的。"报道指出，微型仪器和遥测系统公司已经售出8 000台牛郎星计算机，这在前一年为它带来了350万美元的收入。市场上的确存在竞争对手，但该文章认为牛郎星计算机的先发优势令其成为行业标准。

这篇文章刊出后，电话如潮水般涌进微型仪器和遥测系统公司，最远的甚至是从南非打来的。人们想要与报道中这家炙手可热的公司建立联系，形式可以是成为分销商——开办计算机商店，也可以是担任咨询师——将牛郎星计算机介绍给企业客户。微型仪器和遥测系统公司的员工对这篇文章也是赞不绝口，希望这会促使人们将他们的计算机应用于更高端且复杂的任务。

我一边读一边想，就算微型仪器和遥测系统公司是此时此刻的IBM，恐怕好景也不长。一个原因在于，倘若IBM决定制造个人计算机，它很有可能取代微型仪器和遥测系统公司，夺回本属于自己的头衔。我知道爱德华·罗伯茨也担心大型电子公司挤进这场鏖战，在他的眼中，德州仪器公司是最令人胆寒的一家。20世纪70年代初，微型仪器和遥测系统公司曾是以工程师和科学家为主要用户的可编程计算器套件领域的先驱，但当这个市场达到一定的规模后，以德州仪器为首的大公司蜂拥而入，大量倾销组装好的低价替代产品，几乎让微型仪器和遥测系统公司就此倒闭。爱德华深恐这一幕在个人计算机市场上重现。

我们都看得清清楚楚，爱德华对经营微型仪器和遥测系统公司日益感到倦怠。牛郎星计算机推出不到两年后，公司的日常工作就成了一桩让爱德华无休无止地感到头痛的苦差。他不仅要应付用户来电和牛郎星计算机经销商的投诉，随着公司的员工人数从一只手数得过来激增至200余人，爱德华还需打点诸般杂务。任何时候，都可能会有心怀不满的员工因同事的时薪比自己高几美分而对爱德华恶言相向。曾经有一次，爱德华在解雇某人后深感不安，很快便又把这个人返聘回来。他心肠很软，这与他经常显得粗暴生硬的外在形象并不总是能对得上号。

微-软依旧严重依赖微型仪器和遥测系统公司，这让我很担心。通过向牛郎星计算机提供 8080 BASIC 软件授权而获得的特许使用费依然是我们最大的收入来源，但将这版 BASIC 源代码授权给第三方产生的收入正在逐渐增加。在那前后，我们谈下了与通用电气的合同，该公司向我们支付 5 万美元，换取 8080 BASIC 源代码的无限制使用权。继与国家收银机公司达成交易后，其他一些智能终端机销售商也已联系我们。我拜访了其中一家，就是办公地在长岛的应用数字数据系统公司（ADDS）。我飞到了纽约的肯尼迪国际机场，打算租车前往一小时车程外的公司霍波格总部。我的计划落空了，租车中介告诉我，他不能把车租给我，因为我太年轻了。应用数字数据系统公司的一名员工来机场接上了我。对这段关系来说，这是一个令人尴尬的开端。不过，他们对这次合作颇感兴趣，于是我们为达成交易展开了一场旷日持久的拉锯战。

当然，鉴于微型仪器和遥测系统公司拥有 8080 BASIC 的全球独占权，我们每为这个源代码找到一家客户，合同都必须经过它的审批，并且在我们签下一笔交易后，要跟该公司平分收益。那年夏天，我们逐渐摆脱对微型仪器和遥测系统公司的依赖。我们开始寻找自己的办公场所，着手开发能够吸引新客户的产品。

寻找新客户的任务主要落在了里克头上，他相当于公司的总经理。自从我们达成三方合伙协议后，几个月内，里克又改变了心意。成为合伙人意味着他必须全神贯注于微-软的业务，但他希望有时间去全面拓展自己的可能性，享受丰盈均衡的人生。里克会去教会做礼拜，在健身房进行力量训练，抽空去洛杉矶探访朋友。尽管他几年前就向保罗和我坦白了自己同性恋的性取向，但直到来到阿尔伯克基，里克才完全拥抱了自己的这个身份。为了纪念新生活的开始，里克买了一辆雪佛兰科尔维特，为它上了个定制车牌，车牌上写着"YES I AM"（没错，我是），以免有人对此产生疑惑。他在社交方面越发自信，并且找到了自己的初恋。

里克选择退出合伙后，保罗和我同意继续按照60%和40%的比例分配微-软的所有权。在正式场合，我们均使用"高级合伙人"这个头衔，但在私下里，我们会故意模仿大公司一本正经的做派，以听起来十分高大上的名号相称：我是"总裁先生"，保罗是"副总裁先生"。作为总经理，里克负责市场营销和大部分日常工作，从跟微型仪器和遥测系统公司打交道到去银行存支票，再到物色办公地点，全都归他管。里克非常注重细节，他会在一个封面标有"微-软日志"的笔记本上记下每一次沟通的内容。如今，它是一件关于20世纪70年代公司如何开展业务的历史纪念品。我们寄出一封又一封打印信函，拨出一通接一通电话，联系一家又一家公司，寄希望于可以找到有兴趣购买微-软公司软件的人。下面就是部分摘抄：

7月24日，周六

2点45分致电史蒂夫·乔布斯，留言给他母亲。

7月27日，周二

10点55分致电史蒂夫·乔布斯，占线。

11点15分史蒂夫·乔布斯来电，非常粗鲁。

11点30分再次致电佩德尔，必须跟他谈谈。

佩德尔的全名是查克·佩德尔，他是MOS科技公司的工程师，史蒂夫·沃兹尼亚克在苹果I计算机中使用的6502处理器就是佩德尔制造出来的。几年前，佩德尔和其他几位工程师离开摩托罗拉，加入了 MOS 科技公司，他们在这家公司打造出了 6502 处理器，它与摩托罗拉 6800 处理器十分相似。我们已经为摩托罗拉 6800 处理器开发出了一版 BASIC，因此里克开始编写针对 6502 处理器的版本。不过，我们需要一个客户。从夏天一直到初秋，里克的日志中记满了试图致电该公司的条目：12 点 55 分 再次致电佩德尔，占线；给 MOS 科技公司打电话找佩德尔，出去度假了；致电佩德尔，占线。与此同时，史蒂夫·乔布斯告诉里克，苹果已经有一版其合伙人沃兹尼亚克设计出来的 BASIC，如果还需要另一版的话，将会由沃兹尼亚克而不是微-软公司来编写。不管史蒂夫·乔布斯是如何表述这个消息的，我猜里克都会觉得这有些拒人于千里之外。

BASIC 的大受欢迎让微-软公司得以起步，而我们会继续对它进行改编，以适应不同的处理器，就像里克针对 6502 处理器进行的开发工作一样。然而，尽管 BASIC 易于使用，而且颇受计算机爱好者欢迎，它却并不是更专业的计算机购买者中意的语言。科学家和高校的研究人员使用的是 FORTRAN，公司则使用 COBOL。与此同时，在数字设备公司小型计算机的很多用户中，作为 BASIC 替代选项的 FOCAL 十分流行。为了扩大业务范围，我们需要为这三种语言开发各自的版本，并且开始向客户推销保罗的开发工具。保罗和我很早就已经对微-软的未来做出了展望，我们设想它将提供丰富多样的软件产品，成为所谓的软件工厂。我们离那个目标还差得很远，但打造一系列语言版本和开发工具是迈向那个未来的一步。

为了支持新产品开发，夏日将尽时，微-软开始从湖滨中学的小圈子外招聘第一批全职员工。这些员工中包括刚刚在斯坦福大学拿到电气工程学专业硕士学位的史蒂夫·伍德，以及他的妻子马拉·伍德。直到那时，微-软的员工都是一帮朋友,我并不会为他们的未来担忧。即使全盘皆输,我确信我们可以各寻出路,依然过得不错。但如今,微-软在招聘我们以前不认识的人,请求他们搬来新墨西哥州,和这家成立仅18个月、前途未卜的公司一起投入赌局,这实在有点儿让人忐忑不安。对我来说,那些新雇员让微-软感觉上变成了一家真正的公司。

那年夏天,我在西雅图编写着一款我心目中的未来产品。这种编程语言名为APL,其实就是"一种编程语言"(A Programming Language)的英文缩写。IBM早在20世纪60年代初就开发出了该语言的最初版本,整个70年代,该公司继续大力推广这种语言,并将其预装在众多计算机机型中。APL十分受专业程序员的推崇,许多人认为它注定将越来越流行。我琢磨着如果我们能够开发出自己的版本,就可以顺应这股潮流,将业务扩展到以计算机爱好者为用户基本盘的BASIC以外的商用市场。

APL对身为代码编写者的我来说也格外有吸引力,它的语法简洁精练,用别的编程语言需要好几行代码才能下达的指令,用APL只需输入几个语句便可执行。编写针对个人计算机的版本因此就成了一个化繁为简、集零为整的棘手难题。我在卧室里放置了一台移动终端机,向我父母支付拨号接入计算机主机而产生的电话费用。借助这台终端机,我没日没夜地赶工,力求圆满完成任务。当时12岁的莉比会站在我的卧室门口,对她整天泡在终端机前的"发疯"的哥哥到底在搞些什么迷惑不解。中间休息的时候,她会跟我一起打乒乓球。(我最终并未搞定APL,但我的乒乓球球技精进了许多。)

那个夏天将是我最后一次住在父母家。如今回想往事,我对家人在微-软公司创建早期起到的作用有了更深切的感激之心。我那时把自己想象为一个骄傲地保持独立的个体，事实上，我的家人在具体事务和情绪支持上都给了我很大的帮助。这一整年，我经常会在迫切需要反躬自问时跑到外祖母在胡德运河的度假屋待上一阵子，那年夏天也不例外。父亲随时准备施以援手，帮我解决法律问题。与此同时，这时候已经22岁、在德勤干得风生水起的克里斯蒂也帮忙打理着微-软的税务工作。

对我父母来说，我似乎终于变成了父亲口中的那种"井然有序"的人。我有自己的公司，尽管休学了一学期，但会在秋天重返校园，继续上大三的第二个学期。他们对我的计划很满意，而且深知我认为大学所带来的智力满足感与微-软能够给予的东西迥然有异。我选了一门工业革命时期的英国史课程，然后靠着我的应用数学专业这张百搭卡，混进了代码为ECON 2010、专为研究生开设的经济理论课。还有一个本科生选了这门课，他是数学专业的史蒂夫·鲍尔默。

上一年，一位同住柯里尔楼的朋友建议我跟住在楼下的一个家伙见一面，他说："史蒂夫跟你特别像。"那时，我已经可以一眼认出和我一样能量四溢的同类，"大喇叭"和肯特就是最好的例子，但史蒂夫·鲍尔默的旺盛精力超出了我以前认识的所有人。大多数住在柯里尔楼的男生都是那种喜欢数学和科学、性格内向的"书呆子"，他们的社交生活无非是在宿舍楼的地下室玩街机游戏《乓》或打扑克牌。史蒂夫不是这种类型，他是那种罕见的兼具脑力和体力的全能型人才，而且和人打起交道来毫不费力。在校园里，史蒂夫是我认识的人里最活跃的，他掌管着《哈佛深红报》的广告业务，担任文学杂志的负责人，还管理着一支橄榄球队。

那年秋天，我去现场看了一场比赛，在看台上，我亲眼见证了场边的史蒂夫如何像场上的哈佛球员一样，精力充沛地走动跳跃，他身体的每一部分都在随着整个团队而动。你能看出来，史蒂夫对自己所扮演的球队经理这个角色是认真的。旁观者很难不被他蓬勃的生气所吸引。史蒂夫帮我打开了社交圈，通过他，我被提名加入了狐狸俱乐部。这是一个只接纳男性成员的组织，经常举办需要身着宴会小礼服并戴黑领结才可出席的聚会，拥有对外保密的握手仪式，并且奉行各种古老的规则与仪式。我通常都会对这些敬而远之，但鉴于史蒂夫是俱乐部成员，我也就同意了参与入会评估，并且最终被接纳为其中一员。

事实上，我们在 ECON 2010 这门课上并没有太多相处的机会。因为我依然采取那种平时不上课、直到期末才用功的学习方法，史蒂夫的日程又总是排得满满当当，我俩都没去听每周三个小时的大课，我们一致认为可以等到期末再孤注一掷。然而，史蒂夫和我会在宿舍里彻夜长谈，聊我们的人生目标，这总是会让我回忆起与肯特的那些对话。我们对在政府部门任职和为商业公司工作的各自优势进行了充分的讨论，还试图评估到底哪个选项能让我们更大程度地造福社会，影响世界。史蒂夫通常会强调政府所扮演的重要角色，而我毫无悬念地会站在公司利益的这一边。毕竟，大多数时间，我脑子里想的就是这件事。

开学一段时间后，在微-软公司的问题上，我开始感觉到激烈的冲突拉扯。直到那一刻，远程管理公司似乎都是可行的，尤其是在里克负责打理日常事务的情况下。但是，随着我们的规模逐渐扩大，业务细节的复杂度也在增加。在我与保罗或里克沟通工作进展时，常常会听到一些我认为没有得到适当处理的新问题。比如微-软与通用电气的交易，我了解的情况越多，就越觉得我们为所承诺的工作开价太低。里克没有跟踪记录员工的差旅费用，我们在这部分已经严重超支。国家收银机公司欠我们 1 万美元，但保罗和里克都不知道付款的具体时间。不容忽视的问题之一是微型仪器和遥测系统公司，它一直都没有向我们支付牛郎星计算机的扩展版 BASIC 的特许使用费。因为我们大部分收入都来自微型仪器和遥测系统公司，微-软需要每一分钱以维持公司运转，直到成功开辟其他的收入来源。

11 月初，我明确地表明了我的不满。某天晚上，我跟史蒂夫·鲍尔默及新加入的社交俱乐部中的几位朋友参加了一场聚会。在这次难得的夜间应酬结束后，我回到宿舍，用打字机给保罗和里克写了一封信。我在信中警告说："今天晚上，我这学期头一回出去喝了酒，所以可能会有些语无伦次，但我决定还是要在今天晚上写这封信，所以我就这么办了。"

如今阅读这封信提醒了我一个事实，那就是微-软正处于起步阶段，我们却还在进行那个交通流量计数器的创业项目，同时继续帮助湖滨中学开发排课程序。在信的开头，我用一页纸的篇幅对这两个项目的技术问题做出了指示。但焦点依然是微-软，以及所有未被妥善处理的事项：差旅开支、员工督导、客户回访及合同谈判。我对他们至今尚未办理好一张公司信用卡而大发牢骚，支付某项 800 美元的罚款是另一件让我愤怒的事，催促微型仪器和遥测系统公司付清特许使用费这个老问题也再次提上日程。我写道："自从我离开后，你们居然花了 1.4 万美元，而不考虑一下现金流的问题，也不管扩展版的特许使用费，这简直就是在加速我们的倒闭。"

我在信的结尾写道："虽然你们总是说工作得多么努力，加了多长时间的班，但显然你们这帮人根本就没有在一起聊过微-软的经营状况，甚至可能私下里也没想过，至少聊的和想的远远不够。说到'采取最后的措施'这回事，你们的投入根本就不够。你们的朋友，比尔。"

除了关于我喝了点儿酒的那条警告，我的语气与那一时期的惯常语气相差无几。在我们三个人中，我一直扮演着工头的角色。我是那个时刻担心失去领先地位、害怕一旦掉以轻心就会万劫不复的人。我们曾亲眼看着"C的立方"如何在18个月的时间里，从一家前景大好的初创公司落到了被债权人拉走家具抵债的下场。而且就在刚过去的那一年，我们目睹了微型仪器和遥测系统公司日益增加的麻烦。这家公司拥有先发优势，但似乎缺乏保持这种优势所需的严格管理制度。我们是一家年轻的公司，仍在摸索法律、人力资源、税务、合同、预算和融资这些企业经营的相关要素。我们对开发软件这项核心任务很了解，但我担心微-软在其他方面的学习速度还不够快。

不到两周后，我就到阿尔伯克基停留了10天，趁着感恩节假期处理一些我在那封措辞严厉的信中提到的问题。我们刚刚搬进了公司真正意义上的总部，这个租赁的办公空间位于中央公园二号大厦这栋新建起的10层塔楼的第8层。中央公园二号大厦是周边区域内最高的建筑物，置身其中既可俯瞰阿尔伯克基市中心日落时的无敌街景，也能望见远处沙漠中的暴雨雷电。这里能安排1个前台接待区和4间独立办公室，而且如果我们日后扩张的话，还可以提供更多的空间。［在这前后，我们在新墨西哥州正式注册成立了微软（Microsoft）——名称中不带连字符。］

在我此行期间，保罗决定从微型仪器和遥测系统公司辞职，全身心地投入微软的工作。我不记得我对公司前景的担忧是否影响了保罗的决定，我也不知道在他的感受中，我到底给他施加了多大的压力，但我的确知道保罗厌倦了微型仪器和遥测系统公司。随着爱德华日益不堪重负，他和保罗之间的关系也日渐紧张。有一次，两人大吵了一架，因为爱德华坚持要求保罗将还未完成的软件发给用户。那之后没多久，保罗就提交了离职报告。不管保罗离开微型仪器和遥测系统公司的原因是什么，对我们来说，这都是好消息。他将能够把更多的时间花在指导新员工上，帮助他们进行 FORTRAN 和其他产品的技术开发。

我和保罗、里克一道核对了现金流，办理了人员扩招后增加办公空间所需的融资手续。我们接到了许多关于 8080 BASIC 的意向咨询，同时努力跟德尔塔数据、英特尔和应用数字数据系统公司等各大公司敲定合同，这个应用数字数据系统公司正是我之前去长岛拜访过的那家智能终端机制造商。然而，爱德华越来越不配合合同的签订工作。

这是个麻烦，我们希望能很快从其他产品中获得收入。其中一个是里克一直在编写的 6502 BASIC。8 月底，一家名叫康懋达国际的公司宣布完成了对 MOS 科技公司的收购。康懋达国际是一家行业领先的计算器制造商，它和微型仪器和遥测系统公司一样，在与德州仪器公司的竞争中遭到了碾压，但不一样的是，该公司拥有设计和打造个人计算机的专业经验，也拥有从事这项业务所需的芯片。

感恩节前的一个下午，里克给查克·佩德尔打了个电话。佩德尔是里克在如今已经成为康懋达国际一部分的 MOS 科技公司的联系人。几个月不接电话、不回留言的佩德尔居然说，康懋达国际对我们的 BASIC 很感兴趣，而且认为我们的开价也能接受。这是个大好消息。（几周内，保罗就会在《电子工程专辑》上重点标记出一篇报道：康懋达国际计划打造一款基于 6502 处理器的通用计算机。我们需要尽快完成针对这款计算机的 BASIC。）

里克与佩德尔通话后，才过了一个多小时，我们就接到了德州仪器公司一位软件经理的电话。这位经理通知里克，他所在的公司正在开发一款基于德州仪器公司自产芯片的计算机，他想要查看一下我们开发的 BASIC 和微软公司的相关文档。他说，他的团队必须说服德州仪器公司的管理层选择我们,但对我们来说仅仅是被这家公司关注到,就已经是一个巨大的突破。除了 IBM 和数字设备公司,还没有任何一家进军个人计算机市场的公司能像德州仪器这样被寄予厚望。德州仪器公司不仅拥有品牌知名度,还有卓越的工程技术能力和市场营销技巧。它也是让爱德华·罗伯茨长久以来提心吊胆的竞争对手,德州仪器公司雄厚的资金实力和激进的定价策略曾差一点儿将微型仪器和遥测系统公司送进坟墓,而且它可以轻而易举地再来上这么一次。

在我返回校园后,我们听到传闻说,有一群穿细条纹西装的人在微型仪器和遥测系统公司待了一段时间。这家公司不是穿西装的人惯常出没的地点,他们看上去特别显眼。我们最后得知,这些人是 Pertec 公司派来的。Pertec?我从来没听说过这个名字。我跑到了怀德纳图书馆(是的,这是发生在你能上网搜索此类信息之前的事),找到了一篇有关该公司的报道。Pertec 又名外围设备公司,是一家为大型计算机生产磁盘驱动器和其他存储设备的上市公司。公司总部位于加利福尼亚州,规模很大:员工人数超过 1 000 人,年收入接近 1 亿美元。

Pertec 在 12 月初提出了以 600 万美元收购微型仪器和遥测系统公司的要约。如果交易最终达成,爱德华·罗伯茨将因自己打造微型计算机的创新想法而获得回报。而且,靠着来自母公司的注资,微型仪器和遥测系统公司或许可以击退德州仪器公司和其他想要从计算机市场中分一杯羹的闯入者。

在 Pertec 开始接触微型仪器和遥测系统公司后不久,与微软公司相关的一切业务都彻底停了下来:特许使用费的付款停止了,向第三方授权的交易也停止了。爱德华已经告诉我们,他拒绝把我们开发的 BASIC

转售给任何在他看来会对微型仪器和遥测系统公司构成竞争的公司。到 1976 年年底，他对竞争对手的定义已经扩大到将整个行业包括在内。

在西雅图过圣诞节假期时，我收到了一封里克写来的信。他又改变心意了：里克准备离开微软。经过更深层次的心灵探索，他得出了自己想要住在洛杉矶的结论，认为在那里能拥有更活跃的社交生活。此外，在洛杉矶，还有一家规模虽小但已站稳脚跟的软件公司想要雇用他。

我觉得自己被抛弃了。我们再交谈时，我谴责里克在上一年春天误导了我，当时，他信誓旦旦地向我保证会全身心地投入微软公司。里克反驳说，他从来没承诺过要长时间留下来。我们翻来覆去地讨论着钱的问题，以及所有还未完成的工作。最后，我们冷静下来。我问里克是否愿意坚持到 3 月，写完为康懋达国际开发的 6502 BASIC。我说，我们不仅会为里克所做的工作支付报酬，还会付给他新公司所承诺的薪资，直到他于 3 月离开。里克同意了。他随即坐飞机前往在芝加哥召开的消费电子展，我们的新合作伙伴康懋达国际正在那里首次展示集成了显示器、键盘和盒式磁带播放器（用于存储数据）的康懋达 PET 2001 计算机。这台计算机采用了注塑外壳设计，外观与以前的个人计算机大为不同，更像是一款家用电器，而不是计算机爱好者工作台上的设备，而这正是关键所在。

我在圣诞和新年假期时去胡德运河看了外祖母，还在某个晚上出去走了很久。我清楚地记得自己沿着运河南侧蜿蜒曲折的 106 号双车道公路一路走下去，心里想着与微型仪器和遥测系统公司的各种矛盾，以及在下一年如何管理微软公司的大问题。微型仪器和遥测系统公司及其收购方 Pertec 根本没有努力推销我们的软件，反而在越来越多的公司接触微软时阻挠我们达成交易。这个行业终于要开始腾飞了，微软绝对不能落在后面,我这样告诉自己。总而言之,我觉得想要在继续读大学的同时兼顾一家软件公司的副业,正变得越来越难。

保罗和我有着完全一致的目标,那就是打造一家行业领先的个人计算机软件制造商。这个目标就像是河对岸的大奖,我们已经能窥见它的模样。但在 1976 年年底,我清楚地意识到,我比保罗更强烈地想要成为第一个抵达那里的人,想要最快地建起那座通向对岸的卓越桥梁。

和潜水艇上的水密舱门一样,我也能隔绝外部世界。我感觉自己对微软公司负有责任,在这种责任感的驱使下,我关上了水密舱门,转动绞盘将它锁死。不交女朋友,也没有兴趣爱好,我的社交生活围绕着保罗、里克和工作伙伴打转。这是我知道的唯一一种保持领先的方式,而我也期待其他人能像我一样全情投入。巨大的机遇摆在我们面前,为什么不能在追求它的过程中每周工作 80 个小时呢?是的,这让人精疲力竭,但也让人斗志昂扬,不是吗?

尽管充满自信且喜欢自己一个人把事情搞定,但我开始意识到我需要保罗提供给我的帮助,虽然他对此还没准备好。在某些极其重要的事情上,他是一个好搭档:对于公司,我们拥有同一目标,而且在遇到技术问题或讨论该招聘什么样的人开发软件时,保罗和我配合默契。但如果业务基础不牢靠,这些都将徒劳无益。维持微软的继续运营是一项孤独的工作,我需要一个可以每天 24 小时处于工作状态的搭档,这个人可以和我充分讨论重大决策,甚至针锋相对、据理力争,这个人愿意认真研读草草写下的意向客户名单,分析哪些人可能付费购买、哪些人不会,然后讨论我们的银行账户将会因此发生怎样的变化。每周靠我自己扛起上百件此类琐事,是一个沉重的负担。那时候,我觉得自己理应获得更高比例的股权,以补偿我在打造这家公司的过程中付出的心力。

沿着胡德运河散步时，我做出了决定，如果我离开校园，全职为微软工作，我会告诉保罗，我想要拿到更多的公司股权。1月，我回到哈佛，进入期末考试前的阅读期，但心里一直琢磨着那两个决定。史蒂夫·鲍尔默和我都认真地执行了我们不去上 ECON 2010 大课的计划，我们在阅读期互教互学，几乎不间断地强化复习，试图将整个学期的知识硬塞进我们的大脑。期末考试的试卷只有一页纸，我俩都成功过关。

1月15日，我给哈佛大学写了一封信："一个朋友和我创办了一家合伙公司——微软，提供与微处理器软件相关的咨询服务。我们最近承担的一些新的合同义务要求我投入全部精力为微软工作。"我表示自己打算在秋天返校，于1978年6月毕业。

我的父母知道命令我留在学校是没用的——我太独立了，但母亲有时会旁敲侧击地试图劝我改变心意。有一回，可能是在这一年，也可能是前一年，她曾安排我跟西雅图本地的商业大亨萨姆·斯特劳姆见面。斯特劳姆创建了一家大型连锁电子产品商店，后来又收购了本地知名的汽车配件连锁品牌并进一步扩张。他也热心于非营利性慈善事业，是西雅图的民间社会领袖。我母亲通过联合劝募协会的工作关系认识了他。与斯特劳姆共进午餐时，我向他介绍了微软公司，畅谈了自己力求为每一款微处理器制作软件的计划，解释了为什么这个市场必将增长，而我们的公司也会与之共同成长。我母亲本来或许希望这次午餐能起到点儿作用，但不管她是怎么想的，我觉得她的目的都未能达成。萨姆·斯特劳姆不但没有劝我继续留在哈佛大学，反而对我所做的一切激动万分。他的反应或许稍稍缓解了我母亲的忧虑，但显然未获全功。（萨姆多年后喜欢开玩笑说，他后悔没有在那次午餐时给我开张支票，以获得公司的部分股权。）

第十四章　源代码

"如果微软最终未能成功，我会回去上学的。"我向父母保证道。

回到阿尔伯克基，我告诉保罗，我打算跟他按 64% 和 36% 的比例分配公司股权。他表示反对，我们吵了起来，但最终保罗做出了让步。如今，我为当初强迫他就范而深感不安，但那时候，我觉得这个分配比例恰如其分地反映了微软公司需要我们各自做出的贡献。保罗和我在 2 月初签了份协议，将此事正式确定下来。（三年多之后，这部分公司股权在我试图说服史蒂夫·鲍尔默放弃商学院的学业、加入微软时再次发挥了作用。作为激励，我将这额外的 4% 股权作为史蒂夫薪酬待遇的一部分。他于 1980 年加入微软，成了我需要的那个每天 24 小时处于工作状态的搭档。）

尽管保罗和我因为公司所有权分配的问题和长年不断的小吵小闹而关系紧张，但我们之间的情感纽带依然十分牢固。保罗和我已经相伴走过一段令人难以置信的历程，如今，我们正在打造某种独一无二的东西，而且两人都很享受这项工作。

保罗和我也想出了一个不伤和气的相处之道，那就是别住在一起。我在波士顿时，保罗搬离了波特尔斯小区 114 号公寓，在城郊租下了一个有三间卧室的房子，与里克和马克·麦克唐纳合住。我回到阿尔伯克基后，与克里斯·拉森一道搬进了 114 号公寓。克里斯一直往返于湖滨中学和阿尔伯克基，暑期时与我们一道工作。当时还在湖滨中学读高中最后一年的克里斯说服了父母，允许他像我当年为 TRW 工作时那样休学一学期，加入微软。

不和保罗住在一起，意味着我不能再蹭着开他的那辆"死亡陷阱"科鲁泽，于是我给自己买了辆 1971 年款的保时捷 911。尽管它是辆二手车，可这对我来说依然是笔大开销，咬牙买下它，只是因为我对保时捷旗下的各款车型向往已久，而且迷恋 6 缸发动机发出的轰鸣声。不过，即便到了今天，我依然承认自己买这辆车时略感不安。

驾驶这辆保时捷成了我的消遣，我用这段时间一边想着公司的大事小情，一边疾驰在桑迪亚山公路上。克里斯经常会与我同行。上一年，我们发现了一个路面特别平整的路段，它盘山而上，一直通往一座水泥厂。买下保时捷后，我们经常会风驰电掣地行驶在这条我们口中的"水泥厂路"上。某个深夜，我们停在了水泥厂门前，发现居然有几辆推土机的钥匙还插在点火装置上。有好多个晚上，克里斯和我都会在那条"水泥厂路"的尽头自学驾驶推土机。

晚上开着车跟克里斯兜风、看电影，和保罗及微软团队的其他人一起出去玩，这就是我在阿尔伯克基不工作时生活的全部内容。史蒂夫·伍德和马拉·伍德是我们这帮人里唯一的已婚夫妇，他们经常在家里招待我们吃晚饭，为我们带来了一点儿家的感觉。其他时间，我们会去保罗那里，在他的投影电视上看电视剧。我们迷上了英国广播公司根据安东尼·特罗洛普的帕利瑟小说系列改编的《帕利瑟庄园》。下班后，我们会凑到一起，坐在沙发或地毯上如痴如醉地观看这部 22 个小时的剧集，沉浸于英国维多利亚时代公爵和公爵夫人们的世界，操心着他们的三角恋爱和金钱纠纷。

随着 1977 年春天的到来，我越来越清楚地意识到，微型仪器和遥测系统公司及 Pertec 根本不打算向我们支付逾期未付的特许使用费，也无意将 8080 BASIC 授权给其他公司。在这些人眼中，他们是这款软件的所有权人，而我们是一桩麻烦事，是 Pertec 收购这家行业领先的个人计算机制造商计划中的小阻碍。Pertec 已经设计好此次收购的交易结构，它将被包装为发生在微型仪器和遥测系统公司与一家专门为此新设的 Pertec

子公司之间的合并。我们认为，如此大费周章的部分原因是想确保微型仪器和遥测系统公司拥有的与 BASIC 相关的各项权益将成为此次交易的一部分。然而，我怀疑他们有没有仔细看过合同，我们不曾将这款软件的所有权转移给微型仪器和遥测系统公司，只是授权给他们使用。而且，微型仪器和遥测系统公司负有尽最大努力将这款软件授权给其他公司的合同义务。

这一切都要回到 1975 年春天，回到保罗、蒙特和我写完 4K 版 BASIC、将其提交给微型仪器和遥测系统公司后的那几周。在这期间，爱德华拖着不在合同上签字，而我耗在西雅图等他就范。

在就那份合同进行谈判的过程中，爱德华坚持要求我们将 8080 BASIC 在 10 年内的全球独占权授予微型仪器和遥测系统公司。我不想答应这个条件，但又想达成交易，而且我想给新的合作伙伴留下一个好印象。

我问我父亲能否帮我在新墨西哥州找个律师，他找到了自己以前工作过的那家律所里的一名出庭律师，这个人的侄子波尔·迈因斯是阿尔伯克基的执业律师。我给迈因斯打了个电话，他所在的普尔、廷宁和马丁律师事务所帮我们起草了那份合同。1975 年，软件授权合同是新生事物，我敢肯定这或许是这家律师事务所第一次受理此项业务。他们完成得很出色，并且我在合同中加入了一个重要的条款。

我不知道自己是什么时候第一次听到的"尽最大努力"这一法律术语，十有八九是在我家的晚餐桌上、父母谈论父亲的工作时。当一家公司同意尽最大努力去做一件事时，它就同意了尽己所能来履行合同中约定的条款。不管这种说法最初是怎么进入我头脑的，在与微型仪器和遥测系统公司进行合同谈判的过程中，它蹦了出来。我说，我们可以同意授予微型仪器和遥测系统公司独占许可，只要该公司同意"尽最大努力"将我们的源代码授权给第三方。微型仪器和遥测系统公司的律师跟我们讨价还价，表示没有人会同意"尽最大努力"的条款。他们可以考虑"尽合理努力"，但我不答应，就是"尽最大努力"。

此时，我回头一遍又一遍地阅读那个条款。第2页，第5条："公司的努力义务。该公司（微型仪器和遥测系统公司）同意，尽最大努力对该程序进行授权转让、推广和商业化。若该公司未能尽到前述的最大努力，这应构成授权方终止本协议的充分依据和理由。"

在我看来，一切都写得明明白白。

在过去的一年中，我与微型仪器和遥测系统公司的总经理埃迪·柯里成了朋友，他是和我们一起试图向外部公司推销BASIC的搭档。埃迪从小和爱德华·罗伯茨成长于佛罗里达州的同一个社区，两人从小学起就认识了。爱德华有时咄咄逼人，埃迪则温文尔雅得多，他因而在微型仪器和遥测系统公司与微软之间扮演了一个冷静的中间人的角色。埃迪似乎非常卖力地想要帮助两家公司都取得成功。我们一起向多家外部公司推销8080 BASIC，每当搞定一笔交易时，埃迪都会设法让爱德华·罗伯茨在合同上签字。

作为中间人，埃迪·柯里曾数次劝我跟Pertec的律师见上一面，看看能否平息争议、达成共识。我有些胆怯，希望可以直接跟爱德华把整件事情说清楚。我还知道埃迪试图说服爱德华暂时观望，等待可能出价更高的买家。当这种可能显然不会出现时，我同意跟Pertec的律师见面。走进微型仪器和遥测系统公司的会议室，我看到了Pertec的三名律师，他们请埃迪在我们交谈时等在外面。

这些律师告诉我，Pertec跟微型仪器和遥测系统公司达成交易时，将会接手那个授权协议，而这份合同将被"让与"Pertec。我说这不可能，必须等保罗和我同意将合同签字让与Pertec，而我们并不打算这么做。合同第7页上明明写着："本协议未经当事各方明确书面同意，不得转让。"他们没看见这条？那些都不重要，他们回复说。

我义愤填膺。"你们这帮家伙完全搞错了！"我反驳道，"这款BASIC解释器不是你们的。"

这次会议余下的时间变成了我和那些律师的对吼，我们一度陷入僵持，酝酿着各自的对策。这时候，埃迪敲了敲门，说有电话找我，是保罗打来的。保罗说，埃迪听到我们在大喊大叫，所以给他打了个电话，认为保罗应该过来把我从会议中拉走。保罗问要不要他过来救场。"不！"我对保罗说，声音大得足以让所有人听见，"这帮家伙想要欺负我们，没门儿！我能搞定。"我挂上电话，继续应付这帮律师。在重新开始的交锋中，对方为首的律师毫不掩饰地对我摊牌说，如果我坚持紧抓着我们的软件不放，不肯同意他开出的条件，他将如何行动——他"会让微软名声尽毁"。他告诉我："你将因刑事欺诈而承担个人责任，而且我将提起诉讼，追讨你的所有个人财产。"埃迪后来说，他因为安排了这次会议而心怀愧疚，他认为这些律师是群起而攻，打了我个措手不及。

那天晚上，我给我父亲打了电话。听说这些律师光是跟我本人见面，而没有一位代表微软公司的律师陪同在侧，父亲惊呆了。第二天，我拜访了波尔·迈因斯，他看了合同，确定我们是有理的——"尽最大努力"条款是有法律约束力的。此外，就算以前还不够明显，如今，微型仪器和遥测系统公司显然正在竭尽全力地不去"尽最大努力"。几周内，爱德华·罗伯茨就给应用数字数据系统公司发送了一封函件，表示微型仪器和遥测系统公司决定不再尽力促成BASIC软件的授权转让。他说，比尔·盖茨或许会试着重新开启这些洽谈,"为避免双方尴尬,你方应当意识到,微型仪器和遥测系统公司拥有盖茨先生及其合作伙伴开发的 BASIC 软件程序的独占权,除微型仪器和遥测系统公司的人员外,任何人都无权做出关于该 BASIC 程序、其修改版本或部分程序的承诺"。

4 月,在僵持中,我飞到了旧金山参加第一届西海岸计算机博览会。走进市政礼堂,我惊呆了,总计约有 1.3 万人参加了这两天的活动,当天,数千人推搡着涌向一排排的公司展位前。除了我们公司,参展的还有处理器科技、IMS 联合公司和演示其 PET 计算机的康懋达。对一家公司来说,这场展会的一切都聚焦于个人计算机。在那一刻,我觉得这个行业真的成气候了。

展会的第一天,我正跟一群人谈起我们的扩展版 BASIC,但通过眼角的余光,我注意到了一个帅气的男子,他和我年龄相仿,留着黑色长发,短胡茬修剪得干净利落,穿着一身三件套西装。他和我之间隔着几个展位,正跟将他团团围住的一群人谈笑风生。即便隔着一段距离,我也能察觉出这个人身上那种独特的气场。我嘀咕道:"那家伙是谁?"就是在那一天,我见到了史蒂夫·乔布斯。

尽管规模比其他许多公司都要小,苹果公司却特别引人注目。那时,让苹果和乔布斯在未来几十年中成为经典的那种独树一帜的感觉已分外明显。在展会上,他们发布了苹果 II。优雅的米色机壳让它更像是一款精工细作的消费电子产品,而不是一台个人计算机。苹果公司用炫酷的普列克斯玻璃标牌装饰其展位,其中就包括了那个被咬了一口的苹果的优雅标识,其标识是专门委托一家市场营销机构设计的。苹果公司在通向活动大厅的入口处设了一个展位,用投影仪将苹果 II 的彩色图形投到巨型银幕上,以保证每个走进大厅的人都能马上看到苹果公司的标识、

第十四章 源代码

标语和新型计算机。"苹果的这帮家伙可是吸引了不少关注。"保罗对我说。

1977年春的初次邂逅标志着史蒂夫·乔布斯与我之间既有合作也有竞争的一段长期关系的开始。不过，在这次计算机博览会上，我大部分时间都在与苹果Ⅱ的设计和打造者史蒂夫·沃兹尼亚克交谈。和康懋达的PET一样，苹果Ⅱ也使用了MOS科技公司的6502处理器。

沃兹尼亚克当时是我们这个行业中很少见的那种对硬件和软件都有深刻理解的人。然而，他编写的BASIC有个致命的问题：它是该语言的简化版本，只能处理整数，不能进行浮点运算。这就意味着既没有小数点也没有科学记数法，而这两者都是复杂的软件程序不可或缺的。苹果公司需要一版更好的BASIC，沃兹尼亚克也知道这一点。已经为康懋达编写过一版6502 BASIC的我们在为苹果另写一版这件事上有先发优势。在展会上，我宣传了一下我们的工作，强调指出获得我们的软件授权要比尝试自行编写更便宜、更快捷。我满心乐观地离开了旧金山，认为我们肯定会签下这一单。

几天后，在阿尔伯克基，我从德州仪器公司那里得到消息，他们已经选中我们为其设计的个人计算机编写一版BASIC。在德州仪器公司的设想中，这款家用计算机既可以管理家庭财务，也能玩游戏，还能用来填写学生成绩报告单。我希望它能成为打入大众市场的那款计算机，它的客户将不只是几千人，可能会数以万计。

我们至少打败了两个竞标者才拿到这份合同，达成这笔交易大大增强了我的自信。我曾想向德州仪器公司收取一笔10万美元的固定授权费用，但因胆怯而放弃了这个念头。担心该公司会对6位数的开价心生犹豫，我只要了9万美元，而这依然是我们达成的最大一笔交易，那个需要同微型仪器和遥测系统公司平分收益的与国家收银机公司的合同除外。

当德州仪器公司的人第一次到访微软时，我们刚走马上任的办公室经理不得不跑出去多买几把椅子，这样每个人才有地方坐。

德州仪器公司使用的是自家的处理器，这意味着我们要编写一版全新的 BASIC，这是至少两个人几个月的工作量。蒙特依然愿意在阿尔伯克基过暑期，但里克离开后，我们需要另招一个人编写代码。与德州仪器公司签订协议后，我给曾在哈佛大学跟我一起上过几门数学课的鲍勃·格林伯格打了个电话，我知道那时候他正在掂量着应该从收到的几份录用通知中选择哪一个。"我听你的！我随叫随到！"他对我说。

我们是否有给他发工资的现金，却是另外一个问题。微型仪器和遥测系统公司已经支付一小笔特许使用费，但拒绝付清其欠我们的、当时金额已超过 10 万美元的全款。

保罗和我受够了。4 月底，我们和律师波尔·迈因斯联名向爱德华·罗伯茨发出一封信函，用两页纸的篇幅列出了微型仪器和遥测系统公司违反合同约定的诸多行为，其中就包括拖欠未付特许使用费，以及拒绝尽最大努力促成向应用数字数据系统公司和德尔塔数据公司授权使用 8080 BASIC。我们在信中写道，如果微型仪器和遥测系统公司不满足我们提出的条件（即向我们支付特许使用费），并且未在 10 天内恢复向第三方授权使用我们开发的软件，我们将终止该合同。

回复来得很快：几天内，Pertec 和微型仪器和遥测系统公司就向法院申请了限制令，禁止我们授权第三方使用 8080 BASIC。

6 月，按照合同约定，我们与微型仪器和遥测系统公司的纠纷被移交仲裁。一开始，我很担心我们的律师，表面上看，波尔·迈因斯办事没有条理，经常一走神就忘了自己在想什么。他这种东一榔头、西一棒子的行事风格，更让我觉得对方的律师胜券在握。那帮人一副志得意满的样子，似乎对自己必将胜利确信无疑。事实上，迈因斯非常敏锐，而且做事周全。每天晚上，他都在办公室里帮我们为第二天的出庭做准备，仔细分析微软公司每份合同的细节，以及我们与每一家曾表示过对 BASIC 感兴趣的公司的历次互动。

由仲裁员主持的听证会持续了大约 10 天，我作为微软公司的代表旁听了所有证人的证词。埃迪·柯里是微型仪器和遥测系统公司一方的代表。里克、保罗和我宣誓做证，爱德华·罗伯茨、埃迪和两家公司的其他人也是如此。撇开微软公司的利益不谈，我觉得整个听证程序有趣极了。每天露面的时候，我的装扮都跟当年的肯特学了个十足，手里拎着自己的"大妖怪"公文包，里面塞满了可能需要的文件。我会在公文包里窸窸窣窣地翻找，掏出一份又一份文书——这样做不仅是为了核对出处，也是为了装腔作势。我希望达到的效果与我高中不带书本回家时的打算正好相反：看看所有这些文件，他们肯定做好了万全的准备！

听证会结束前，有几个晚上，保罗、埃迪和我会一起出去吃晚餐，交流一下彼此的心得体会，猜测仲裁员在某一天看起来更偏向哪一边。这位仲裁员始终难以领会作为争议中心的技术原理，为了帮他理解，保罗和我给我们的 8080 BASIC 源代码起了个"伟大之源"的绰号，以此来区分它和合同未涉及的其他版本。

我们传唤了一位应用数字数据系统公司的证人，希望证明这家终端机制造商想要获得 BASIC 的授权，但受到了微型仪器和遥测系统公司的阻挠。在应用数字数据系统公司的人出庭做证的前一天，晚餐时，我告诉埃迪，该公司产品的代码名叫"百夫长"（Centurion）。我并未意识到埃迪会与其他人说起这件事。我也没意识到我把名字说错了。

第二天，当 Pertec 的律师就这一秘密项目向应用数字数据系统公司的证人提出质询时，我才意识到事情的严重性。"告诉我们，'百夫长'是怎么回事？"这位律师问道，似乎非常笃定，他将要戳穿我们的辩护词中某个巨大的漏洞。

"我不清楚。"应用数字数据系统公司的人说。

"你必定知道'百夫长'是怎么回事。"这位律师反击道。对此，证人答道："我想我的确知道。我觉得，百夫长应该是古罗马军队的军官，要么就是一群士兵之类的。"

我不记得准确的代码名称是什么，埃迪必定以为我是故意误导他，我真希望自己有那么诡计多端。从那时起，我明白了一件事，就是凡事都要多加小心。

我们最核心的挑战是要说服仲裁员相信：许多公司想要获得 8080 BASIC 的授权，并且微型仪器和遥测系统公司阻挠了这些授权转让，然而他们按照合同有义务尽最大努力促成此种交易。幸运的是，里克在他的"微-软日志"中详细记录了过去一年我们与这些公司所有的沟通，它帮我们证明了全世界都想要我们开发的产品。

听证会结束于 6 月底。那之后，我们就只能等待——一等再等。

因为微型仪器和遥测系统公司暂停了向我们付款，微软急需现金。那年夏天，我给父母打了很多电话。在一次通话中，我提到了那个自己一直想要回避的话题：我可能需要借点儿钱，以维持公司运转。那时候，我们欠波尔·迈因斯大约 3 万美元，还需要给员工发工资，而公司的现金流面临枯竭。保罗对此充满担忧，以至于某天晚上甚至跟我说，微软应当考虑与微型仪器和遥测系统公司和解。我告诉保罗，波尔·迈因斯和我父亲都曾向我保证微软很可能赢得仲裁，我们应当信任他们。

第十四章　源代码

听证会结束后的第二天,保罗和我把微软公司的员工带到了大溪谷牧场餐厅吃午饭,这个以上等牛排和自助沙拉吧为特色的餐饮连锁品牌对我们来说是个挺高档的地方。在场的差不多有七个人,其中包括第二天就要离开公司的里克。微软的"总裁先生"和"副总裁先生"在他们忧心忡忡又想要提振士气时会做些什么?午餐时把员工喂得饱饱的,然后将自己的担忧坦诚相告。这是一个把话挑明的时刻:尽管我们有信心赢得仲裁,但并不敢保证。

那天下午,我把欠里克的钱付给了他。第二天,7月1日,里克来办公室看了大家一眼,随即就动身前往加利福尼亚州,开启他的新工作和新生活。即便在那时,他对离开这件事依然心情复杂。我没那么百感交集,就只是因为看到里克要走而难过。在几周后为他写的一封推荐信里,我说了实话:"我觉得里克的离开是微软的一大损失。"

我不知道那周的公司午餐是否促成了即将发生的事,但微软获得了一个幸运的转机:刚刚成为同事还不到一个月的鲍勃·格林伯格对我说,他可以借给微软 7 000 美元,足够帮我们发工资了。多年后,鲍勃和我都不记得是我先开口求助,还是他主动施以援手,但这笔资金就这么从天而降了,条件是微软每个月会向鲍勃支付 80 美元的利息。(鲍勃的父亲知道这笔借款的事情后教训了他一通,本来就已经对鲍勃选择为微软工作深感不满的他说:"在你得到一份工作之后,他们会发钱给你。你知道这一点,对吧?")

我希望能再多筹措一些资金,于是在收到鲍勃的那笔借款一天后,我给苹果公司写了封信。

亲爱的沃兹尼亚克先生:

随信附上的是我们的标准授权转让合同,请查收。我相信,我已经与您沟通过 6502 BASIC 的价格问题。

方案 1：

1 000 美元固定费用 + 2 000 美元源代码费用 +（35 美元/份特许使用费，最高不超过 35 000 美元）。

方案 2：

21 000 美元固定费用，其中包括源代码和合同标的物的完整分销权。

如果您感兴趣，我们可以综合两者协商出一个折中方案。因为贵公司内部的软件技术实力和特殊硬件配置，您或许会想要获得这份源代码……

如果您需要额外的演示版或有任何疑问，请随时联系我。期待我们能达成一项互惠互利的授权协议。

比尔

几周后，我收到了苹果总裁迈克尔·斯科特打来的电话，他说该公司倾向于接受第二个方案。几天内，一张 10 500 美元的支票就寄到了，正好是约定费用的一半。我用这笔钱补发了工资，此外又给我们的律师寄了 1 000 美元，以少量偿付我们不断增加的法律费用。

就在那个月，以旗下遍布全国的睿侠电子产品连锁店而闻名的坦迪公司发布了 TRS–80 家用计算机，从而成为又一家跃身进入该市场的大公司。一个月内，睿侠就卖出了数量惊人的 10 万台 TRS–80 计算机，令其立时成为遥遥领先的爆款。睿侠发售的 TRS–80 计算机比牛郎星计算机和其他面向爱好者的计算机系统更完备。起售价为 599.95 美元的 TRS–80 计算机配有键盘、显示器和盒式记录器，从包装箱中取出即可使用。坦迪公司在这款计算机中附带了自行开发的 BASIC 版本，它是基于免费的

Tiny BASIC 改编的。名为"Level Ⅰ BASIC"的这版软件功能十分有限,坦迪公司很快就遭到了用户愤怒的声讨。尽管微软错过了这款计算机的首发,但我还是希望能说服坦迪公司购买我们的软件。我安排了跟他们在 9 月底开一次会,会议地点就选在该公司总部。

劳工节刚过完,我就飞回西雅图参加克里斯蒂的婚礼。此外,我也花了些时间跟父亲聊了聊即将与坦迪公司举行的会议。我知道,坦迪公司的技术人员支持我们的 BASIC,但我必须说服这个集团的决策人相信它的价值。尽管我从未见过约翰·罗奇本人,却早已对他的强硬有所耳闻——他是一个以强硬无礼而著称的土生土长的得克萨斯人。

我知道,坦迪是一家成吨地购入电容器、电阻器和拨动式开关的公司。公司员工中包括一些专业的"采购员",他们唯一的工作就是在亚洲的公司那里压低每一分成本,睿侠连锁店中出售的成千上万种产品都是由这些亚洲公司供应的。坦迪的低成本文化促使该公司的计算机部门仅花了不到 15 万美元就开发出了第一款 TRS-80 计算机。它以超低的价格购入美国无线电公司的电视机,作为 TRS-80 的显示器销售。这些电视机的机壳是灰色的,因此,为了控制成本,整台 TRS-80 计算机也设计为灰色。

我对父亲说,我的推销策略是微软公司可以将 BASIC 低价卖给坦迪,而这远比该公司自主编写一版成本低。我起草了一份两页的发言要点,宣扬我们的产品与市面上的其他产品相比是多么出色。父亲帮我树立了自信,他建议我跟罗奇实话实说,如果我报个好价,然后解释清楚为什么这是个好价,罗奇或许会听进去。父亲说,我甚至可以对微软的成本结构进行分解,这样罗奇就能理解我的思路。

走进坦迪公司的沃思堡总部时,我做好了准备,打算充满自信地向他们阐明微软的 BASIC 的各种优点,同时开出一个超低价。我们向德州仪器公司收取了 9 万美元的费用,但那项工作的前提是一个新的芯片和许多量身定制的工作。对睿侠来说,我觉得微软可以开价 5 万美元。

我、坦迪公司的软件负责人及另外几名员工,还有约翰·罗奇,全都围着一张桌子站着。我详细解说了自己精心准备好的推销方案。

在我侃侃而谈的过程中,罗奇就站在那里,仰着头,从面部表情完全看不出他是否被我所说的话打动了。他或许说了些什么,我不记得了,但我潜意识里感觉他有些抵触。

说着说着,我发现很难再抑制自己的兴奋。"您一定得这么干!"我恳求道,"没有我们的 BASIC,您的计算机什么都做不了!"在这一刻,我把预先准备好的台词完全抛在了一边。"有了我们的 BASIC,您就赢定了!"我补充道。

这倒不是吹牛,我们在开发 BASIC 过程中的深度思考和深入工作远远超出了其他现有的竞争对手。那一刻,我双手撑在桌面上,身体前倾,逼近桌子对面、脸涨得通红的罗奇。

他问我,这得花多少钱。

"5 万美元。"我说。一口价。

罗奇的答复,至今依然是我关于微软创立初期最深刻的记忆之一。"放屁[1]!"他咆哮道。啊?我准备好的台词里可没有这一句。不过这倒也是我可能会听见自己说的那种话,尽管没那么富有南部气息。在那次会议的过程中,我觉得我喜欢约翰·罗奇,而且我也喜欢睿侠这个品牌,他们是很棒的生意人。另外,尽管那天下午对方做出了如此反应,后来罗奇还是接受了微软的报价。

---

[1] 此处原文为 Horseshit,直译为"马粪",得克萨斯州是美国拥有马匹数量最多的州,约翰·罗奇脱口而出的这句话符合其得州人的身份。——编者注

当我拜访睿侠时，我们已经从负责微软与微型仪器和遥测系统公司一案的仲裁员那里得到消息：他站在微软这一边。这位仲裁员解除了我们向微型仪器和遥测系统公司的 8080 BASIC 独占授权，明确指出我们享有源代码的所有权。

仲裁员做出的裁决主要集中在 Pertec 试图阻止微型仪器和遥测系统公司将 BASIC 授权转让给竞争对手这件事上。此外，另一个核心问题是该公司在自行开发 BASIC 版本时使用了我们的软件，仲裁员将其形容为"一种公司盗版行为，无论依照合同明文规定，还是对该合同的任何合理解释，都不允许此类行为"。

我们立即给所有一直等待获得这款软件授权的公司打了电话。几周内，我们便收到了五六家客户的付款，其中就包括应用数字数据系统公司及其以讹传讹的"百夫长"项目。我们自己尽最大努力促成了软件的授权转让，鉴于微型仪器和遥测系统公司已经不再是合作方，我们不用再与其平分收入。

10 月底，我给波尔·迈因斯寄去了欠他的尾款，随信写道："我觉得此事标志着我们挑战微型仪器和遥测系统公司的这一役已经结束，只希望这并非言之过早。不仅最终结果对我们有利，而且这段经历也令人兴奋且愉悦，这在很大程度上要感谢你。"波尔在此后多年继续担任我和微软公司的法律顾问，并且深受我们的信赖。

Pertec 对微型仪器和遥测系统公司的并购于 5 月底最终完成，爱德华从中赚取了数百万美元。他还得到了一份不错的差事，在 Pertec 主持一间负责研发下一个技术热点的实验室。但从一开始，埃迪·柯里和我们在微型仪器和遥测系统公司的其他朋友就表示，他们与 Pertec 不太合拍。

微型仪器和遥测系统公司的管理相对松散，有其独特的创新性。Pertec 则刻板守旧，对公司在个人计算机这个快速变化的领域内乘风破浪的能力过于自信。Pertec 很快便扼杀了微型仪器和遥测系统公司的活力，牛郎星计算机的市场份额逐渐萎缩。爱德华提出了一项销售便携式计算机的计划，但 Pertec 不相信这种东西会有市场，否决了它。

从小在佛罗里达州长大的爱德华一直想要成为外科医生，走到哪里都会随身携带覆膜的人体解剖学卡片，他甚至在某家医院干过手术技术员的工作。在 Pertec 待了很短一段时间后，爱德华便辞职，全家搬到了佐治亚州的小镇科克伦。经营一家农场几年后，爱德华决定追寻自己儿时的梦想。44 岁时，他从默瑟大学毕业，拿到了医学学位。在他的余生中，爱德华经营着一家专为佐治亚州边远地区居民服务的小诊所。

我与爱德华之间的关系错综复杂，在我职业生涯的早期，这也是对我影响最深远的一段关系。在微软赢得仲裁后，我曾顺道去爱德华在微型仪器和遥测系统公司的办公室看过他。爱德华说，他觉得自己被这个裁决伤害了，认为仲裁员误解了局面。"下一次，我会雇个职业杀手。"他语含讥讽地说。毫无疑问，爱德华是在开玩笑，但他并没有笑出来。随着我们分道扬镳，我和爱德华见面的次数越来越少。2009 年，听说他因患上肺炎而住院后，我给他打了个电话。我们很多年都不曾交谈了，但我知道他心里依然有怨气。我在电话里对爱德华说，我想让他知道，和他共事时，我从他那里学到了很多东西，而这是我当年无论如何都不会说出口的。"我那时非常不成熟，而且有些傲慢自大，但此后我已经改变很多。"我告诉他。这似乎打破了我们之间的坚冰，我们聊得十分尽兴。"我们做了许多出色且重要的工作。"他说。我表示同意：我们的确如此。

几个月后，爱德华的病情恶化，我飞去佐治亚州探望他。他几乎已经失去意识，但在一个多小时的时间里，我和爱德华说了话，并与他的儿子戴维回忆起了计算机行业的早期阶段。那之后没多久，2010年4月，爱德华就去世了，享年68岁。爱德华·罗伯茨率先推出了一款在商业上大获成功的个人计算机，除此之外，他还绘制了指导个人计算机行业发展方向的蓝图。微型仪器和遥测系统公司的简报是第一份专注于个人计算机的杂志，这家公司还赞助了最早的个人计算机行业展会。第一批计算机商店都是牛郎星计算机的经销商，围绕着这款计算机兴起的用户团体是后来创立的包括苹果在内的多家重要公司的催化剂。然而，在谈话过程中，戴维对我说，虽然他父亲为开启一场技术革命做出了重大的贡献，但爱德华觉得自己当小镇医生时取得的成就同样意义深远。

1977年年底，康懋达PET、苹果Ⅱ和睿侠TRS-80开始进入学校、办公室和家庭。几年内，其用户便多达数十万人，其中大多数从来都没摸过计算机。和第一代面向爱好者的计算机不同，这三款计算机全都是组装完毕、即时可用的，无须动用钎焊烙铁。PET计算机附带多种功能，还有一个用来存储数据和程序的内置盒式记录器，尽管它的键盘按键太小、太难用，被点评家比作芝兰牌口香糖，但这并没有妨碍其大获成功。在接下来的一年，坦迪公司升级了TRS-80，一方面为其增加了新功能，另一方面借助旗下5 000家睿侠连锁店的覆盖范围，让产品大规模渗透到其他公司无法企及的用户群体。苹果Ⅱ的销售量也迅速增长，这受益于精明的市场营销策略、别具匠心的设计，以及令其特别适合用来玩游戏的彩色图形。

后来被称为"1977年三巨头"的这三款计算机将个人计算机革命引入了主流社会，其他厂牌则落在了后面。（我们曾经欢欣雀跃地想要与德州仪器公司合作，但这个令人生畏的巨头在个人计算机市场一直没能取得成功。）在构成"1977年三巨头"的每一台计算机上，都安装着一版我们根据其制造商的要求度身定制的BASIC：在睿侠的计算机上，运行着Level Ⅱ BASIC；在苹果计算机上，运行着把我们两家公司的名字合二为一的Applesoft BASIC；在PET计算机上，运行着康懋达BASIC。在为康懋达编写的一个版本中，我们在代码里偷偷加进去了一个小惊喜：如果PET计算机的用户输入WAIT 6502,1这个命令，屏幕的左上角就会出现一个单词：MICROSOFT！

微软不再依赖微型仪器和遥测系统公司，保罗和我在阿尔伯克基招聘程序员也遇到了困难，因此，1978年春，我给公司的十几名员工写了一份备忘录，列出了微软公司办公地的几个可选项，其中有西雅图，有离我们的大客户坦迪公司和德州仪器公司很近的达拉斯—沃思堡，也有拥有一大堆关键客户和招聘对象但也不乏竞争对手的硅谷。保罗感受到了家乡的召唤，他讨厌阿尔伯克基的酷热，想念西雅图的湖泊和皮吉特湾，而且希望离家人近一些。我们大多数的员工对每个选项都没意见（尽管有几个人想要继续留在阿尔伯克基）。再三考虑之后，我得出结论：西雅图是综合得分最高的选项，因为华盛顿大学提供了绝佳的程序员资源，与硅谷保持一段距离有助于实现更高级别的保密工作，员工流失到竞争对手那里的风险也比较低。当然，这也是我母亲更青睐的一个选项。在我们选定西雅图之后，她迫不及待地寄来了从报纸上剪下的房产信息，而且经常会加上自己的意见（"这儿离桥很近，会非常方便，我觉得是个不错的备选项"）。

1978年12月是我们在阿尔伯克基度过的最后一个完整的月份。鲍勃·格林伯格在比赛中赢得了一份奖品——可以免费拍摄一张全家福，他群发了一份题为"团队精神"的备忘录，邀请所有人前往位于上海饭店后面的照相馆。鲍勃带去的"一家人"是微软公司 12 名员工中的 11 个人（另外 1 个那天在家休息）。我们坐下来拍摄的那张照片后来成为反映 20 世纪 70 年代微软员工风貌的经典图像：所有人穿着宽角领的衣服、留着浓密蓬松的鸡窝头，还有 5 个人留着大胡子。

  大约一个月后，我把自己的那点儿家当全都塞进我的保时捷 911，将从保罗那里借来的杰夫·韦恩的《世界大战》插进车载磁带机，开车一路向北，穿过内华达州直抵硅谷。在那里参加了几个会议后，又继续北上到了西雅图。我记得这次旅行是因为一路上收到了 3 张超速罚单，我还记得自己想着，回到家乡的感觉真有点儿奇怪。在我离家上大学时，我曾对父母说，我永远都不会再生活在西雅图。似乎我一定会在一个更大的世界打造自己的生活，在我心中，那个地方将是东海岸——高校云集的金融和政治中心、当时计算机产业的枢纽。回家将被视为一种退却。

  实际上，我意识到情况已经有所不同。回来的不只是我，而是微软——这是一家我和朋友共同创建的公司，它拥有一群各具特点的员工、一项蒸蒸日上的盈利业务，而且从那一刻起，它将会成为定义我人生的不可或缺的一部分。我的路径已经确定。在我以 100 英里的时速沿着 5 号州际公路飞驰时，我很难想象它将把我带到多远的地方。

尾 声

我母亲和外祖母一直希望能在胡德运河边上有处宅子,当我们三个孩子长大并各自成家立业时,一大家子人还都能住得下。外祖母去世于1987年,未能看到这一计划实现。在为她举行追思仪式那天,我父母、莉比、克里斯蒂和我开车去看了外祖母替我们选的一块地。我买下了这处地产,接下来的几年中,我们盖了一组小木屋。这处被母亲称为"盖家别院"的屋舍,成了我在微软创立初期经历大起大落时,尤其是处于风口浪尖时的避风港。我养成了一个习惯,会专门留出一块完整的时间,独自待在胡德运河,我将其称为"思考周"。每年一两次,我会开车或乘坐水上飞机去到那里,待上七天时间,在不被打扰的状态下专心读书,钻研报刊文章和学术论文,突击学习一些我认为最需要掌握的知识。然后,我会撰写一份关于微软如何在互联网安全和自然语言处理等领域保持领先优势的长篇战略备忘录。正如外祖母和母亲希望的，"盖家别院"成了我们这个大家庭在每年美国独立日和感恩节相聚的基地，一年中其他的家庭聚会也会选在这里。随着家庭成员不断增加，它变成了我们的下一代将切里奥精神发扬光大的地方。

2012年，就在我们的美国独立日家族聚会前，我乘坐的水上飞机降落在了附近的一间度假屋。踏上码头时，我听见有人喊："老三！"我抬眼看去，看到一位瘦高的老人，我立刻认出他，他正是肯特的父亲马文·埃文斯。我们上一次见面是快20年前的事。

马文跟我说，他和肯特的弟弟戴维正在进行一次短途航行，当晚把船泊在了这间度假屋旁。我们坐在埃文斯家那艘船的甲板上，聊起了这些年的经历。肯特的母亲在久病后已于数年前去世。如今已是八旬老人的马文，用他那熟悉的、舒缓的南方口音讲着这些事，瞬间便将我拉回了他那辆1967年款道奇车的后座，回想起他拉着肯特和我去西雅图各处参加活动的当年。马文说，近年来，他一直在撰写回忆录，自然而然地就把肯特、我和湖滨中学编程小组的故事收入其中。当我背出已经铭记于心的埃文斯家的电话号码时，他放声大笑。你们这帮孩子都拥有非凡的创造精神，马文对我说。我回答道，不管怎么说，倘若肯特没有去世，我们的创造力很可能会延续下去：我们很有可能会上同一所大学，开展某个创业项目，成为合伙人。马文说他也这么认为。

有一件事是确定无疑的：即便肯特当初对我们的未来极其乐观，倘若他亲眼见证了大家这项编程爱好在日后的发展历程，想必也会深感震惊。肯特和我曾研究过各种各样的成功路径，但到头来是我们在湖滨中学的终端机前初学乍练、在"C的立方"打磨精进、随后在排课程序中付诸实践的那些技能，引领我们创造了有史以来最成功的公司之一。此外，借助这些技能创造出来的软件也几乎融入了现代生活的每个层面。当年那个不知道 1 500 万美元能不能装进一辆车里的小屁孩，知道这些之后，应该会很欣慰。

我不是那种容易怀旧的人，但有些日子，我很想再回到 13 岁的时候，和这个世界——这个只要你奋力前行、不断学习、加深理解就能做出真正有益且开创性工作的地方——好好谈谈。

很多时候，成功的故事会把人简化为俗套的角色：奇迹男孩，天才工程师，颠覆传统的设计师，反复无常、自相矛盾的商业大亨。在我的故事中，一系列独特且大多数情况下不由我控制的环境因素不仅塑造了我的个性，也影响了我的职业生涯，这让我感触颇深。我享有的那些并非源自个人努力而来的特权，其重要性再怎么强调都不为过：出生在美国这个富裕国家，在很大程度上相当于"中了卵巢彩票"，此外，在一个赋予白人男性优势地位的社会，身为这个群体中的一员也是一种既得利益。

此外，我也赶上了好时候。当我还是橡果学院里叛逆的小男孩时，工程师们找到了将微小的电路集成到一个硅片上的方法，促成了半导体芯片的诞生。我在卡菲耶老师管理的图书馆中给图书上架时，另一位工程师做出了预测，未来几年，这些电路将会以几何级数变得越来越小。在我 13 岁开始编写程序时，我们很不寻常地拥有对大型计算机的访问权限，而芯片是在这些大型计算机内部储存数据的介质。可等到我拿到自己的驾照时，一整台计算机的主要功能都可以被放到一枚芯片上了。

我很早便意识到自己在数学方面有优势，这是我的人生故事中关键的一步。数学家乔丹·艾伦伯格在《魔鬼数学：大数据时代，数学思维的力量》[1]一书中指出:"掌握了数学知识,就像戴了一副 X 射线眼镜一样,我们可以透过现实世界错综复杂的表面现象,看清其本质。"这副 X 射线眼镜帮我发现了混乱下的秩序,强化了我对"正确答案始终存在,只需要去找到它"的信念。这种洞察力产生于对一个孩子的人生影响最深远的成长阶段,恰逢大脑转化为更专业化、更高效的工具的关键时期。擅长跟数字打交道这一点带给了我自信,甚至是一种安全感。

我在 30 岁出头那会儿曾经难得地度过一次假,其间看了几部理查德·费曼向大学生讲授物理学的影片。费曼对自己讨论的问题掌握着绝对的主动权,而在讲解时又表现出一种孩子般的好奇心,我立时就被迷住了。我很快便读完了我能找到的费曼的所有著作,我辨识出了那种源于发现新知、探索世上谜题的喜悦,即费曼所说的"发现的乐趣"。"这是黄金,是令人振奋的宝藏,是你训练有素的思考和辛勤工作所获得的回报。"他在《费曼讲演录:一个平民科学家的思想》中如是说。

费曼是一个特例、一个天才,他对这个世界有着独一无二的、既有广度又有深度的理解,而且有能力运用理性解答一系列领域内的谜题。在我孩童时便深植于心的那种感觉,被费曼传神地形容了出来。正是在那时,我开始在大脑中建立各种思维模型,以此帮助自己勾勒出世界各个部分相互协同作用的图景。随着我逐渐积累起更多的知识,这些模型变得越来越精密复杂。我就是这样走上了软件之路。从在湖滨中学迷上编写代码那时起,后面的一步又一步,无论是非法闯入"C 的立方"的计算机系统,还是替 TRW 工作,我都由衷地热爱自己所学到的一切,并且被这种强烈的热爱所驱使。于是,我恰好在个人计算机时代的开端培养起了当时最急需的专业技能。

---

[1] 这本书的中文版已由中信出版集团于 2015 年 9 月出版。——编者注

当然，脱离现实的好奇心是无法被满足的，它需要被呵护，需要资源，需要引导和扶持。当克雷西博士说我是个幸运儿的时候，我毫不怀疑，他主要想到的是我何其有幸生为比尔·盖茨和玛丽·盖茨的儿子。作为父母，他们为如何与自己复杂难缠的儿子相处而煞费苦心，但最终似乎凭借本能领悟了将他引上正道的秘诀。

如果我成长于今时今日，很可能会被诊断为孤独症谱系障碍患者。在我的童年时期，一些人大脑处理信息的方式有异于旁人的这一事实并没有得到广泛的理解。（"神经多样性"这个术语直到20世纪90年代才出现。）我父母当时没有可参考的指南或教科书，以帮他们理解为什么自己的儿子对某些项目极度痴迷（比如"弹丸之地"特拉华州），为什么不懂察言观色，又为什么有时候粗鲁无礼却似乎完全注意不到自身行为对其他人产生的影响。克雷西博士是否曾意识到了这一点？他有没有跟我父母提到过？我已无从得知。

但我的确知道，我父母给了我所需要的、恰到好处的支持和压力。他们给我的情绪成长提供了空间，也为我创造了各种各样培养社交技巧的机会。我父母没有听任我封闭内心，他们推着我走出去，通过加入棒球队、参加幼童军、与在切里奥度假的其他家庭共进晚餐的方式融入世界。此外，我父母还让我有机会经常接触到成年人，沉浸在他们的朋友和同事所使用的语言和所持有的理念之中，这满足了我对学校以外的那个世界的好奇心。即便在他们的影响下，我的社交技能依然进步缓慢，迟迟意识不到自己的所作所为可能对他人造成何种影响，但随着年龄的增长、经验的增加以及孩子的到来，这一切还是向好的方向发展，我因此变成了更好的人。我希望它能出现得早一些，但我无论如何都不会用上天赋予我的这个大脑去交换任何东西。

尾　声

在我父母结婚前，母亲写信给父亲说，他们要展示出一个"坚定的对外立场"。他们保持住了这个"坚定的对外立场"，从未动摇，但二人的分歧和差异也塑造了我的个性。我永远都不会拥有父亲那种镇定自若的气度，但他将根深蒂固的自信和对个人能力的认知灌输到了我的心中。我母亲的影响更错综复杂，她对我的种种期待融入了我的自我意识，放大为一种更强烈的抱负，让我告诉自己一定要成功、一定要出类拔萃、一定要做大事。那感觉就像是我需要远远超出母亲的期望，才会让这些东西再无可说的必要。

但是，当然永远都会有可说的东西。我母亲经常提醒我，我只是自己所获取的财富的"管家"。她会对我说，获得财富的同时，也要担起将其捐赠的责任和义务。我很遗憾，母亲未能在世亲眼见证我如何倾尽全力去满足这一期待。她于1994年因乳腺癌去世，年仅64岁。母亲去世后的那些年，在我父亲的帮助下，我们的基金会才得以起步。父亲在多年来一直担任联合主席，将曾在他法律生涯中发挥重要作用的铁面与柔情带到了基金会的运营中。

在我的大半生中，我一直将目光聚焦于前方，专注于未来的发展。即便是现在，大多数的日子里，我都在为那些众所期盼的重大突破而努力工作，虽然它们在未来很多年内都不会实现，甚至可能根本不会实现。不过，随着年龄的增长，我发现自己会越来越多地向后看。事实证明，将那些零散的记忆碎片拼在一起，能帮助我更好地理解自己。成年的奇妙之处在于，它让你意识到剥去年岁和学识的层层包裹，你在很大程度上还是最初的那个你。从很多方面来说，我依然是那个坐在外祖母家餐桌前、等着她发牌的8岁男孩。我仍怀揣着同样的期待，就像是一个打起十足精神的孩子，想要搞清楚眼前所有的一切。

源代码

致　谢

　　我写过几本书，但对我而言，投入回忆录的写作依然是一种不同的体验。回顾人生之初，筛选过往记忆，这件事变得渐渐不受控制，有了自己的生命力。令我惊讶的是，越是深入探寻，我就越享受对往事的分析和梳理，享受这段智力和情感历程的每一站。我打算在这条路上继续前行，后续再写一本以我的微软岁月为主题的回忆录，以及关于我当下生活和盖茨基金会工作的第三本。

　　我想对出现在我生命中，使《源代码》成为可能的许多人表示感谢。

　　在撰写这本回忆录的过程中，我很幸运地得到了罗布·古思的帮助。他帮助我挖掘内心，引导我寻找线索，并赋予这些记忆以鲜明的轮廓。10多年来，罗布深入参与这个项目，与我的亲朋好友交谈，成为承载我个人记忆与体验的"活档案"。他拥有洞察主题的能力，帮助我打磨出一个富有吸引力的叙事，从而让本书不只是趣闻逸事的简单堆砌。倘若没有罗布，仅凭我是无法做到这一点的。

衷心感谢考特妮·霍德尔，从多年前开始构思时起，她对故事的敏锐感觉和睿智中肯的建议便一直引导着本书的创作。苏珊·弗赖恩克尔在写作与编辑方面的宝贵经验，让我的故事变得轮廓清晰、富有条理。感谢克里斯·夸克、戴维·珀尔斯坦、哈里·麦克拉肯、露西·伍兹、巴勃罗·佩雷斯–费尔南德斯、特德·皮茨、汤姆·马达姆斯、韦特·吉布斯和河野由美子，这些研究助理、撰稿人和审读专家为《源代码》提供了大大小小的帮助，为本书奠定了坚实的基础。

许多朋友主动接受采访，分享了他们关于我早年生活的故事和回忆，对此我不胜感激。

感谢卢·普里查德、琼尼·普里查德、马蒂·史密斯、吉姆·欧文、杰夫·雷克斯、特里西娅·雷克斯、汤姆·菲兹帕特里克、特伦·格里芬、克里斯·贝利、安妮·温布拉德和比尔·诺伊康，以及我的同学斯坦·"大喇叭"·扬斯、基普·克拉默、奇普·霍兰、洛莉·格罗思和戴夫·赫宁斯。他们提供了与我的早年生活以及有关我父母的那些回忆。

我在湖滨中学的朋友佩奇·克努森·考尔斯、保罗·卡尔森、汤姆·罗纳、薇姬·威克斯和老师布鲁斯·贝利和弗雷德·赖特分享了我们高中时期的故事。作为我的朋友和湖滨中学大家庭中的一员，伯尼·诺埃在与我的多次交谈中提供了关于本书的明智忠告，正如他一直都会为我提供关于人生的明智忠告。

我想特别感谢康妮·戈登对已逝丈夫道格·戈登的追忆。道格是我最才华横溢的朋友之一，他总是推动我在智力层面更进一步，总是以一种开放的态度拥抱这个世界，我将永远对此心存敬佩。

丹·西尔开启了我记忆的闸门，让我想起我们曾在山中共度的时光。迈克·科利尔分享了在那些探险之旅中发生的故事和留下的照片。同时也要感谢奇普·肯诺和186军团中的其他朋友。

戴维·埃文斯对我的帮助是巨大的，他和父亲马文·埃文斯慷慨地分享了肯特短暂一生中种种美好与疼痛的经历。感谢诺姆·彼得森对肯特生命中最后几个月的追忆，以及提供的相关照片。

感谢在哈佛大学时曾给我很多灵感启发的校友萨姆·兹奈默尔、吉姆·塞特纳、安迪·布赖特曼、彼得·加利森和劳埃德·"尼克"·特雷费森，感谢他们分享各自关于那些年的记忆。我在哈佛大学的教授哈里·刘易斯付出了额外的努力，为我对艾肯实验室和20世纪70年代初哈佛校园生活的回忆增添了许多丰富多彩的细节。尽管关于"煎饼问题"的内容并未出现在本书正文中，但我的确为哈里引我最初接触到这一问题而心怀感激。（顺便说一句，趁哈里不察将教室中的表拨快10分钟的那个人不是我。）诚挚感谢埃里克·罗伯茨，我永远都不会忘记他在哈佛大学的鼎力相助。感谢埃德·塔夫脱关于本书的深刻见解。感谢汤姆·奇塔姆三世分享与他父亲有关的记忆。

接下来，我想感谢最初的微软团队，尤其感谢蒙特·达维多夫、鲍勃·格林伯格、克里斯·拉森、马克·麦克唐纳、史蒂夫·伍德和鲍勃·奥里尔。他们在微-软还只不过是一个小不点儿的初创公司时对它满怀信心，帮助我完成了这个故事的讲述。

埃迪·柯里耐心地回顾了微软与微型仪器和遥测系统公司合作期间的起起落落。在他的善意相助下，我与爱德华·罗伯茨在多年之后重新建立起了联系。我对与戴维·罗伯茨共度的那段时光心存感激，感谢他帮我完成了本书中关于他父亲的那些生动的叙述。

感谢 Traf-O-Data 项目的合伙人保罗·吉尔伯特。感谢迈克·谢弗，我在讲述里克的生平及他对微软的贡献时，得到了迈克的引导和帮助。范·钱德勒和兰迪·威金顿补充了个人计算机时代诞生初期的相关记忆。

有机会接触到与我生平相关的档案材料，对于本书的撰写助力巨大。我想要特别感谢盖茨档案馆的乔·罗斯、梅格·图奥马拉和艾米丽·琼斯，微软档案馆的帕蒂·蒂博多，湖滨中学档案馆的莱斯莉·舒勒，以及莱斯莉在湖滨中学科学部的同事。感谢斯坦福大学的档案管理员乔希·施奈德，以及哈佛大学和华盛顿大学的档案管理人员，感谢他们在资料收集和指引研究方向上的帮助。

当你在半个世纪后终于着手讲述一个故事时，一个巨大的优势在于，一些才华横溢的写作者已经在他们的文字中涵盖了部分主题。感谢保罗·安德鲁斯、保罗·弗莱德伯格、沃尔特·艾萨克森、史蒂文·利维、史蒂夫·洛尔、斯蒂芬·马内斯、约翰·马尔科夫和迈克尔·斯温，他们的作品帮我唤醒了自己的记忆，充实了这个关于早期个人计算机产业的故事。

本书稿的早期读者包括葆拉·赫德、马克·圣约翰和希拉·古拉蒂。这些值得信赖的至交好友细心地审阅了书稿，在写作的关键阶段提供了我所需的深刻而有洞察力的反馈意见。

我想特别感谢盖茨风险投资公司的各位同人，在他们的帮助下，本书的出版才成为可能。

在我们的各项合作中，拉里·科恩始终是光芒四射的存在。当我最初考虑写一本回忆录时，他向我提供了明智的建议。

亚历克斯·里德率领下的企业传播团队专业高效地管理着这本回忆录的发行工作，通过对媒体版图的分析定位，他们帮我锁定了本书的目标读者。

安迪·库克及其团队找到了推广本书的绝佳办法，以适应日新月异的阅读市场上的细分读者群体。

伊恩·桑德斯带领的创意团队擅长在字里行间发现灵感，他们运用自己神奇的力量，让本书的影响力扩展到了更广泛的受众。

在本书的制作过程中，珍·克拉伊切克与皮娅·迪克金的周密规划和统筹协调，让每一步都沿着既定方向有序推进。

格雷格·埃斯凯纳齐、希拉里·邦兹和劳拉·艾尔斯游刃有余地处理了与本书发行相关的那些看似没完没了的合同和法律事宜。

在本书从无到有，最终面世的这些年中，还有许多人起到了至为关键的作用，他们是艾丽西亚·萨蒙德、安妮塔·基西、安娜·达尔奎斯特、阿努·霍斯曼、奥布丽·博格多诺维奇、布拉德利·卡斯塔涅达、布丽奇特·阿诺德、卡林·怀亚特、克洛艾·约翰逊、达里娅·芬顿、戴维·桑格、迪纳利·维拉曼、多尼娅·巴拉尼、埃米莉·沃登、埃玛·麦克休、埃玛·诺思拉普、埃琳·里卡德、格雷厄姆·格里蒂、杰奎琳·史密斯、乔安娜·富勒、约翰·墨菲、约翰·皮内特、约尔达娜·纳林、乔希·丹尼尔、乔希·弗里德曼、凯蒂·鲁普、克里·麦克内利斯、基奥塔·塞里恩、金·麦吉、金伯莉·拉马尔、克里斯蒂·安东尼、劳伦·吉罗蒂、玛拉·麦克莱恩、玛格丽特·霍尔辛格、玛丽亚·扬、梅根·格鲁布、迈克·伊默瓦尔、尼尔·沙阿、萨拉·福斯莫、肖恩·西蒙斯、肖恩·威廉斯、塞巴斯蒂安·马耶夫斯基、斯蒂芬妮·威廉斯、汤姆·布莱克、瓦莱丽·莫罗内斯、惠特尼·贝蒂和扎克·芬克尔斯坦。

此外，我也要感谢盖茨风险投资公司其余的团队成员，他们是艾什瓦尔雅·苏库马尔、亚历克斯·伯莎、亚历克斯·格林贝格、亚历山德拉·克罗斯比、埃米·梅伯里、安德烈娅·瓦尔加斯、格拉、安杰利娜·梅多斯·库姆，安娜·德文-桑德、安妮·刘（音译）、埃弗里·贝尔、贝姬·巴特莱因、贝内特·谢里、布赖恩·桑德斯、布赖恩·韦斯、布丽奇特·奥康纳、凯特琳·麦克休、切尔茜·卡曾伯格、舍维·拉曾比、克里斯托弗·休斯、考特妮·沃伊特、克雷格·米勒、戴维·菲利普斯、狄龙·米德兰、埃博妮·麦克基韦、埃米莉·伍尔威、埃里克·克里斯滕森、法尔哈德·伊马姆、格洛丽亚·伊克尔兹、戈泰姆·坎德鲁、格雷厄姆·比尔登、格雷格·马丁内斯、格蕾琴·伯克、汉娜·普拉特、希瑟·薇奥拉、亨利·莫耶斯、伊利亚·洛佩斯、贾迈勒·耶尔伍德、珍妮·索尔斯滕、杰夫·休斯顿、珍·基德韦尔、德雷克、珍妮·莱曼、乔纳森·辛（音译）、乔丹-泰特·托马斯、凯特·赖茨纳、肯·卡尔代拉、肯德拉·法伦巴赫、凯文·斯莫尔伍德、克里斯蒂娜·马尔茨本德、凯尔·内特尔布拉特、琳达·帕特森、林赛·富纳里、莉萨·毕晓普、莉萨·佩龙、曼尼·麦克布赖德、马特·克莱门特、马特·塔利、梅雷迪思·金博尔、迈克尔·彼得斯、迈克·马圭尔、莫莉·辛诺特、穆克塔·法塔克、娜奥米·朱克、尼兰詹·博斯、帕特里克·欧文斯、普拉斯娜·德赛、奎因·科尼利厄斯、雷切尔·菲利普斯、雷·明丘、罗迪·吉德罗、瑞安·菲茨杰拉德、索尼娅·谢卡尔、史蒂夫·斯普林迈耶、松里泽·斯旺森、威廉斯·悉妮·加芬克尔、悉妮·扬·霍夫曼、特雷莎·马特森、托尼·霍尔舍、托尼·庞德、特里西娅·杰斯特·泰勒·休斯·泰勒·威尔逊、尤迪塔·佩尔绍德、瓦尔沙·克里什、维贾伊·休尔什库玛、亚丝明·迪亚拉、威尔·王（音译）和扎克·亨内芬特。

倘若没有克诺夫世界一流的出版团队的大力相助，本书是不可能完成的。《源代码》经三位编辑之手，第一位便是已成出版业传奇的鲍勃·戈特利布。鲍勃是我前两本书的编辑，他也是最早鼓励我撰写本书的人。令人难过的是，在书稿逐渐成形时，鲍勃去世了——出版界失去了一道明亮的光。我强烈推荐《翻开每一页》这部由鲍勃的女儿莉齐·戈特利布执导的电影，你可以从中感受到鲍勃非凡的魅力。鲍勃去世后，我很幸运地被引荐给了才华横溢的里根·阿瑟，在他的指导下，本书初步勾勒出整体的轮廓，开始找到叙事的焦点。

《源代码》是在专业经验丰富的珍妮弗·巴思的主持下最终完稿的。她主动接下了这个项目，为此投入了大量的时间和精力，从而令本书达到其最佳状态。在头绪纷乱的编辑过程中，珍妮弗给了我强有力的指导意见，不遗余力地付出，始终如一地保持冷静，我对此深表感激。

我还想感谢为本书出版提供过帮助的每一位克诺夫–道布尔戴出版集团的工作人员。首先是富有远见、始终对本书抱有坚定信心的马娅·马瓦伊，以及犀利机敏、一诺千金的集团出版人、总编辑乔丹·帕夫林。编辑制作总监埃伦·费尔德曼为这个项目做出了巨大的贡献。他们的同事安妮·阿肯鲍姆、迈克尔·科利卡、梅雷迪思·德罗斯、布雷恩·埃特林、约翰·高尔、埃琳·哈特曼、凯特·休斯、乌娜·英特曼、劳拉·基夫、琳达·科恩、塞雷娜·莱曼、贝丝·迈斯特、莉萨·蒙特贝洛、杰茜卡·珀塞尔、萨尔·鲁杰罗、苏珊娜·史密斯和埃伦·惠特克也参与了《源代码》这个项目，我对每一个人都深表感激。此外，加拿大克诺夫出版社和英国艾伦·莱恩/企鹅出版社等团队的功劳也值得称道，与他们合作不失为一种乐趣。

如果没有保罗·艾伦，我的人生不会是现在这样。他是我的朋友、我的搭档，也是驱使我前进的赶牛棒。只可惜保罗过早地离开了人世。撰写本书让我有机会重温我们最亲密的那些美妙岁月，那时候，保罗和我进行着真正非同凡响的创造。我从保罗的洞察力、智慧、好奇心和友谊中获益匪浅，尤其是在那些艰难的日子里。

最重要的是，我的姐姐克里斯蒂和妹妹莉比理应获得特别的致谢。在我这一生中，克里斯蒂和莉比一直以耐心守护与支持着我，她们为《源代码》一书做出了不可或缺的贡献。撰写本书的初期，我们曾在某个夏日的午后坐在胡德运河边，一边笑着一边聊起我们的儿时记忆和家长里短，分享一起吃糖浆小甜饼、一起玩匹克球之类的共同成长的日常细节。我们三个共度了几个小时的欢乐时光，而这提醒了我：过去的那些年让我们变得更加亲密了。我很幸运有你们这样的姐妹，对于你们一直以来给予我的爱和理解，我无比感激。

最后，我想要感谢我的孩子珍妮弗、罗里和菲比。身为你们的父亲，看着你们长大，一直是我人生中最高兴的事。在写作本书的过程中，我一直在想，倘若你们的祖辈和曾祖辈泉下有知，看到后代成长为如此优秀的人，他们将会多么自豪。

比尔·盖茨的父亲小比尔·盖茨和母亲玛丽·马克斯韦尔·盖茨毕生致力于参与社会公共事务和慈善事业,为纪念他们,《源代码》一书的全部收益将捐赠给全球联合劝募协会。玛丽·盖茨是西雅图金县联合劝募协会的首位女性会长,后来还当选为国际联合劝募协会的首位女性主席。

```
BASIC MCS 8080    GATES/ALLEN/DAVIDOFF    MACRO 47(113) 03:12 10-SEP
F3         MAC         6-SEP-64 03:11      IF ... THEN CODE

 3615                                        52520    SUBTTL IF ... THEN
 3616  004325'  001000  000315               52540    IF:     CALL    FR
 3617  004326'  000000  005336'
 3618  004327'  000000  004323'
 3619                                        52560    IFE     LENGTH,<
 3620                                        52580    IFN     STRING,<
 3621                                        52600            LDA     VA
 3622                                        52620            PUSH    PS
 3623  004330'  001000  000176               52640            MOV     A,
 3624                                        52660    IFE     LENGTH,<
 3625                                        52680            CALL    PU
 3626                                        52700            MVI     D,
 3627                                        52720
 3628                                        52740
 3629                                        52760
 3630                                        52780    LOOPIF: SUI     GR
 3631                                        52800            JC      EN
 3632                                        52820    NUMREL=LESSTK-GREA
 3633                                        52840            CPI     NU
 3634                                        52860            JNC     EN
 3635                                        52880            CPI     1
 3636                                        52900            RAL
 3637                                        52920            ORA     D
 3638                                        52940            MOV     D,
 3639                                        52960            CHRGET
 3640                                        52980            JMP     LO
 3641                                        53000    ENDREL: MOV     A,
 3642                                        53020            ORA     A
 3643                                        53040            JZ      SN
 3644                                        53060            PUSH    PS
 3645                                        53080            CALL    FH
 3646                                        53100
 3647                                        53120
 3648  004331'  001000  000376               53140    IFE     LENGTH=2,<
 3649  004332'  000000  000054
 3650  004333'  001000  000314               53160            CZ      CH
 3651  004334'  000000  003426'
 3652  004335'  000000  004326'
 3653                                        53180    IFN     LENGTH,<
 3654  004336'  001000  000376               53200            CPI     GO
 3655  004337'  000000  000210
 3656  004340'  001000  000312               53220            JZ      OK
 3657  004341'  000000  004346'
 3658  004342'  000000  004334'
 3659  004343'  001000  000317               53240            SYNCHK  TH
 3660  004344'  000000  000245
 3661  004345'  001000  000053               53260            DCX     H
 3662  004346'                                53280    OKGOTO:
 3663                                        53300    IFE     LENGTH,<
 3664                                        53320            POP     PS
 3665                                        53340            POPR
 3666                                        53360    IFN     STRING,<
 3667                                        53380            XTHL>
```

;EVALUATE A FORMULA

;GET VALUE TYPE INTO [A]
;SAVE THE VALUE TYPE ON THE STACK
;GET TERMINATING CHARACTER OF FORMULA

;ONTO THE STACK
;KEEPS RELATIONAL OPERATOR MEMORIES
;LESS THAN =4
;EQUAL   =2
;GREATER THAN =1
;CHECK FOR A RELATIONAL OPERATOR
;NOPE
;NUMBER OF RELATIONAL OPERATORS
;IS THIS ONE OF THEM?
;NO SEE WHAT WE HAVE
;SETUP BITS BY MAPPING
;0 TO 1, 1 TO 2 AND 2 TO 4
;OR WITH EARLIER BITS
;STORE NEW BITS
;GET NEW CHARACTER
;SEE IF RELATIONAL
;GET REALTIONAL MEMORIES
;SEE IF THERE ARE ANY
;NO RELATIONAL OPERATORS!
;SAVE RELATIONAL MEMORIES
;PICK UP FIRST NON-RELATIONAL
;CHARACTER AGAIN AND INTERPRET FORMULA
;ANSWER LEFT IN FAC
;A COMMA?

;IF SO SKIP IT

;ALLOW "GOTO" AS WELL

;MUST HAVE A THEN

;POP OFF NUMBER

;COMPARE FORMULA TYPES

这是用英特尔 8080 处理器汇编语言写的一段 BASIC 解释器源代码，单纯从技术角度出发，汇编语言对当前绝大多数读者而言已经不甚相关，但是这一页纸富有内涵。

第一行有三个人名，分别是 GATES、ALLEN 和 DAVIDOFF，分别对应着写出微软赖以起家的 BASIC 解释器的三名程序员，即比尔·盖茨先生、保罗·艾伦先生和蒙特·达维多夫先生。关于三人的代码贡献，可以参考微软于 2020 年在代码托管服务平台 Github 上开源的 GW-BASIC 源代码。GW-BASIC 源代码最初发布于 1983 年 2 月 10 日，其用英特尔 8088 处理器汇编语言写成，源头可追溯到这份用英特尔 8080 处理器汇编语言写的 1975 年 9 月 10 日版 BASIC。在开源的 GW-BASIC 代码库中，有一个名为 GWMAIN.ASM 的汇编语言代码文件，在开头部分有一段很有意思的注释，其大意是：

---------- ---- -- ---- ----- --- ---- -----

版权所有 1975 年 比尔·盖茨和保罗·艾伦

---------- ---- -- ---- ----- --- ---- -----

最初是在 1975 年 2 月 9 日至 1975 年 4 月 9 日之间
编写于 PDP-10 计算机上

比尔·盖茨编写了大量代码。

保罗·艾伦编写了许多其他代码及快速代码。

蒙特·达维多夫编写了数学模块（F4I.MAC）。

要知道，当时年纪最大的保罗是一名从大三开始休学的学生，比尔在读大二，蒙特则是大一新生。这三个人在疯狂编写了六周代码后，只是使其在PDP-10小型机上的模拟器测试通过，保罗就带着一卷存储着BASIC解释器源代码的穿孔纸带，飞到新墨西哥州阿尔伯克基的微型仪器和遥测系统公司，一举测试通过！正如"百搭卡"这一章最后一句所言："伴随着这行代码的出现，为第一台个人计算机编写的第一个软件就此诞生。"

韦青

微软（中国）公司首席技术官